李光敏

小李庄春秋

旭东　著

中国农业出版社

农村读物出版社

北　京

图书在版编目（CIP）数据

李光敏：小李庄春秋 / 旭东著. — 北京：中国农
业出版社，2020.01
ISBN 978-7-109-24824-3

Ⅰ.①李… Ⅱ.①旭… Ⅲ.①报告文学－中国－当代
Ⅳ.①I25

中国版本图书馆CIP数据核字（2018）第246013号

李光敏　小李庄春秋
LI GUANGMIN XIAOLIZHUANG CHUNQIU

中国农业出版社出版
地址：北京市朝阳区麦子店街18号楼
邮编：100125
责任编辑：王秀田　　责任校对：沙凯霖
版式设计：水长流文化
印刷：北京中兴印刷有限公司
版次：2020年1月第1版
印次：2020年1月北京第1次印刷
发行：新华书店北京发行所发行
开本：710mm×1000mm　1/16
印张：19.5
字数：380千字
定价：69.00元

目录

你的童年是小村庄，

可是你走不出它的边际，

无论你远行到何方。

阿多尼斯

一个50后与一个90后的
跨时空对话

爷爷：我们那时候，根本没有多少东西可以吃，穷得很。

孙子：没有东西吃？怎么可能？真的假的？

……

爷爷，李光敏，1951年生。

孙子，李再峰，1994年生。

像很多普通家庭一样，全家人难得聚在一起的时候，爷爷李光敏有时候喜欢给孩子们讲一些自己过去的事情。对于90后出生的李再峰来说，爷爷的话几乎没有办法让他相信：过去的日子真的有那么苦吗？会不会就为了教育他，现编了个故事？

爷爷和孙子，祖孙两代人之间横亘着四十三年的时间长河，一万六千多个日升日落。

对于李光敏来说，那个少年时代的饥饿和贫穷是他生命的底色，是岁月烙刻在他心底的不灭的印记，是午夜梦回的熟悉场景。

对于李再峰而言，20世纪五六十年代的现实生活只是历史教科书上的名词概念，是某些像爷爷奶奶那样的老一辈人嘴里反复念叨的"过去的故事"，是他永远也无法感同身受的往昔岁月。

李再峰，从南京大学金陵学院毕业以后，在南京工作了一年之后，听从家里长辈们的安排，回到了安徽省滁州市来安县相官镇小李庄村，在爷爷李光敏的农庄里做财务工作，转眼也快两年了。

"我是领工资的，不多，每月四千多元。"

和饱经风霜身材魁梧壮实得像座铁塔似的爷爷相比，二十四岁的李再峰，肤色白皙、身材稍显单薄，高高瘦瘦的。他说话时声音不高，语速平缓，文质彬彬的样子，待人接物谦和礼貌，是刚刚步入社会普通的年轻白领的样子。

谈到自己的童年、曾就读的大学、昔日的同窗好友、现在的工作和生活，他直言从小到大，一直就没觉得自己和别的同学有什么不同，按部就班地到年龄就上学，参加工作。大学毕业以后，他在南京找到了一份朝九晚五的工作，没有不适应，也没有太喜欢。后来，家里人认为他既然学的是财务，建议他回来帮帮爷爷，他也就回来了。

现在，在爷爷的农庄，他每天按时上班，认真踏实地做着自己的分内工作，也和同事们一样心里期盼着每月发工资的日子，拿到那笔属于自己的收入，添些自己喜欢的东西。

他的工资数额也和当地的薪资水准持平，和公司里其他员工的待遇一样，作为公司老总的爷爷并没有多给他，也没有少给他。

"大概，生活方面的压力没有原来那么大了吧。"

认真想了一小会儿，对比了自己毕业以后独自在南京打拼的那段日子，李再峰最后承认：回到老家在爷爷的公司上班，压力还是相对小了一点。但也只是生活方面便利了一些，比如不需要自己再去外面租房子，不用每天早早去挤地铁……但同时也没有了节假日。

因为越到节假日，来农庄的客人就越多，公司的员工们也就越发忙碌。至于工作，因为就在爷爷的眼皮子底下，只能比在外面打工的时候更加尽心尽力吧。

"只能说各有利弊吧。"李再峰略微腼腆地笑笑。

对于爷爷李光敏这个人，李再峰坦诚，他现在还做不到完全理解，也无法给出客观公允的评价。

从小到大，在他眼里，爷爷就是爷爷，和善的爱笑的爷爷，也没觉出和同学家的爷爷们有什么不同：平日里只要一有机会看见自己，就会忍不住念叨。但也无非是，在学校一定要听老师的话，好好学习，多锻炼身体；要好好做人，千万不能学坏……诸如此类的反复叮咛，絮絮叨叨，又温暖贴心。

"以前根本不知道爷爷做的那些事情，也没人给我说。或者说，家里人本来就是特意想瞒着我的。"

直到上了中学以后，李再峰才意识到自己这个爷爷和别人家的爷爷还是有些不一样的。正式来公司上班之后，尤其是越来越多地知道了爷爷这些年做过的事情以及他将来计划想做的事情——其规模和格局完全超出了他之前对爷爷的认知和想象。李再峰不得不承认：之前，对自己的爷爷他并不能算真正了解。

"去年夏天吧，我住员工宿舍，有一天突然就很难受，身上出了很多汗。我就打电话给我同学，想让他陪我去医院看看。没想到，半小时不到，我爷爷第一个冲了进去，后来自己开车送我去的医院。到现在，我还记得当时他进去时满脸是汗，急匆匆的样子。也不知道是谁告诉他的。"

"后来，你没问过你爷爷怎么知道你生病了吗？"

"没有。"

像多数年轻内敛的男孩子一样，李再峰在这个年龄，还不擅长向自己至爱的亲人表达自己内心最真实的情感。他选择将爱默默记在心里，像种下一粒种子，慢慢等待种子在心里发芽生长。

了解得越多，越觉得爷爷李光敏就像一座山，有很多个不同的侧面，横看成岭侧成峰。但这些侧面并没有让李再峰感觉到太多惊讶和意外，毕竟从小到大，在爷爷身边长大，经年累月耳濡目染，对爷爷的脾气秉性，他多少还是有些熟悉的。

"他的事业能做到今天的规模，算是水到渠成吧。"

在李再峰的记忆里，爷爷李光敏聪明能干、精力旺盛。多年的辛苦劳作，磨炼出一副硬朗结实的身板，不论多苦多累的活儿，他都能干得下来。田里所有的农活儿，他都能胜任，许多农村实用技术，他都懂得甚至精通。小时候，他就经常见爷爷给爸爸和叔叔做示范，教他们做事。爷爷李光敏还是一个目标明确且执行力很强的人，只要他心里认准了的事情，无论有多少实际困难都一定会去做，并且会穷尽一切办法把事情做到最好。

从日常行为习惯来看，李光敏几十年就一直都没有怎么变过！

从李再峰有记忆开始，他每次看见的爷爷都是差不多这个样子的：他好像一直在忙，忙着安排解决各种各样的事情。一年三百六十五天，几乎没有闲着的时候，每天都忙忙碌碌的。似乎这个世界上所有人和所有事情都和他有着或多或少的牵连，不管是自家人的事情还是别人家的事情，在他心里都是一样的分量，他都要管，而且还要管好。

就说现在吧，已经六十多岁的李光敏依然每天天不亮就起床，无论冬夏，起床以后就开始绕着农庄转圈。路上碰见熟人了，他就停下来和人家聊几句家常，问问人家最近有什么需要没有。

有时候，夜里刮大风把地里的塑料大棚掀开了，或者浇地的水管子坏了、漏水了，或者出现其他情况，他就停下来动手整一整，修一修……反正对付地里的那些农活儿，他基本上算是十项全能。如果恰巧遇上的事情有点大，自己一个人干不了，他就会马上打电话，安排有关人员及时去处理。那些主要工作人员的电话号码就存在他的脑子里。

李光敏打电话，从来都是直接拨号，而不是先从通讯录里查找。

"平常联系比较多的那些人，他们的电话号码我都能记得，只要有事需要找他们，马上就能联系得上。"李光敏说。

"一旦有事情就马上想办法去解决，不要浪费时间"是李光敏处理问题最基本的原则。在小李庄，如果农庄的工人有事情需要向他汇报，或者村里其他人有什么需要想请他帮个忙，从来不用预约。不论在路上或者在哪个地方看到他，截住他就行。只要截住他了，他就会停下来现场办公。

不管人家说的是大事还是小事，他都会当作正经事情一样去处理，对谁都不会敷衍了事。不论事情合理或者不合理，他都会直言不讳地提出自己的建议或者意见，如果感觉不合理，没有办法帮忙，他也会当场直接拒绝，只是会耐心地给人家解释清楚原因。

也因为小李庄人都知道李光敏生性耿直，如果李光敏说了，这件事没法办，没道理，绝大多数人也都会承认，很少有人会提出异议，更不会对他有意见。当然，很多人的很多事情最后还都需要李光敏自己亲自去协调，去做工作，往里搭钱、搭精力。几十年了，大事小情，也不知道到底帮过多少人多少忙，才积攒下这样的人品。

"能帮还是不能帮，事情能做还是不能做，我一听心里就有数。但我还是会和人家说到明处。做好人行，但不能做滥好人，到什么时候都不能做不讲道理的事情，不管是自己，还是别人，都不行。"李光敏说。

这些年，李光敏一直没有专门的办公室，没有专职司机，没有助手……一辆开了十几年的白色帕萨特，既是他的代步工具，也是他的流动办公室和临时休息的地方。

汽车的副驾驶座上常年挂着一件半旧的羽白色夹克，有时候中午累了，他就披上衣服倚靠在车里歇一会儿。

他的日常生活，比小李庄现在很多人家过得都要简单。如果老伴回城里去了，如果农庄没有客人需要他陪着吃饭，早餐，他一般就自己做。两个煮鸡蛋，一碗麦片粥，两小碟自家腌制的咸菜，就是简简单单的一顿早餐。如果老伴也在农庄，那就煮四个鸡蛋，两碗麦片粥，依旧还是两小碟咸菜。

如果不认识他，猛一看，很难将他本人和"李光敏"三个字联系到一起，因为无论从哪方面看，他都是一个普通得不能再普通的人。

穿着很普通，白衬衣黑裤子，一双半旧的黑皮鞋，浑身上下找不到一件名牌；住的地方很拮据，他把自己的办公室和在农庄的家就安排在小李庄生态农庄接待处的二层楼上，一间不足十五平方米的屋子，里间是卧室，外间是厨房、办公室和饭厅；吃得很普通，一日三餐，要不老

伴做，要不他自己做。米面和蔬菜都是小李庄生态农庄自己生产的，应季有什么蔬菜就吃什么。

但"李光敏"三个字和"小李庄"三个字联系到一起，就一点儿也不普通：他是远近闻名的"小李庄五星级农家乐"的"庄主"，农庄里有一百多个无公害蔬菜大棚，有几十间度假小别墅，有一家能同时容纳三百八十多人聚餐的"古锅鱼"餐厅。

重要的是这些年，李光敏做的那些事情更是非同寻常："先后投入三千多万元搞开发性农业……让全村一百八十多户，每家都住上了二百四十平方米的别墅，配备统一的家用电器、自来水、沼气；投资四十余万元修建镇村公路四十多公里，使周围八个村的村民受益，修建总面积达八十亩的十多面当家塘，解决全镇最缺水的五个村的村民养殖用水难题；先后资助二十名大中小学生完成学业，安置三十二名残疾人进公司工作，为六户孤寡老人和贫困户建筑房屋……"

以上这些，还都是2011年媒体曾经报道的。

难能可贵的是，这些事情他这些年还一直坚持在做，发展现代农业需要源源不断地继续投资，村子周边的公路也一直在继续维修扩建养护……

在安徽省来安县，如果谁家门前突然出现了两袋大米或者两桶食用油，甚至谁家失修的房屋前面突然堆起了一堆红砖，谁家病人的床头突然多了几千块钱，大家第一个想法就是：肯定又是小李庄李光敏送来的。

在来安县，在滁州市，在南京市……"李光敏"三个字代表诚信、代表品牌；在小李庄，李光敏就是一个名副其实的全村人的"大家长"，他惦记着每一家的老人也惦记着每一家的孩子，是一个看不得别人吃苦受累的好心人；在孙子李再峰眼里，李光敏是一个经历异常丰富传奇的爷爷，是一个依他目前的年龄和生活阅历还不能完全读懂和理解的爷爷。

"对你爷爷这些年做的这些事情，你怎么看？"

"实话说以前不太理解吧，现在好多了。他愿意那样做就继续做好了。"李再峰说这句话的时候，语气还是一贯的沉稳平静，看不出内心的波澜。

事实上，这个表面沉静的年轻人，这两年正在以看得见的速度成长着，成长为像爷爷一样有担当有责任感的男子汉，这也许就是李光敏把他安排在自己身边的目的。

"和爷爷在一起工作生活的时间越长，越觉得爷爷这一路走来很不容易。以后，就希望他不要总把自己搞得那么累吧，也要注意自己的身体。"李再峰说。

人总要学着自己长大，已经走出象牙塔的李再峰，开始接触真实的生活。他开始慢慢理解爷爷，理解生活。未来，他稚嫩的肩膀也必将会承担起更多的责任和义务。

也许，唯有到那时候，他才能真正理解爷爷李光敏吧。

对于这一点，李光敏却非常有信心："总有一天，他们都会理解我的。"斩钉截铁的口气里满是不容置疑的笃定和绝不动摇的坚忍。

中国是古老的民族，也是勇敢的民族。中华民族有两大优点：勇敢，勤劳。这样的民族多么可爱，我们爱我们民族，这是我们自信心的泉源。

——周恩来

乌衣镇红星村，
一个叫李光敏的孩子

　　1951年腊月二十六，临近年关，安徽省滁州地区的乌衣镇红星村，一户农家简陋的土坯房里响起了初生婴儿的响亮哭声，这个赶在年前出生的孩子，是个黑黑瘦瘦的男孩，父母为他取名李广闵。长大上学之后，他给自己改了名字叫"李光敏"。

　　因为有了这个孩子，这户人家添丁进口成了五口之家，爷爷奶奶、父母双亲，李光敏是这户人家的长子长孙。

　　滁州位于安徽省最东部，长江下游的北岸，长江三角洲的西端，苏皖交汇地区，隔江与南京主城相望。滁州历史悠久，因滁河贯穿境内而得名"滁州"。自古有"金陵锁钥、江淮保障"之称，"形兼吴楚、气越淮扬""儒风之盛、凤贯淮东"之誉，更因北宋著名文学家欧阳修《醉翁亭记》中的千古名句"环滁皆山也"而名扬天下。

　　乌衣镇，因三国东吴时期乌衣营在此驻扎而得名（营中军士皆着黑色制服）。《丹阳记》记载："乌衣之起，吴时乌衣营处所也。江左初立，琅琊诸王所居。"有人说，东晋丞相王导的金陵"乌衣望族"曾居于此，因多着黑衣，百姓称之为"乌衣"。也有人说，乌衣老街建于清流河畔，街道沿河弯弯曲曲，形似乌鱼，故谐音"乌衣"。《滁州市志》介绍乌衣"南宋德祐二年（公元1276年），即有滁阳首镇之称。"滁州地处滁河之北，历史上人们习惯称滁州为"滁阳"。

　　乌衣镇，因为地处清流河岸边，自南唐开始，就是传递军事情报的重要烽火驿站。之后，宋、元、明、清各朝代在此基础上建立递铺，供官方文件传输与朝廷官员往来休息。尤其到了明代永乐年（公元1402年）以后，朱棣迁都北京，但仍将南京作为留都。北京和南京之间的官方往来日益频繁，乌衣镇便升级为陆路与水运转换的中继站。

有交通就有商业，乌衣镇也就逐渐演变成了商业贸易繁荣的街市集镇。传说乾隆皇帝下江南时曾在此住过一宿，因而留下了"一宿庵"。明代书画家文徵明写下了《乌衣镇望琅琊诸山》的名诗，赞曰："东葛城头晓月残，乌衣镇上水潺潺，偶来下马三家市，先见环川百叠山……"1912年，津浦铁路通车时，设立了乌衣火车站，乌衣镇因此成了滁河以北沿岸商业贸易和人口数量最多的街镇。

历史上赫赫有名的乌衣古镇，带着千年历史携裹来的滚滚风尘，是带给童年时代的李光敏快乐记忆最多的地方之一。

古镇有一条青石块铺就的长街，全长一千五百米，俗称乌衣古街。古街前后临水，前店后坊直通码头，街后就是清流河。临街的房子一般都有二、三进，第一进多为店铺，百货店、旅社、银行、粮油店、布店……鱼鳞瓦覆盖的马头墙、坡屋顶、拴马的石蹬、悬挂着的各种招牌匾额……无不浸染了历史的风霜，令人沉浸其中流连忘返。

虽然家境寒素，但贫寒人家的孩子自有其顽强的生命力，逆风生长。小小的李光敏皮实好养，吃着粗茶淡饭也渐渐长大了。他迈开稚嫩的小脚，开始步履蹒跚地踏上属于自己的人生之路。

红星村距离乌衣镇并不远，母亲去乌衣镇赶集的时候偶尔也会带上李光敏。小孩子总是喜欢看热闹的。每次去赶集，李光敏都感觉人只长两只眼睛是根本不够用的。他充满好奇地看看这里，又瞧瞧那里。

虽然那时候能够摆在集市上买卖的商品，大多也都是日常能见到的农产品或者日用品等，但那些东西一旦整齐地摆在集市上就像变了个样子，让李光敏感觉很是新鲜好玩，连带着那些在街上来来回回走动的人们，认识或者不认识的，也都变得很有意思。

对于一个从小就生活在乡村闭塞环境下的农家孩子来说，能跟着家里大人去镇上赶次集就是一个开眼界、长见识的绝好机会。只要有人路过，那些开店铺的人家不管正忙着或者没忙着，甚至不管认识不认识，都会放下手里正干着的活儿，热情地上前和人打招呼，互相问候。那些来赶集的人，不管买不买人家东西也都欢快地和人应答着，寒暄着，和他们平日里在地里闷头干活儿的样子一点儿都不像。

乌衣镇的热闹繁华（或者说一个小孩子眼里的热闹繁华）和店家的热情好客，是李光敏对"做买卖"这件事情最初的印象，那种感觉比起天天在旷野地里和风赛跑，更加丰富和美好。

如果说，每个小孩子的心里都有一个梦想，那么李光敏人生中的第一个梦想或许就是去古镇做一个卖棉花糖的小商贩。

除了购买一些日常生活必需或者急用的物品，母亲偶尔也会用节省出来的一两分钱给李光敏买个棉花糖吃。只是这样的机会肯定不会太多，一年也就两三次。也因为稀少，所以格外珍贵。每每这个时候，李光敏就会非常非常珍惜那个棉花糖，小心翼翼地含一小块儿在嘴里，尽量让这个甜蜜蜜的过程延长再延长。

其实，除了像梦一样甜的棉花糖，当时乌衣古街还有一些店铺卖好吃的东西，比如喷香的芝麻烧饼，比如薄皮大馅冒着热气的馄饨……食物的香味像长着长长手臂的怪物，不管隔离多远，都能紧紧抓住李光敏小小的胃，胃在怪物的手里扭曲、变形、灼烧、疼痛。但懂事的李光敏知道，要想买那些好吃的东西，就需要用到钱，可那些花花绿绿能换到好吃东西的纸片，他们家却没有。

那时候，家里零用钱的主要来源是父亲卖柴火。当地的柴火分两种，一种是用来做饭烧灶的小柴，主要是一些干树枝或者枯草之类的，一担也值不了几分钱；一种是大柴，主要是大的树干或者树兜之类的，耐烧，一担能卖到几毛钱。但是那时候，人们普遍都没什么钱，烧火做饭用的小柴基本都靠自家里的小孩子们去地里捡拾，真正需要到集市上买柴火的人并不多。

而砍大柴，一是需要人有力气，二是那些大柴，常常需要到偏僻的别人很少光顾的地方才能找到，人去得多的地方，往往是连个柴火毛也寻不到。所以，只有那些缺少青壮年劳动力的人家，才会偶尔需要用钱购买些大柴，但需求量也不会很多。毕竟那时候，缺钱是村里的普遍现象。

通常的情况是，父亲费了好大工夫砍了一担大柴，辛辛苦苦挑到集市上，在街上站一天，也卖不出去。熬到傍晚的时候，不得不便宜卖掉，换几个零钱。这时候，又累又饿的父亲心情难免就会有些沮丧，还不能完全体会生活艰辛的小李光敏，也只能默默地跟在父亲身后。回家的路上，一大一小两个单薄的身影被月光拉得很长很长……

饥饿，
是另一种寒冷

大妹妹出生了，然后是小妹妹，两个妹妹的相继到来并没有给这个农家小院带来预期的欢乐和笑声，相反，萦绕在父母心头的忧愁却更多了。

和这个村子里的很多人家一样，这个小院里的日子是越来越不好过了，他们发现，四个大人渐渐没办法养活三个孩子。

贫穷，是大人们的烦恼，饥饿，才是李光敏最真切的感受。每天早晨睁开眼睛的第一个问题，脑海里冒出来的第一个念头都是，今天有什么东西可以吃吗？母亲有东西可以用来做饭吗？

后来，他甚至怀疑那时候自己每天根本都不是睡醒的，而是被饿醒的，冻醒的。

红星村这个地方，历史上曾经是水陆交通要道，商业发达，辉煌过，繁华过。但由于地处皖东丘陵地区，那时候做农民还是很辛苦的，一年从春到冬，要一直从年初忙到年尾（只有春节能休息几天，下大雨的时候才会歇工），还要从早干到晚（中午休息时间或者生产队收工了，还要忙着砍柴割草，打理自留地）。

李光敏的父亲和爷爷都是勤劳本分的庄稼人，尽管他们在生产队都属于能拿到满额工分的为数不多的壮年男劳动力，要技术有技术，要力气有力气，但他们辛辛苦苦风里雨里地劳作一年，挣得的工分，分到的口粮，还是不够一家人一年吃的。

如果不幸遇上灾荒年，那日子就更不好过了。那些年安徽省却是水旱灾害频发的重灾区，比如1954年的特大水灾[1]，不仅导致庄稼颗粒无收，还危及了人民的生命财产安全。除了水灾，安徽还多旱灾、风灾、雹灾、虫灾……灾害几乎年年都有，只是大小不同、危害程度轻重不同而已[2]。

1955年，一向勤劳的爷爷去世了。家里少了一个能挣到满额工分的人，生活愈加艰难。

那是一个分粮食靠工分的年代，家里三个孩子，最大的李光敏不满五岁，大妹妹刚刚学会走路，小妹妹尚在襁褓。

奶奶身体本来就不太好，爷爷去世后更是伤心过度，基本上也干不了什么活儿了。母亲是女性，即使出满勤工，也拿不到满额的工分。一家老老小小，六口人的生活重担全压在李光敏父亲一个人的肩膀上。

李光敏年龄虽小，却已经知道为父母分忧，挖野菜，捡柴草，看护妹妹……像那个年代绝大多数农家孩子一样，困苦贫穷让他过早地体验到了生活残酷的一面，也让他迅速结束无忧无虑的童年，加速长大。

不管是跟在母亲身后捡拾柴草，还是到田间地头挖野菜，李光敏都

1　1954年，安徽淮河、长江流域都发生了非常大的洪水，降雨量超过了有记录以来的最高值。是年5月中下旬，淮河流域发生一次较大范围的暴雨，以淮河干流上游和淮南山区最大。淮河干流5月份水位都超过了历年汛前的最高水位。进入7月份以后，安徽淮河流域发生了普遍而集中的连续性暴雨，雨量之大，雨势之猛，为有记录以来所仅见，造成了安徽百年以来的特大水灾。据统计，全省受灾农田达4945万亩，其中重灾2738万亩，粮食减产39亿公斤，倒塌房屋402万间，损失牲畜20722万头，受灾人口达1537万人，重灾民917万人，其中特重灾民505万人。

2　1958年到1980年22年间，较大的旱灾年有1959年、1965年、1966年、1967年、1968年、1973年、1976年、1978年，其中1978年特大旱灾，水库干涸，禾苗枯焦，人畜用水十分困难。

是一群大大小小的孩子们里面干活最有模有样、最舍得花费力气的那一个。

"长大又是侍弄庄稼的一把好手啊。"三岁看老，村里有人看着这个两眼炯炯的小男孩，不无羡慕地向李光敏的父母夸赞道。

1958年，
难过的不仅是年关

童年天真烂漫的快乐，对于穷苦人家的孩子来说都是短暂而奢侈的，不管情愿不情愿，你都得长大，面对现实。

1958年，对于老百姓来说，有这样几件大事发生了：人民公社成立了，办起了公共食堂，全民开始"大炼钢铁"……对于来安县老百姓来说，这一年尤其难过：五月，遭受暴雨、冰雹袭击，全县不同程度受灾，农田受灾严重，重灾区房屋倒塌……

每天，李光敏都要背着小妹妹，跟着母亲去公共食堂打饭，一天三次。家里的锅碗瓢盆、油盐酱醋、桌椅板凳都上交了，每家发一个陶瓷罐子，公共食堂负责做饭的师傅会根据每家人口数目，往罐子里舀饭。

饭，好不容易打回来了，却不能马上就吃。从食堂打回来的饭，渐渐地，与其说叫做饭，不如说叫做汤，而且数量还一天比一天少，汤一天比一天稀，经常是历历可数的几粒米、几块山芋，上面飘着几片说不清楚是什么的叶子。

为了让家人填饱肚子，母亲只能再加上几瓢水，把汤再煮一遍，然后再想尽办法往汤里加一切能加的东西：先是山芋、萝卜，后是山芋叶，萝卜缨，再后来是山芋藤、玉米秸芯，再再后来是葛根、蕨根、橡子，最后是树叶、树皮……凡是能寻找到的，凡是能想到的，在饥饿的驱使下，人们都开始尝试着拿来吃。好像每个人的胃都变成了巨大的深不见底的黑洞，永远也填不满的黑洞。

等待总是漫长的，尤其是饿着肚子等。每次等着母亲把饭重新再烧一遍，李光敏都觉得有一万年之久。

久病的奶奶到底没能熬过那个寒冷的冬天，走了。

父亲也病了，浮肿，全身肿得一按一个坑，后来住到了大队部集中治疗浮肿病人的地方。严重营养不良的妹妹们长得像两个大头娃娃，脖颈细得仿佛随时都会折断，身子瘦弱得仿佛风一吹，就能飞上天。

为了让他们兄妹三个能够多吃点东西，母亲可以说已经想尽了一切办法。有时候看着瘦弱得走路都摇摇晃晃的妹妹，母亲说，她真是恨不能从身上割下块肉给他们吃。

漫漫长夜，母亲独自守着他们三个，一边就着昏黄的油灯补缀衣服，一边盼着天亮又害怕天亮。天亮了就意味着又熬过了艰难的一天，但天亮了，就又得开始发愁一天的饭食，能给孩子们吃什么呢？到底去哪里才能给孩子们找到好吃一点儿的东西呢？

没有亲身经历过那个年代的人，是很难理解那个特殊情境的。那时候，每家每户每个人的愿望都变得极其简单纯粹，那就是能够活下去，无论如何活下去。

母亲变得越来越沉默了。她在谋划一件大事，一件让她余生一想起来就心痛到窒息的大事。

但她别无选择。

遇上好心的人家，
她就能活

寒风四起了，冬天来了。

地里的庄稼收割完了，冬小麦已经种下了。

几天过后，针尖般的麦苗小心翼翼地钻出了地面，稀稀疏疏地在寒风中瑟瑟发抖，期盼着来年的春天。那些曾经栽种过土豆、山芋的田地，因为不适合播种冬小麦，裸露的地皮坑坑洼洼的，不知道早被人们翻捡过多少遍了。连一小段一小段的土豆藤、山芋藤都被人捡拾走了，甚至一片叶子也找不到了。

草枯了，叶落了。放眼望去，光秃秃的田地里，除了那些顽强生长着的麦苗，什么也没有了。

滁州的早冬，阴冷刺骨。母亲早早就为小妹妹换上了过冬的棉衣。棉衣虽然是旧的，是李光敏和大妹妹穿过的，但母亲仔仔细细地缝补好了每一块补丁。她一声不响，把对生活的所有无奈和对小女儿的全部祝福都默默地缝进了那些密密麻麻的针脚里。

"遇上个好人家，她就能活下去了。"

朴素的实用主义哲学！却也无法苛责她作为母亲的残忍和无情。

李光敏一直都能体会隐藏在母亲心底的痛楚，也因为理解，这份痛楚变得加倍的尖锐。他知道能够做出这种理智战胜情感的抉择，对母亲一辈子心灵的煎熬，应该是超出他想象的。

十个手指头伸出来，无论咬哪个都是钻心的痛啊。但母亲为什么选择送走小妹妹，而不是大妹妹，甚至不是他。李光敏说，其实就是因为小妹妹年龄小，当时还没有记忆。如果能遇上好心人家收养，她就会全然忘记生命之初的底色，重新开启另一段全新的人生，就像一棵被嫁接过的树，从此开和原来不一样的花朵，结和原来不一样的果实。

乌衣镇旁边有条铁路，每天会有一辆绿皮火车通过，火车的终点站是浦口车站，浦口那里有家政府开办的救助院，专门收留孤儿的。

不知道母亲是从什么地方打听到的消息，也不知道母亲从什么时候开始萌生出了那个心思。

国家那么大，总会比一个小家庭有办法吧！

母亲当时就是那么想的。

但她还是虔心祈祷可怜的小女儿能遇上个好心人家——凡是能买得起火车票的人，一定是家庭条件不错的人。如果人家愿意收养，她希望她的小女儿从此就像断线的风筝，扯断与原来家庭的一切羁绊，安安心心喊人家爸爸喊人家妈妈，做人家的乖乖女儿。如果，如果万一，最后还是没人愿意收留她，等车上所有的人都下车了，火车上的乘务员看到那可怜的孩子，也一定会把她送到救助院的吧。

这样的场景，母亲独自在心里不知道默默地演练了多少遍，每一次的演练都不亚于让自己经受一次心灵的酷刑。但为了让孩子们能过上好日子，母亲硬生生把自己变成了盗火的普罗米修斯，心甘情愿让老鹰每天把自己的五脏六腑掏空一次。

计划中的那个日子终于还是来了，母亲觉得无论如何都不能再等下去了——再等下去又能怎么样呢？结果无非两种，一种就是断然放弃那个想法，守着三个孩子，坚持一家人死也要死在一起。另外一种就是她自己心力交瘁，先萎谢了。离了她，她的孩子们更是一个也活不了，他们还都那么小。

那天早晨，母亲告诉李光敏，她要带着小妹妹去坐火车，让李光敏带着大妹妹不要出去乱跑，好好地待在家里，等着她们回来。

她带着小女儿，穿着棉袄的小女儿，先去大队部看了集中在那里治疗的丈夫。丈夫的浮肿病还不见好，脸肿得像个皮球，圆滚滚的。

她告诉丈夫，要听医生的话，好好治病，她和孩子们都在家里等着他。丈夫无言地点点头，他不知道，她正准备用她单薄的肉身去撞击坚硬的生活，哪怕被撞得血肉横飞，也义无反顾。

"嗤嗤，嗤嗤……"疲惫不堪的绿皮火车喘着粗气停靠在了新华站。小女儿细细的小手指被她紧紧地攥在自己的手心里，温温的，软软的。但一想到，以后再也摸不到她的手，听不到她喊妈妈的声音，看不到她穿着自己亲手缝的嫁衣出嫁……母亲的心就像被刀扎着。那种感觉就像被烧红的烙铁直接烙到了心脏，疼痛、灼热，还带着烤焦的臭味，充斥着她的鼻腔，压迫着她的神经，而且只要她还活着，这种感觉就像影子一样跟着她，永远不会提前消失。

小女儿从来没有出过远门，更不用说坐火车，她被母亲抱在怀里，却伸着小小的脑袋、瞪着好奇的眼睛四处张望着。她不知道，母亲手里的车票只有一站车程，新华到东葛。火车在东葛车站，停留两分钟。

来不及再把整个决定细细思考一遍，很快，东葛车站就到了。火车车门已经打开，到站的人们陆续走下火车，母亲下了最后的决心把小女儿放在了座位上，帮她整整衣服，拢拢头发……母亲下车了，小女儿独自被留在了原来的座位上，旁边是一个小小的花布包裹。

"嗤嗤，嗤嗤……"疲惫不堪的火车像个老人一样喘着粗气又开走了。

母亲紧紧盯着的那块车窗上突然出现了小女儿的身影，她薄薄的身子整个贴在了窗户上，张大了嘴巴，双手急切地拍打着车窗玻璃。

站台上，瘦成纸片一样的女人，突然塌了腰杆，萎堆成一摊稀泥。

也许一秒，也许两秒……小女儿最后留在母亲眼里的样子，永远变成了那个张大了嘴巴，双手急切拍打车窗玻璃的单薄影子。

那个影子后来就渐渐变成了一盘再也停歇不下来的石磨，磨啊磨啊，日日夜夜啃噬着母亲的心。心就痛成了一面筛子，一个小孔连着另一个小孔，密密麻麻、鲜血淋淋。

尤其是后来生活状况好转了之后，作为母亲更是时常想起那个可怜的孩子：她生错了人家！生错了时候！

她从出生那天开始，就没有吃过一顿饱饭，没有穿过一件新衣服，甚至都没有看见过父母的一次笑脸……没有，从来都没有。

生活的困苦，会把人细腻的感情磨得粗糙起来，如果连粗糙的空隙也被愁绪填满了，大人们的脸上就真的再也挤不出一丝笑意了。早在这个可怜的孩子出生之前，这个家庭就被贫穷和疾病笼罩，父母亲甚至都没有心情和精力渴盼过这个孩子来到这个世界。

而这个可怜的孩子仿佛也早已知晓这一些，她从来也没有大哭大闹来引起过父母的关注。从学会走路开始，就每天跟在哥哥姐姐后面，饿了、困了，冷了……能够依靠的也只是哥哥姐姐单薄的小肩膀，她甚至都没有被忙碌的父亲或母亲抱在怀里好好地疼惜过。

因为疲于奔命的父母亲那时候就像两个旋转的陀螺，他们总是有很多事情要忙，忙着照顾病中的奶奶，忙着填饱一家人的肚子，忙着补缀一家人一年四季的衣物穿着。

巨大的生活重压下，父母亲的心情只能是惶惶不安的，生活都没能给母亲留出一小块温情的空隙，让她好好抱抱自己的小女儿。最终也不知道失落到了何处的小女儿，真的变成一个断线的风筝，飞出了他们的视线。

小妹妹就此失落在天涯

天色，渐渐暗下来了。

傍晚阴冷潮湿的空气里渐渐有了柴火的味道，而且越来越浓，那是村子里别的人家在煮晚饭了。但，母亲和小妹妹还没有回来。

饥肠辘辘的李光敏带着不停哭泣的大妹妹坐在院子门口的台阶上面等，对于他们来说，能做的似乎也只能是等，等待母亲，也等待命运。

天色完全黑透了的时候，母亲终于出现了，她是一个人回来的，晃晃悠悠地走回来的。

李光敏和大妹妹一看见她，就赶紧跑上前去一边一个搀扶住她。她浑身发抖，每走一步都像要摔倒的样子。她的脸苍白得像一张纸，好像回来之前走了很久很远的路，已经耗尽了她全部的心力，虚弱的她已经没有一丝力气了。

李光敏从来没见过母亲那个样子，她像被抽走了筋骨，全身软塌塌地蜷成了一团。但她整个人看上去又都是散着的，衣服是散的，头发是散的，连眼神都是散的。她失神地盯着李光敏和大妹妹，盯了很久，才终于看清楚眼前，她的这两个孩子。同时，这两个孩子也正一脸惊恐地仰头看着她。

关上大门，挣扎着进了屋子，抱住两个孩子，她终于哭出来了，撕心裂肺地号啕大哭起来。

她将两个孩子抱在怀里，紧紧地，紧紧地，像要把他们两个重新塞回到自己的身体里，好像唯有这样，他们才是安全的……而另外那个孩子，此时此刻，应该在不知道哪个温暖的地方已经睡着了吧？

……

夜深了，两个孩子终于哭累了，睡着了。

母亲却一直醒着。

明天，太阳还会照常升起，天还是会亮起来的，日子还是要继续过下去的。

母亲告诉李光敏他们，小妹妹不见了的事情千万不能告诉村里任何人。因为，一个人还可以等于八两山芋面。

按照生产队当时的规定，每人每天能分到八两山芋面的粮食定量。父亲因为身体不好被照顾，一天可以定量到一斤二两，他住在大队部，他的口粮也被分到了大队部。三个孩子，每个人八两；母亲因为自己白天要到村里参加集体劳动，在原有的基础定量上可以再多加四两，这样全家四口人每天的粮食定量是三斤六两山芋面。

这个家里就只剩下李光敏和大妹妹两个孩子了，但属于那个孩子的八两山芋面却可以留下来了。如果三个孩子的口粮分给两个孩子吃，多多少少也会宽裕一点点儿吧。只是，那个可怜的孩子就像从来也没有来过这个家里一样，父母亲甚至都没来得及给她取个正式的名字。

关键是，那个可怜的孩子或许就此能够获得一个新生的机会。如果遇上一个好心的人家，她就能活得比在这个家要好。

这是母亲最最期盼的。

每天八两山芋面，是那个可怜的孩子留给这个家最后的珍贵的馈赠。

小妹妹被"丢弃"这件事，留给童年李光敏的印象太深了，也因此让他对贫困有了更切骨的体会。怎样做才能让母亲的脸上不再愁云密布？怎样做才能不再让自己的家里人受苦受穷？什么时候一个人、一个宝贵的生命才能真正被尊重？

　　小小的李光敏虽然当时还不能回答这些问题，但他从母亲的眼神里，读出了心碎，读出了无奈和伤心。一定要奋力改变这种状况的决心，也许就在那个时候悄然在李光敏的心里扎下了根，也让他自此再也看不得别人家受苦受穷。自己经历过的痛苦无论如何都不能让别人再经历一次，他期盼所有的孩子都能在父母的看护下平安长大，所有的母亲都不用再经历被迫分离的苦痛。

并不是每一种灾难都是祸，
早临的逆境往往是福，
经克服的困难不但教训了我们，
并且对我们未来的奋斗有所激励。

——夏普

舅舅来了，
远方有青麦穗

漫长的寒冬终于熬过去了，春天来了。

春天来了，意味着找到可以吃的东西的机会多了。像蛰伏了很久，刚刚冬眠苏醒的小动物，忍耐了一个冬天的大人和孩子们迫不及待地奔跑到田地里，去寻找春天的第一缕绿色。没有闲情逸致，纯粹就为了填满自己饥饿的胃。

他们蹲下身子，仔细分辨着那些刚刚吐出嫩芽钻出地面的野菜，哪些是可以吃的，哪些是有毒的。挖到一颗，甚至都来不及拿到家里用开水煮一下，就急切地塞到嘴里，嚼出满嘴的绿色汁液。

孩子们则争先恐后地爬到树上，小小的榆钱嫩绿嫩绿的，先撸一把放进嘴里，甜丝丝的。这是对被山芋面粗暴对待很久的嗓子和胃最温柔的抚慰，是清香也是甜蜜。

无论如何，周而复始的大自然让人们坚定了信念：春天来了，他们又一次看到了希望，看到了未来。

很快，农历四月小麦就开始灌浆了，麦香开始弥漫。田野里、风里，一种奇香飘散着充溢着，像秋天的雾气愈来愈浓。麦香让每个人心旌动荡，也让每个人有了犯错误的冲动——趁着田地里没人的时候，偷偷摘一把麦穗，放在手掌心里轻轻一搓，圆滚滚的碧青色的麦粒，带着麦子的原香，沁人心脾，那是人们久违了的真正的粮食的味道。如果，拢上一堆干草，把麦穗用火烤一下，麦香会更加浓郁，简直就是世界上最好的美味！

但是，这样做是绝对不行的！

因为在小麦没有完全成熟之前就摘青麦穗，会影响生产队的最终粮食产量，这是村子里的干部绝对不允许发生的事情。因为每年小麦最终的产量，除了直接关系着能否保质保量完成任务，还关系着全村人的年终口粮分配。所以，一到小麦开始灌浆的时候，麦地里就会出现很多不停地到处游走或者躲藏在某个隐蔽地方的人，他们有一个统一的身份——看青。

不停地到处游走，为的是震慑，让你不敢对地里正长着的麦穗下手。隐藏起来，为的是诱惑，当你小心翼翼地四处张望，再三确认周围确实没有看青的人，风不响，鸟不鸣。可你一旦向麦穗伸出手，在某个，你绝对意想不到的地方就会突然冒出一个人，不但会吓你一大跳，还让你后悔不迭。

如果偷摘青麦穗被看青人抓住了，轻的可能会被看青人骂一顿打一顿、扣罚工分或者部分年终口粮，重的甚至会被送去拘留——哪家也不敢，用年终那点可怜的口粮冒险；对被拘留，更是怀有巨大的恐惧心理，想想就不寒而栗。所以，无论多饿，无论多想，人们也只能强忍着，用强大的意志力约束自己，也约束自己家不懂事的孩子，同时背后长眼睛监督别人——因为举报别人会有奖励。

那时候每家每户的粮食都短缺，为了家里的老人和孩子能多吃一口，有些胆子大的村民会想尽办法寻找一切机会"顺"点粮食回家。如何能最大限度地减少偷摘青粮食的行为，村里的干部很是头疼，各个生产队为此制定了各种土政策，比如偷一把麦穗罚款五角，然后举报者可以领到其中一半，如果是当场抓住偷盗者，则可以领到三分之二，等等。

瓜田不纳履，李下不正冠。为了避免被无端怀疑，麦子地反倒成了禁地，平常人们路过的时候都要想方设法绕开走。

李光敏和妹妹，被母亲严令禁止不可以到地里偷摘青麦穗，不管周围有没有人，不管饿成什么样子都不行。一方面是担心被看青人抓住，会扣罚家里的年终口粮。另外一方面也是忠厚人家对自家孩子的基本要求：既然生产队有这样的规定，那就必须得无条件遵照执行。

尽管母亲没读过书，不识字，但言行举止间的诚实善良守规矩却给李光敏兄妹勾画出了人生最初的模板，做人要有分寸，知底线。宁可苦着自己，让自己吃亏，也绝不能做侵犯、伤害别人利益的事情。

"我母亲平常说话不多，对我做什么不做什么，她一般不会有很多要求，但她一旦说出口了，我就知道我必须得按她说的那样去做。"李光敏说。

就在母亲带着李光敏兄妹俩苦挣苦熬的时候，住在相官村小李庄生产队的舅舅来看望他们了。看到娘仨穿的破衣烂衫，吃的也还是只有米汤煮野菜，舅舅忍不住落泪了。虽然当时大家都很穷，舅舅自己家里也是穷得一清二白，孩子们吃了上顿不知道下顿在哪儿，但看到姐姐和外甥们的日子过成这样，当舅舅的还是心疼不已。

舅舅告诉李光敏的母亲，相比起人多地少的红星村，小李庄生产队规模小，人口少，全生产队只有十几户，四五十口人，但土地面积却比红星村多。生产队的干部还特意挑选出一些背风向阳的小块土地，允许提前选摘些成熟度较好的青麦穗，统一按比例分发给大家。让各家各户在小麦还没有大面积成熟之前，就开始稍微吃些真正的粮食，贴补一下亏空已久的身体。

　　船小好调头，村干部灵活机动的土政策，让小李庄的村民在难熬的日子，感受到了人与人之间的温暖和信任。大家分到了麦穗，也是等到夜里再燃起柴草，煮上一锅麦粒汤，全家老小悄悄喝下去，没有一个人会到处张扬。大家彼此心照不宣地守护着这个秘密，保护着那个为他们全村人能够安全渡过青黄不接的关键时节，承担了巨大责任和风险的村干部。

　　现在，舅舅把这个秘密偷偷告诉给自己的亲姐姐，也是想用这点可怜的便利条件救救这个家的两个孩子，尤其是在他寻遍全屋的犄角旮旯都没有找到那个最小的孩子之后。他猜测，他最担心的事情，在不久之前，已经变成了事实。

　　他暗自想，那个可怜的最小的孩子要不就是没了，要不就是被姐姐送人了。

　　他看着姐姐和外甥们，想着在没有姐夫的家里（李光敏的父亲当时还住在大队部的临时医院），姐姐，一个柔弱的女人，是如何独自一个人艰难地拉扯着这两个孩子，她又是如何才能做出舍弃那个孩子的决定，她又是下了怎样的狠心才最终松开那孩子的小手？

　　和李光敏母亲从小一起长大的舅舅是知道自己姐姐的脾气秉性的，她外表强悍内心柔软，她是打碎牙和血吞的那种人。她知道弟弟的日子过得也不宽裕，她不愿意在这个时候麻烦拖累他。他能想象得到她当时以及之后漫长时间的肝肠寸断，这让他心痛不已，尤其是想起出嫁前的姐姐曾经对他的疼惜和照顾，他觉得他有责任伸手拉她一把，帮姐姐渡过这个难关，为姐姐保全这个家，保全姐姐家的这两个孩子。

　　他终于下定决心对姐姐说："要不，要不，你还是带着孩子们回到小李庄来住吧。大家住在一起，平日里遇上什么事也好互相有个照应。"

逃离，小李庄

树挪死，人挪活。

看着两个饿得面黄肌瘦的孩子，李光敏的母亲决定带着他们逃回娘家——三十多公里之外的相官村小李庄：那里曾是自己出生和长大的地方，她希望那片土地能够像庇护自己长大一样也护佑着她的孩子们平安长大。或许潜意识里，她也早想离开红星村这个地方，这个全世界最让她锥心痛楚的地方。

父亲还在住院，母亲简单地收拾了一下家里，就带着他们离开了。

年幼的李光敏按照母亲的嘱咐，牵着妹妹，背着一个母亲整理好的小包袱，里面装了几件他们的换洗衣服。母亲自己则挎着一个旧竹篮，里面放了两把镰刀。不管走到哪儿，都要干活儿才能有饭吃啊。

母亲的心里到底盛装了多少苦水，五岁的大妹妹或许还不能完全体会。她瘦瘦小小的，因为饥饿，因为营养不良，她几乎都没有力气说话。她不敢烦扰到心乱如麻的母亲，只是跟在哥哥后面，走不动路了，就停下来，用一双小眼睛望着同样瘦瘦的哥哥。

李光敏看看母亲，母亲阴沉着一张脸。他已经完全记不得母亲上一次开心的笑是什么时候了，尤其是送走小妹妹以后，他感觉母亲的心像是活生生被撕成了碎片。她本来就瘦，现在更瘦了，风一吹就会倒的样子，但她却在咬牙坚持，像一棵老树，用遒劲的枝干抵御着寒雨和冷风，拼命保护着自己稚嫩的枝叶。

李光敏饿了，而且他冷，他累，他怕，他不想牵着妹妹再继续走下去了。脚底被塘埂上什么东西划破了，钻心地疼，但疼着疼着也就麻木了。

他不敢告诉母亲这些，他担心即使他说了，母亲也想不出别的什么好办法，只能让她的脸色更暗淡一些，眉头皱得更紧一些。

父亲因为浮肿，已经在大队部的临时医院住了很长时间了，那里集中住了一些和父亲一样患了浮肿病的人。他们三个人走了，父亲怎么办？父亲知道他们要搬去舅舅家那里了吗？父亲知道小妹妹再也回不来了吗？

李光敏不知道，也不敢问母亲这些问题。他只能牢牢牵住妹妹的手，尽量让不停哭泣的妹妹不给母亲添麻烦。

渐渐地，自家的房子远了，树远了，村子远了，泥泞的田埂路弯弯曲曲不知道通往哪里。远处的水塘里，间或传来几声孤独的蛙鸣，除此以外，就是呼呼的风声。

"妈妈，我们还会回来吗？"李光敏终于壮起胆子问。

"不知道。"良久，母亲重重地叹口气。

做出"逃走"这个决定似乎已经耗尽了她全身的力气，她已经无暇去想未来。活下去，或者说让眼前这一双年幼的儿女能够活下去是她现在唯一的愿望，远方小李庄那些还未成熟的青麦穗，这个时候，成了她唯一的期盼。

一家三口，沉默着离开了乌衣镇红星村。这个小村子，留在童年李光敏记忆里的除了饿，无边无际的饿，就是冷，侵入骨髓的冷。

"那时候的冬天要比现在冷得多，经常下雨、下雪，房檐下的冰条子挂很长。"停顿了好一会儿，李光敏又加了一句："那时候，我冬天都没有穿过棉袄棉裤，肚子里又饿。"

团聚，是一种幸福

相官村小李庄，是李光敏母亲的娘家，虽说，外祖父母已经过世多年，好在还有一个亲舅舅。村子小又都是熟人，彼此沾亲带故。听了舅舅的请求，当时的小李庄生产队长慷慨地接纳了李光敏他们，还让人腾出了村子里两间闲置的泥坯房，暂时安顿下了他们一家三口，给了他们一个能够遮风避雨的地方。

舅舅又把自己家里唯一的一张草毯子拿了来，李光敏他们在小李庄的新家就算暂时安置下来了。

正应了《红灯记》里的那句话"穷人的孩子早当家"，来不及细细地打量清楚这个新地方，甚至都没来得及结识一个新玩伴，李光敏就开始了在小李庄"当家作主"的日子——做饭洗衣、料理家务、照顾妹妹。

母亲每天都要按时出工，参加生产队的集体劳动，农忙时更是要加班加点。因为只有出工，才能挣到工分，而工分是那个年代能够分到口粮的唯一凭证。丈夫还独自留在红星村继续治疗，两个孩子嗷嗷待哺，家里唯一能够挣工分的劳动力就是她自己，她必须强打起十二分精神带着她的孩子们在这个地方生活下去。

李光敏从五六岁开始就是母亲的小帮手，在他的记忆里，身材既不高也不壮的母亲，有着超出平常人的隐忍和担当。

她担心村子里有人会议论他们从红星村搬来，是抢了小李庄人的口粮，是从别人家的锅里抢饭吃。除了反复嘱咐李光敏兄妹出门不要惹事，不要和别人家的小孩子打架生气，就是自己在生产队里抢活儿干。用多干活儿、干脏活儿、干累活儿来提前堵别人的嘴，让别人不好意思说出什么不好听的话来。

"其实那时候，真实的情况是小李庄地多人少，我们家来这儿，等于是给小李庄增添了劳动力。但我母亲一直教育我们，是小李庄收留了我们，给了我们一个安身之地。"

那时候，在地里干农活儿主要靠人工，所有的重物基本都靠肩扛手提。小李庄属于皖东丘陵地区，地势高高低低，有旱田也有水田，又没有马路，全是泥土路。在田间劳作的时候，爬坡过坎是常事。最难的是下雨的时候，又是泥又是水的田埂路，光脚踩上去都站不稳，何况肩上还挑着重物。往往是一天的辛苦劳作下来，好强的母亲已经累得连说句话的力气都没有了，家里的事情也就只能全部交给李光敏了，她实在没有精力管了。

父亲不在家，母亲又忙，好在李光敏年龄虽小却一直很懂事。尤其来了小李庄之后，他不但把妹妹照顾得很好，家里的大小事情，砍柴烧火、做饭洗衣等都已经做得像模像样，有时甚至比母亲做得还好。

"比如蒸碱面馒头，我蒸的馒头就很好吃。后来我才知道，我蒸的馒头好吃的主要原因在于我揉的面好。我的胳膊比母亲有劲儿，我干活儿一向又舍得出力，用我揉出来的面蒸的馒头就更筋道，口感也更好。现在小李庄农家乐的馒头，还是用我教他们的方法做的，来这里吃过的客人都说馒头很好吃。"

这些小时候的生活经历以及磨炼出来的责任心和做事技能，为李光敏之后的人生奠定了坚实的基础，它们已经内化成了李光敏身体里的一部分，每每在关键时候，就能发挥出重要作用。

"小时候多参加些劳动，对我以后的人生很有帮助。像擀面条，蒸馒头，这些事情我小时候就会。我这个人和别人不太一样，一件事我只有自己会做了，心里才不慌不怕。还有，也是从那时候，我就懂得，凡事要想干好，就必须得掌握核心技术，只要技术掌握得不够好，就肯定干不成事。所以，之后不管我干啥事，技术肯定是我首先要掌握的。种地的时候，所有的农活儿我都会干；办化工厂的时候，我对各种胶了如指掌，人家称呼我'滁州胶王'。现在，我种菜，啥时候种，怎么种，种啥菜，我自己心里都清清楚楚的。"

说起刚到小李庄的时候，李光敏对自己小小年纪就能独当一面，能帮母亲撑起那个家，语气里仍是满满的自豪。

更让人高兴的是，几个月之后，李光敏的父亲等身体情况基本好转后也从红星村跟了过来。他告诉李光敏他们：因为红星村全村人都姓李，同宗同族，不管辈分远近都可以勉强算作一个家族的人。对于李光敏一家人的"出走"，似乎并没有人准备认真追究下去[1]。

母亲悬了几个月的心终于放了下来，一家人好不容易在小李庄团聚了。

丈夫、孩子，这辈子，这个世界上，她心里最在乎最牵挂的这几个人，只要每天都能生活在她的眼皮子底下，只要每天都能看到他们，即使自己再累再苦，她都觉得命运待她已经很好了。

---

1 1958年1月，《中华人民共和国户口登记条例》正式颁布，该条例明确规定中华人民共和国公民都要依照条例的规定履行以户为单位的户口登记，只有当人与地址相结合，并在户口登记机关履行登记手续，法律意义上的"户"才成立。

新生活开始了

1960年冬天，生活似乎也渐渐有了好转的迹象。

随着《农村人民公社六十条》（修正草案）[1]的颁布，小李庄生产队按照人口比例分给了李光敏他们家一份"自留地"，同时允许他们家在"路边、屋边、山边、田边、水边"（当时被称为"五边地"）开荒种地。能够分给他们家土地，标志着小李庄生产队从户籍手续上正式接纳了他们一家，他们一家四口的户口落在了相官村。

有趣的是，原来的小李庄生产队，全村十几户人家没有一户人家姓"李"，至于为什么被命名为"小李庄"已不可考。李光敏他们家是小李庄生产队有史以来第一家真正姓"李"的人家。

因为李光敏当时年龄还小，父母什么时候把全家户口正式迁移到小李庄的，怎么迁的，他并不清楚具体程序和过程。但他能感觉到，父母

---

1 "六十条"首先明确规定人民公社是政社合一的组织，公社内分为"公社、生产大队和生产队三级"（第1条）。其次，农民的基本财产权和家庭副业的经营权得到了明确的保障。条例规定："要保障社员个人所有的一切生活资料，包括房屋、家具、衣被、自行车、缝纫机等，和在银行、信用社的存款，永远归社员所有，任何人不得侵犯"（第40条）。条例还为家庭副业列一章（第6章），承认家庭副业"是社会主义经济的必要的补充部分（第36条），社员除耕种不超过当地耕地5%的自留地以外，还有权开垦零星荒地、饲养家禽、从事渔猎、采集和手工生产等"（第37条），"家庭副业的产品和收入，都归社员所有，都归社员支配……都可以拿到市集上进行交易"（第38条）。尤其是关于家庭副业和保障社员私有财产不受侵犯和农民拥有一定的经济民主权力，等于承认了农民在个人财产和生产能力的差别，农民可以在家庭副业等极其有限的空间内，创造出更多的财富，获得比别人多的收益。

内心里其实一直是把在小李庄分到属于自己的土地那天，当作生活新篇章的开始。在小李庄，拥有了属于自己的土地，他们过日子的心才算真正踏实了下来。

能在小李庄拥有属于自己家的"自留地"，父母亲非常兴奋。对于他们家来说，这是一个全新的起点，他们似乎都在有意无意地将之前的那段生活从记忆中渐渐剥离淡化出去。

"后来，生活条件好了，你们家去找过小妹妹吗？"

"我母亲说自己虽然生了她，却没养她。生恩不如养恩深，最难的时候，是别人家给了她一口饭吃，那就让她这辈子好好地做别人家的女儿吧，不打扰，是对她养父母的尊重。父母不提，我也不好问，我一直以为母亲已经忘了她。事实上，母亲去世以后，我才发现，她把小妹妹穿过的一件小棉袄在柜子藏了一辈子。"

说这句话的时候，李光敏眼圈红了。他说，自己长大以后，还曾偷偷去浦口那一带打听过，想知道小妹妹到底被谁家收养，日子过得好不好。但无奈岁月漫长，当时妹妹年龄太小，线索太少，最终无功而返。

他和母亲都在用自己的方式想着念着那个孩子，不管是母亲坚持的不打扰还是李光敏私底下偷偷地寻找，他们都希望她能过得好一点儿。不管这辈子她最终落脚到了哪里，都希望她生活得平安顺遂吧。

因为有了那块小小的自留地，父母亲过日子的劲头很足，他们像是铆足了劲儿要在小李庄活出个样子来。

父亲在那一小块地里辗转腾挪，完全展露出了一个庄稼把式的勤劳和智慧。只要生产队收工，无论是中午还是傍晚，他都要拐到自家的地里看看，浇水、施肥、除草、捉虫……他精心侍弄着那一小片儿田地，真真正正地一滴汗水摔八瓣。

父亲严格遵照农时节令，栽瓜点豆，将一粒粒充满希望的种子播种下去，然后就是浇水、锄草……耐心地等待，等待着一株株小苗爬出地面，然后慢慢抽枝，长大，成熟，收获。

土地给他的回报也是非常丰厚的，胖胖的土豆，沉甸甸的玉米，或者一把绿油油的青菜……父亲的辛勤劳动也在一定程度上缓解了实际生活的困窘。

父亲在地里做活儿的时候，时常带着李光敏，相比起母亲，父亲更希望儿子勤恳、务实，长大后成为一个脚踏实地、有责任有担当的男子汉。

作为小帮手的李光敏跟在父亲身后，耳濡目染，在父亲的言传身教下，他渐渐学会了栽种、间苗、育种、积肥、观察天气……甚至抓起一把土壤，就能分辨出这块土地是肥是瘦，适合播种什么农作物……他正在像父亲期望的那样，逐渐成长为一个优秀的农家汉子。

"那时候，我父母对我其实也没有什么特殊要求。如果要说有要求，也就是希望我不偷奸不耍滑，做一个实实在在的好人吧。"

父母虽然都没上过学，但他们勤劳善良，尤其是父亲，他对土地的那份感情，深深地影响了长大以后的李光敏。"人勤地不懒，要想多打粮食，你就得好好侍弄它（土地）。""凡事都有自己的规律，做事须得顺着来，不能逆着来。"父亲在劳作间隙坐在地头休息的时候，会给李光敏念叨一些有关种地的农谚或者俗语，既教他怎么种地也教他怎么做人。

如果说，母亲潜移默化地教给了李光敏隐忍和担当，父亲则用实际行动告诉他，做人就得踏踏实实，本本分分，一步一个脚印才能走好自己的人生之路。

从1960年下半年开始，公共食堂开始逐步关闭。因为之前家里有些家具留在了红星村，锅碗瓢盆有些上交了，对于李光敏他们家来说，等于说在一穷二白的基础上再一次白手起家，一切都得重新置办。

穷家值万贯，燕子衔泥一样，李光敏的父母带着两个孩子，在小李庄一点一滴，一桩一件，慢慢地重新添置着一个新的家。

虽然家里还是穷，但母亲的勤俭节约、精打细算和父亲的勤劳肯干，渐渐地就能让李光敏兄妹俩吃上饱饭，不挨饿了。来到小李庄以后，李光敏个子明显长高了，一身打了补丁的夹衣夹裤穿了不到两年就明显小了，露出了脚踝，只是他依旧身子单薄。

"黑瘦黑瘦的，个子倒是长得很高。"说起那个时候的李光敏，村子里有记得他的老人这么说。

五六月的乡下往往是青黄不接的时候，家境差点的人家，这段时间就揭不开锅了。村子里偶尔有从外地来逃荒的人，虽然家里也还需要数着米粒过日子，但是，只要有人上门，李光敏的母亲就不会让人家空着手出去，或多或少她都要从自家锅里匀给人家一点儿。

"自己少吃一口全都有了。"她常常这样说。丈夫是家里的顶梁柱，要做重活儿累活儿的，需要吃饱饭；两个孩子正是长身体的时候，也不能亏着；唯一能省下一口的似乎就只有她自己了。每每遇到这样的情况，李光敏的母亲就往自己的饭碗里加些开水对付一顿，或者干脆饿一顿。

李光敏说："母亲的身体后来就一直不怎么好，或许就是那些年吃不饱饭落下的病根。"

父亲则是既善良又勤快，和谁都能合得来。四周乡邻，无论亲疏，只要别人家有事情需要帮忙，他总是一喊就到，该出力的时候更是一点儿也不含糊。

因为人品好，大家信得过，后来，李光敏的父亲还做了两年小李庄的生产队长。只是他这个生产队长，既不和别人抢救济粮，也不和别人争救济款，正直本分地恪守着做人的底线——该自己拿的，拿；不该自己拿的，坚决不拿。相反，该自己干的活儿，干，不该自己干的活儿，也干。后来，等到李光敏也做了小李庄的生产队长的时候，大家都说：和他父亲当年当队长的时候一个样儿。

小小放牛娃

父亲做生产队长的时候，曾给李光敏牵回一头生产队的小牛，李光敏除了要帮父母干些零碎农活儿以外，还成了一位专职的放牛娃。

那时候，给生产队放牛绝不是一件轻省的事情，所以很多人都不愿意干——人能吃饱饭就很好了，哪里还有东西给牛吃？更何况当地的老百姓平日里烧火做饭，用的都是柴草，村子周边的边边角角和塘沿沟渠长的野草，早都不知道被多少人拔过不知道多少遍了。

要想让小牛多吃草，吃到新鲜的嫩草，除了手脚勤快还要动脑，就是充分利用别人放牛的时间差，选择合适的放牛地点，把范围扩大到村子周围、所在生产队及其周边地里，山山岭岭，沟沟洼洼，河滩塘边……一句话，就是要比别人多动脑、多出力、多跑路，把牛带到一些别人从来没有去过或者不愿意去的地方。那些地方要么是距离村子太远，要么就是通往那里的路特别不好走。但李光敏总是会想尽一切办法带着他的小牛，去不断探索、发现新的"根据地"，找到有新鲜嫩草的地方，让他的牛吃得更尽兴一些。

当时，生产队里像李光敏这样的放牛娃还有两三个，他们慢慢发现，每天傍晚回到村里的时候，只有李光敏牵的那头牛的肚子能吃得圆滚滚的，他们自己牵的牛却都是一副无精打采的样子。

如果恰巧遇见大人，大人就会问：咋回事啊？咋就光敏牵的牛有草吃呢？更糟糕的是，如果哪天碰巧哪个父母心情不好了，还会以这个理由打骂自家孩子一顿。

　　大人们都是爱面子的，一样的事情，别人家的孩子能做得很好，就自家孩子做得不好，自然就会忍不住教训自家孩子一下。几个小孩子私下里一商量，与其这样每天被大人们打骂，不如以后就跟着李光敏算了。他去哪儿放牛，他们也跟着去那里放牛就是了，反正只要跟着李光敏就意味着牛能找到草吃。只要牛吃饱了，他们回家自然也就不用再挨家长骂了。

　　原来是只需要给一头牛找草吃，现在是带领大家伙儿给四头牛找草吃，李光敏没有觉得自己吃亏受累，相反，他倒是觉得带上这几个放牛娃，更热闹了。

　　"我这个人从小就这样，看不得别人过不好。小孩子嘛，有时候难免有些贪玩有些懒散，你不带着他们，他们就得挨骂，生产队的牛也吃不好。带着他们，就是我自己受累点儿。自己受些累，我倒是从来不怕。"

　　为了让生产队那些牛吃饱吃好，李光敏带着小伙伴们几乎跑遍了村子周边的每一个角落。"你还真不能让牛跑到别村的地里，只能在自己的生产队范围里。"李光敏每每找到一片肥美的草地，就招呼大伙儿一起把牛赶过去。遇到牛爬不过去的地方，李光敏还要自己爬上去，先把青草割下来打成捆然后再扛过来让牛吃。

　　除了要让牛吃好吃饱，最难的还是要防止牛跑到别人家的田地里偷吃庄稼或者踩踏庄稼。以前遇到牛发脾气不听话的时候，李光敏总是一个人一会儿跑后边赶一会儿跑前边拽。现在和小伙伴们在一起了，遇到牛发脾气的时候，大家伙儿有的在前面拽，有的在后面赶，嘻嘻哈哈地就把牛从地里赶出来了，反倒比一个人放牛的时候轻松有趣多了。

让所有人都高兴的是，自从结伴组成了放牛小分队之后，生产队里的这几头牛都长壮长胖了。

不管生活如何艰难，只要孩子们在一起，就会制造出无穷的欢乐。只要给牛们找到草吃，他们这帮半大小子们就开始想办法寻找属于自己的乐趣。追野兔，掏鸟窝……或者仅仅是在收割完庄稼的田野上奔跑，跑得满头大汗也是快乐的。

夏天，天气晴好的时候，他们有时也会脱光衣服，跳到水塘里，比赛游泳、打水仗，互相往对方阵地泼水。偶尔，也有大孩子欺负小孩子的，这种时候，李光敏往往忍不住要去"伸张正义"，受到援助的小孩子从此就变成了李光敏忠实的跟班，李光敏俨然成了小李庄一呼百应的"孩子王"。

孩子们的心思是单纯明亮的，他们总能自然而然地找到自己的"头儿"，并积极维护他的权威地位。渐渐地，李光敏在孩子们中间的威信建立起来了。只要他说的，大家就听。后来发展到，孩子们之间闹矛盾了，吵嘴了、打架了，总有人会跑着去告诉李光敏，"请"他出来主持公道，处理纠纷。慢慢地全村的孩子们都知道了，李光敏虽然年龄不是最大的，却是最有主见的，难得的是他处事也最公正，从来不会以大欺小，或者恃强凌弱。当年，小小年纪的李光敏，已经显示出了超越年龄的判断力和领导力，办事果断而不鲁莽，可谓少年老成。

不过玩得太疯的时候，偶尔也会被父母责骂。因为贪玩回家晚了，因为背回家烧饭的柴草少了，或者因为不小心衣服被树枝划破了……被父母骂一顿就骂一顿吧，因为一想到第二天又是和小伙伴们自由奔跑的一天，李光敏就把什么都忘记了。

儿时在同伴中摸爬滚打中建立起来的权威性和影响力，成了李光敏一生中最珍贵的财富，以后无论他做生产队长，还是组织农业合作社，小李庄的村民们都对他百分之百的信任和放心，为他顺利开展工作扫清了不少障碍，提供了很多便利。

"那些从小建立起来的情谊，一辈子都不会变的。"李光敏说。

无论大事还是小事，
只要自己是认为办得好的，
就坚定地去办，
这就是性格。

——歌德

自己改名"李光敏"

1961年春天，已经快满十一岁的李光敏才走进了学校的大门，成了一名背着书包的小学生。

这一年，小李庄旁边的大井庄村办起了一所小学，开始有人挨门挨户动员周围村子的适龄孩子们去上学。李光敏的父母虽然感觉他已经是家里一个不可或缺的好帮手，但还是响应国家号召，把他送到了学校。

这是一座今天看起来有点特殊的学校，因为相官这一带之前从来没有办过学校[1]，这里祖祖辈辈绝大多数人家的孩子也从没上过学。

仓促中兴办起来的学校，自然一切从简，土坯的房子，泥做的桌椅，用黑漆刷块木板就变成了黑板。同学们的年龄更是大的大，小的小，大的有十六七岁的，小的有七八岁的，但人数最多的还是像李光敏这样十来岁的。实话说，老师们的教学水平也参差不齐，有的老师教学水平很高，在学生心里就很有威望，学生就愿意听他的话，愿意完成他布置的作业。

之前，一直在野地里"疯跑"惯了的孩子们，突然全被圈到了学

---

1 乡村小学出现于20世纪五六十年代。当时中国广大农村经济落后，生活贫困，普遍缺少有文化的农村教师，而农村随着人口急剧增长，学龄儿童大量增加。为解决农村教育问题，各级政府采取补救措施，大量招收乡村教师。其中只有部分是师范类毕业的青年，其余大量是社会青年，他们文化程度不齐，有高中毕业；有初中毕业；大部分只是小学毕业。在经过简单的招考手续后，随即补充到各个岗位。其性质有公办、民办和代课。

校，就像牛被套上了缰绳，只能老老实实地待在教室里，偶尔他们也会想起在野外尽情玩闹的情景，尤其在被老师要求背书却又背不出来的时候，这种被辖制的感觉就会更加明显，坐在教室里，心早就飞了出去，或者随便编造个理由，就逃一两节课。

但李光敏很快就被学校吸引住了，一是因为他上学的时候年龄稍大了些，理解能力比别的孩子强，跟得上老师的节奏；二是他真心喜欢读书，喜欢老师们在他面前打开的那个完全崭新的世界，并且很快表现出对数字的特殊敏感。

别人怎么也弄不明白的数学题，在他看来却饶有趣味，学习起来感觉一点儿也不吃力。老师如果能遇上爱学习的学生也是一件幸福的事情，数学老师非常喜欢李光敏的聪明伶俐，总是想方设法给他开些小灶，想让他多学点东西。

李光敏也就格外崇拜这位数学老师，虽然他家不是距离学校最近的，他却能坚持每天最早到教室，扫地、擦黑板，冬天还要早早到教室生炉子，期盼着可以多帮老师做点事情，节省老师些时间精力，上课的时候老师就能多给他们讲些新知识。好在这些事情，李光敏在家里就已经做惯了，做起来一点儿也不费力。

李光敏说："其实做那些事也用不了我多少时间，但老师们都觉得我这个人做事踏实，经常表扬我。老师越表扬，我做得越起劲。倒也不全是为了老师表扬，总想着老师都表扬你了，你总得干得更好吧。"

大概是在大井庄小学上到第三年的时候，语文课上，李光敏学到了一篇名叫《可爱的中国》的文章。学习这一节课的时候，语文老师还给同学们讲了方志敏的故事：当时方志敏被捕以后，曾经有人想救他出来，可他却坚定地说："不能丢下弟兄们不管啊！要救就把我们全救出去！"最后营救失败，方志敏英勇就义。

从那之后，很长一段时间里，李光敏脑海里就一直回旋着方志敏的那句话。他觉得方志敏太伟大了，他也想将来能做一个像方志敏那样的英雄。

"朋友，我相信，到那时，到处都是活跃跃的创造，到处都是日新月异的进步，欢歌将代替了悲叹，笑脸将代替了哭脸，富裕将代替了贫穷，健康将代替了疾苦，智慧将代替了愚昧，友爱将代替了仇杀，生之快乐将代替了死之悲哀，明媚的花园，将代替了凄凉的荒地！这时，我们民族就可以无愧色地立在人类的面前，而生育我们的母亲，也会最美丽的装饰起来，与世界上各位母亲平等的携手了。"

他把文章中的这段话，工工整整地抄在自己的本子上，反复背诵。老师说，这是方志敏烈士对伟大祖国的美好祝福，而建设祖国的重任就落在了他们这一代人的肩膀上。

为了表达对方志敏烈士的崇敬，李光敏决定把自己名字中原来的两个字"广闵"改为"光敏"。"敏"是方志敏的"敏"，"光"字则来源于李氏家谱"春光永在，万事传宗"。按辈分，他是"光"字辈。

至于自己的名字为什么之前一直被叫作"李广闵"，他说，他也不清楚。父母不识字，他们给孩子起名字，只听声音，也不知道名字对应的到底应该是哪几个字。

改名"李光敏"大概是他第一次对自己的"人生大事"自作主张，

而父母听了他的解释，觉得上学识字之后的儿子为人处世更有章法了，也就同意了。既然儿子认为自己名字里应该叫这个"光"，那就连妹妹的名字也一起改了吧，以后，堂弟堂妹的名字则直接用了"光"字。

在征得父母同意之后，他向语文老师报告了自己改名字的缘由。老师告诉他，想做一个像方志敏那样的大英雄的想法无疑是对的是好的，但想做英雄也要从自己身边的小事做起，一屋不扫，何以扫天下？

或许真的和修改名字有关系，改叫李光敏之后，他暗下决心自己以后所做的任何事情都必须要对得起这个名字。平日里他对自己的要求更高了，在学校表现得更积极了，争取事事走在别人前面。

那一年，学校组织"活学活用毛主席语录"活动，李光敏获得了积极分子称号，并且得到了人生的第一份奖品：一本红色的《毛主席语录》和一个绿色的军用挎包。

李光敏很喜欢这个挎包，每天上学都背着，里面装着他的笔记本。每隔两个星期，李光敏就把挎包拿到河里去洗一次，让它一直保持着整整齐齐、干干净净。

"那时候，我记得有一个男老师，姓高，当时才十七岁，教我们语文。有一回，他出了一个作文题目《记一件有意义的事》，同学们写的都是走亲戚啊，赶集啊，我写的是去看电影《江姐》。高老师认为我写得很好，还让我在全校的师生大会上朗读我的作文。这件事，我现在还记得很清楚。那时候，在学校，我还是体育委员，身体好，喜欢打篮球、跳高、跳远。有时候，在学校待得太晚了，忘了回家烧饭，也会被父母训的。"

李光敏说那时候日子苦是苦了点儿，但在学校度过的那段时光是他少年记忆里最明亮的部分。赶上阴雨天，学生坐在教室里，到下午最后一节课，已经看不清黑板的时候，老师们还会给学生讲故事，讲他们自己的生活见闻，引得学生们叽叽喳喳地议论不停，或许长大真的是一件很美好的事情。

李光敏除了喜欢读书，还喜欢看电影。那时候，有专门的放映队会挨个村子放电影。像《渡江侦察记》这样的电影，他都要想办法看好几遍，不但在自己村子看，还追着放映队跑到别的村子去看。

"我那时候最大的愿望是长大了去当兵，当侦察兵，可惜，没有机会。"李光敏说："我自己是没机会去当兵，我的儿子们也没当成兵，到了孙子这一辈，他中学的时候眼睛就近视了，更没办法去当兵了。祖孙三代，没一个人当成兵，这也算我的一个人生遗憾吧。"

老话说，龙生龙，凤生凤，老鼠生来会打洞，有什么样的大人就会养出什么样的孩子。其实，一个孩子的品行如何，周围的大人们在平常的闲聊中都会作出评定。而大家在说到李光敏小小年纪就如何懂事的时候，往往又会把他同他父母在村子里的为人处世联系起来。李光敏在学校的出色表现，也为他父母在村子里增添了很好的口碑。

总也闲不住的孩子

那时候，学校除了正常上课，还经常组织学生参加一些生产队的集体劳动，比如春天植树浇水，夏天拾麦穗，秋天摘棉花、捡豆子等；此外，学校还不定期组织学雷锋做好事活动，比如到孤寡老人家里帮忙拾柴、挑水、洗衣服、打扫家庭卫生等。不管什么事情，只要是老师吩咐的，李光敏总能带领着同学们完成得又快又好。

村里有户人家，儿子在来安县城上班，家里只剩下一个独居老人，李光敏便经常去帮这家老人挑水、推磨，干一些重活儿累活儿，俨然这家人的另一个儿子。那家老人看李光敏干活儿勤快，心眼儿又好，等自己儿子回家的时候，总要忍不住念叨，平素里光敏又帮他做这个了干那个了，儿子买回家孝敬他的稀罕食物也总要偷偷藏起来一些，等李光敏去的时候给他也尝尝。

如果李光敏去的时候，恰巧碰上那家儿子也在家，那家儿子就会拉着他一边说谢谢，一边给他往口袋里塞水果糖。这时候，李光敏总是红着脸一溜烟儿地跑远了。

他想，那家老人年龄大了，有些重活儿自己做不了，孩子又没在眼前，都是一个生产队的人，能帮着做的顺手就做了，一点点儿小事，根本值不得人家记挂在心里。如果因为帮这点儿小忙就让人家记在心里，或者因为这点儿小事就接受人家点儿东西作为酬谢，哪怕是一颗小小的水果糖，心里都会感觉特别别扭。再说了，他平日里也经常帮村子里其他人家挑水、推磨的。

　　石磨是当地人用来给粮食去皮或者把粮食研磨成粉末的石制工具，由两块尺寸相同的短圆柱形石块和磨盘构成。因为磨面的时候需要一个人用力连续推着其中的木柄，石磨才会转起来，常常会累得人腰酸背痛。尤其是推磨的时候必须绕着圆圈走，有些人不知道什么原因就是干不了这种活儿，一站到磨道上就头晕眼花。

　　"当时我们生产队就有户人家，也不知道咋回事，这家男人就是推不了磨，一旦让他推磨，刚转两圈，他就头晕得走不了路了。非让他接着转，他就会头晕恶心呕吐，像生了病一样。"

　　但麦子、玉米这些粮食又不能囫囵着吃，请别人帮忙吧，因为推磨是一项特别需要费力气的重体力活儿，绝大多数人都不会轻易答应帮别人这个忙。再说了，推磨对一个农家人来说是常事，几乎是隔一段时间就得必须做一回，也不好意思总是麻烦别人吧。这家女人自己又推不动，也是实在没办法，就只好隔三岔五请李光敏帮忙，因为这个孩子好说话，不难为人。不管人家什么时候喊他，他都会高高兴兴地去帮人家这个忙。

　　"帮别人干点活儿，我真的是没觉得有什么值得别人感谢的。推一回磨，出一身汗，跳到水塘里洗个澡，回家睡一觉，第二天就啥事都没有了。"

　　尽管过去了很多年，提起当年帮人家挑水、推磨，李光敏依然觉得那都是些不值一提的小事，认为一个人在年轻的时候，有机会多干点活儿，多出点力气，对自己反倒是个很好的锻炼机会。

　　"反正人的力气，又不会像钱一样能攒着，现在不用，等将来取出来再一起用。人的力气，只会越用越长，越用越多。"李光敏说。

再见，少年时光

1962年下半年，困难的日子终于过去了。

农村市场也逐渐有了起色，人们又开始可以在家里饲养鸡、鸭、猪、羊等，也可以种些蔬菜，拿到市场上去卖，换些零花钱。

1963年，也是举家迁移到小李庄的第三年，李光敏唯一的弟弟出生了，这是这些年家里唯一的一件喜事。母亲心里的那个巨大的空洞也因为弟弟的到来渐渐充盈起来。她心里没那么多泪水了，与人相处就越发和善了。

六十七岁的陶立华先生现在回忆起李光敏的母亲，仍然说那是一个很善良的老人。原来两家的母亲，虽然不是一个生产队的，但因为常在一条河的两岸洗衣服，一个人在河岸的这边，另一个人在河岸的那边，见面了就互相点点头、打个招呼，次数多了，一来二往就聊起了家常。相同的家庭背景，相合的脾气秉性，两个人越聊越熟络，结下了比亲姐妹还亲近的情谊——有高兴的事了，给对面的姐姐说一下，快乐就变成了双倍。心里难过觉得再也撑不去的时候，给这边的妹妹念叨一下，难过似乎也能减轻一半，日子也就能继续过下去了。

虽然当时两家的日子过得都很紧巴，但只要有一家偶尔改善一下生活，比如破天荒吃顿饺子之类的，总要隔着河，给对方送上一碗，让另一家的孩子们也尝尝。

陶立华说，有时候，他母亲派他去给李光敏家送点什么好吃的，李家母亲，总会找点东西把碗装满再让他端回去，如果一时找不到家里有什么东西可以体面地"回礼"，就会告诉他：先回家去吧，碗，过几日再让李光敏或者妹妹给送回去。一旦听李家母亲这么说，他就知道，李光敏家这些天日子过得有些紧。

同样的故事情节，在他家也会时不时上演一回。如果找不到回礼的东西，就让那个碗在自己家多住几天好了，反正，那个碗就像一个友好使者，将两家的母亲牢牢拴在一起。她们之间这种坚持着"一定要有来有往"的情谊持续了好几十年，也潜移默化影响着李光敏他们几个后辈人长大之后与人相处的方式和态度。

弟弟的出生，温暖了母亲荒芜了已久的心，弟弟的笑脸让这个家庭重新明亮了起来。看着弟弟流着口水，蹒跚着走向他，伸着胳膊让他抱，李光敏觉得自己长大了。作为家里最大的孩子，他有责任和义务帮助父母让弟弟妹妹过上好日子。

多年以后，已经是成功农民企业家的李光敏应来安县原县委书记的邀请在县政府作报告。李光敏说："回首过去，自己的少年时代可以说是艰苦的。"

诚然这里面有时代大背景的原因，但特殊的生活经历也锻炼了李光敏独立要强的个性，养成了他简洁明快的思维方式，无论遇到什么事，首先一定要抽丝剥茧理出头绪，分出轻重缓急。先集中精力解决最紧迫的问题，然后再顾及其他问题。养成了他在条件有限的情况下，能集中优势资源首先解决最重要问题的处事习惯。

而勤劳善良的父母，靠自己的言传身教，培养了李光敏讲仁义、重信誉等备受传统文化推崇的道德品行，年少时的贫穷困窘历经岁月的沉淀发酵，最终变成了人生一笔宝贵的财富。

　　"莫欺少年穷"，也正是年少时的窘迫生活赋予了他常人难以想象的勇气和抗压能力，使他拥有了坚定不移、锲而不舍的坚强毅力，让他在之后的岁月里以无比坚忍的意志和不懈的努力，披荆斩棘迎接一个又一个新的挑战。

困难和折磨对于人来说，是一把打向坯料的锤，打掉的应是脆弱的铁屑，锻成的将是锋利的钢刀。

——沃尔特·迪士尼

开始就挣满额工分

1966年9月，李光敏无忧无虑的求学生涯戛然而止。上了五年小学连一张毕业证都没有拿到，李光敏就跟着同学们一起告别了学生时代，回家了。

此时，弟弟三岁多，正是调皮捣蛋的年龄，母亲一天到晚的主要精力都被这个活泼好动的小孩子占据了。常年的过度劳累和曾经困顿的生活让父亲患上了哮喘，一到天冷就犯病。哮喘让他不得不向生活缴械投降，田地里的好多农活儿重活儿他都有心无力。再也干不了重活儿，让这个一向刚强坚毅的农家汉子很是无奈和气馁。

对于那时候的农家孩子来说，除了当兵，就只剩下回家种地当农民了。李光敏觉得，自己是时候替父亲挑起这个五口之家的生活重担了。和当时很多被迫放下书包的同学们一样，李光敏回到村里开始学做一个踏实本分的农民，耕田耙地、插秧割稻……别人干什么，他就跟在后面学着干什么。

虽说还没成年，但李光敏很快就和成年男劳动力一样挣满额工分了——那时候，生产队的男女老少，都必须出工，参加生产队的集体劳动。成年男劳动力记满额分，十分，妇女一般记七分，有的记八分。孩子们视年龄、力气和干活态度等分别记三至五分不等，也有半大的男孩子记六七分的。

在生产队参加了一段时间的集体劳动后，在一次社员大会上，生产队长让大家给李光敏打分，大家一致提议，应该给他记满分十分。

刚满十六岁的他能拿到最高的工分标准，满额十分，是大家对他劳动能力和劳动态度的认可。和他一样的半大小伙子因为都是新手，一般是每天能挣六分或者七分，最好的也就只能被评到八分，李光敏无疑是其中的佼佼者。

"我每天能挣十分工，是因为我干活比那些大人们还上。"

"上"在安徽方言里就是强的意思。从一开始李光敏就打定主意用最高标准要求自己，男性壮年劳动力能干的活儿，他都干，人家干多少，他就干多少，还绝对不能让人挑出毛病。从小养成的不服输、不偷懒等习惯在集体劳动中很容易让大家对他产生信任和好感，真的遇到他干不了或者不会干的事情，人们也愿意帮他、教他。

当时也有几个同时从学校回到村里的同龄孩子，因为一下子不能适应高强度的体力劳动，就想方设法逃避，平日里参加集体劳动的时候也不愿和村里的大人们在一起，大人们嫌他们懒，他们嫌大人们烦。

但李光敏不一样，生产队队长每天派活儿，安排他干啥就干啥，从不挑肥拣瘦。如果说小李庄生产队是水，李光敏就是条鱼，他好像有天生的亲和力，很快就和生产队里的所有人亲密无间地融合到了一起。每天和大家干一样的农活儿，关心讨论一样的话题。大家谁也没有把他当外人，他也自然而然地把自己当成了小李庄这块土地上的主人。只有主人，才会萌生责任感，把自己的命运和这块土地的命运紧紧地捆绑在一起，才会认真思考这块土地的明天，甚至明天的明天。

"其实，我当时最大的愿望是能有机会去当兵，但当兵的名额很少，我也知道当兵这样的好事无论如何也落不到我身上。但我这个人，就是乐观。虽然我很想去当兵，但发现当不了，我也不生气，不难过。

我就想，既然当不了兵，那就好好种地，就是同一块地，我也要比别人种得好。"

当时小李庄生产队在最艰难的时候，慷慨地敞开怀抱，收留了李光敏一家，他们谁也没料到日后李光敏能反哺小李庄，甚至某种程度上彻底改变了小李庄每个人的生活方向。但当时大家就是感觉这个孩子人小心不小，虽然很瘦，但一米七多的个子在当地已经算高个子了，尤其是说话办事有着超越年龄的笃定和沉稳，是个不可多得的好苗子。

"少年老成也许是天生的，我就是愿意和土地亲近，而且敢说话，不怯场。平日里，我也很爱劳动，不偷懒，这都是小时候养成的习惯，比如看见猪跑进了农田，我就会去轰猪，鸡、鸭、鹅进了田里，我也自觉地找根棍子去它们都赶出来。一天到晚，每天都忙忙碌碌的，但也不觉得累。"

回忆起最初在村子里参加集体劳动的那段日子，李光敏没有抱怨当时的农活儿有多苦有多累，反倒一再感谢大家对他的接纳和包容，他认为是自己干脆爽朗的性格，让大家很快都喜欢上了他。

是金子总要闪光，回到生产队参加集体劳动的李光敏，处理问题敏锐果敢，而且敢想敢干，在一群人中间很快脱颖而出。遇到棘手或者大家没有办法及时做出判断的事情，不知道是谁第一个试探着问：要不，这事问问光敏，看看他啥意见吧？他读过书，或许会有不一样的想法。在一群比自己年龄大得多的叔叔伯伯、婶子大娘甚至爷爷奶奶面前，李光敏丝毫不胆怯，他侃侃而谈，条分理晰地表达着自己对问题的意见和想法。大家仔细一琢磨，觉得他说的有一定道理啊。

再一次，类似的事情发生了，就有人直接说：别争了，这事还是等问问光敏再说吧。一来二去，渐渐地，他在村里的威信就树立起来了。

"大家肯信任我，有啥事，愿意找我。我也愿意给大家出谋划策，说出我自己的真实想法。"提起几十年前的事情，李光敏还是按捺不住有些兴奋。

也许正是这些最纯朴的信任，给予了他最初的自信和一生的勇气。

十六岁上了扒河工地

20世纪五十年代，水利作为"农业的基本命脉"得到了国家资金的大量投入，全国开始大规模江河治理和兴修水利的热潮。那时候的农村，除了"三秋""三夏"等农忙时节，要加班加点，不误农时以外，每到冬闲的时候往往更忙，全国各地普遍开展以农田灌溉为主要内容的小型水利建设，县里或者公社就会组织群众大兴水利，扒河[1]、修水库、挖方塘等[2]。

滁河流域多年平均降水量在900毫米到1040毫米，而且集中在夏秋6月份到9月份，占全年降水量的55%到60%，当全流域普降暴雨时，洪水汇集快而河道泄流不畅的时候，洪水就会迅速汇聚于只有约占10%左右的圩区，极易造成洪涝灾害。"住在滁河岸，十年倒有九年旱，一遇大水又成灾，两岸圩田全被淹"，这是昔日滁河的真实写照。

据史籍中对滁州范围内的水旱灾综合统计：自1449年到1949年的500年间，共发生旱灾110多次，平均不到5年就发生1次；发生水灾79次，平

1　扒河，安徽方言，就是拓深河道的意思，整治马汊河属于治理滁河的工程之一。

2　新中国成立之初，就确定了"防止水患、兴修水利，以达到大量发展生产的目的"的水利建设的基本方针，并要求在这一原则下，"依据国家经济建设计划和人民的需要，根据不同的情况和人力财力及技术等条件，分别轻重缓急，有计划、有步骤地恢复并发展防洪、灌溉、排水、放淤、水力、疏浚河流、兴修运河等水力事业"。李葆华：《当前水利建设的方针和任务》（1949年11月14日），《中华人民共和国经济档案资料选编（1949－1952）》（农业卷），社会科学文献出版社1991年版，第443－444页。

均6年就发生1次。由于滁河河道弯曲而且浅窄，圩堤单薄，1954年发生巨大水灾时，堤防全部溃决，淹没农田94万亩，给当地的老百姓造成了生命财产的巨大损失。1966年，来安县发生百年不遇的大旱灾，全年降雨量仅561.8毫米，7月份到10月份，月最高降雨量35毫米，县内36座水库和两万多口塘坝全部干涸，23个公社120个生产大队饮水困难，37万亩农田受灾，其中23万亩作物干枯绝收。

因此，为了防止滁河流域水涝灾害，保证粮食生产，每年农闲时节，来安县委都要抽调大量壮年劳动力清理淤泥，深挖河道。

那时候没有大型机械，几乎所有的事情靠的都是人工肩挑手抬。为此，兴修水利不仅需要大量劳动力，而且还需要采取高强度的劳动方式，各地昼夜施工的现象十分普遍。许多地方的水利修建现场都是"点灯吃饭，吹灯上工"。晚上往往还要点起灯笼火把，夜以继日地加班加点。

因为兴修水利多选在农闲的冬春季节进行，冬季天气寒冷，气候条件恶劣，为了按时保质保量地完成任务，必须在恶劣的环境中赶工。为了赶工，往往节假日也不能休息，春节也不例外。

因为兴修水利是在非常艰苦条件下的高强度的重体力劳动，每年每个村子的基本做法都是一家一户抽派一个青壮年劳动力。之前，遇到这种事情都是李光敏的父亲去，大家约定俗成地认为这种需要出大力吃大苦的事情也就应该是这家的当家男主人去，所以，不到迫不得已，一般不会让一个未成年的孩子去上工地。

马汉河是滁河中下游重要的分洪道之一，是一条人工开凿的河，位于滁河右岸[3]。这一年公社召集人员兴修马汊河水利工程的时候，李家换成了李光敏顶替父亲上了工地，而且从这一年开始，这个家对外的当家人也换成了李光敏。如果遇到需要这家男主人拍板决定的事情，大家习惯性地开始找这家的儿子商量，标志就是人们称呼他的时候，开始直接唤他的名字"光敏"，而不是谁谁的儿子，相反，父亲在村里人的嘴里则慢慢变成了"光敏他爹"。

称呼的变化，也是身份改变的象征。而这一些，其实都是李光敏用长期的实际行动换来的大家对他的承认和认可。

挖深河道，需要把河底黏湿的陈年河泥用人力挖走，然后再在这个基础上拓深拓宽。当时挖河主要有两种分工，一种是用铁锹将河底的淤泥铲起来，装到筐里，挑土的筐子是竹篾编制的。一种是用一根毛竹扁担将筐里的淤泥挑到指定地方。比较起来，负责铲泥的那种工作相对轻松一点，中间还有可以短暂休息的时间。当时工地流行两个人自愿结成对子，成为一组。然后每组的两个人轮流铲泥和挑担子，这样做既可以保证分工公平合理，又可以减轻每个人每天的劳动强度。

当时人们都喜欢找力气相当的人做对子，这样干活儿的时候谁也不吃亏。问题是并不是每个人都身强力壮，当时队里就有这样一个人，李光敏主动提出和他合伙，而且提出可以自己一个人挑担子。

一筐湿河泥少说也有上百斤，负责装筐的人看李光敏还是个身子骨

3　马汊河，古称马昌河，"此河漕身淤浅，夏秋水涨漫无归宿"，沿河各村屡受其害。马汊河属于南京江北新区范围，河道位于长江以北，六合区以南，浦口区以东，沿东西向贯穿整个沿江工业开发区，联通滁河和长江，为滁河流域下游一条重要分洪道，也是区内最大、最为重要的一条河流。

没长开的半大孩子，好心劝他：每次少挑一点儿吧，骨头还没有长结实呢，防止累伤了。要是不小心累伤了，可就是一辈子的事情。

李光敏却固执地不接受这样好心的照顾，他坚持和别人挣一样的工分，就得和别人干一样重的活儿才行，否则，岂不是占了别人的便宜？再说了，你干少了，就意味着别人得多干，哪儿能因为自己年纪轻，就把自己该干的活儿推给别人？

"担子放到肩膀上的时候，只要自己能站起来，就不会让人家给我少装一锹。"李光敏说，"那时候年纪小，不知道啥叫累伤，再说了我这个人骨子里还是好强，不愿意让别人背后戳我脊梁骨，觉得我占了别人便宜，所以再累也只能咬牙忍着。"

但累却是真的累！

挑一天河泥，李光敏觉得自己全身的骨头都要碎成渣渣了，每一节骨头缝里都好像长出了无数的小细针，在不停地扎，在不停地刺，两个肩膀更是红肿成两个大馒头。尤其是在休息了一个晚上之后，等第二天再把扁担放到肩膀上的时候，那种火辣辣的钻心噬骨的疼痛，更是让人觉得自己肩膀上的血肉像被重新又撕开了一样。每次，李光敏都要靠着猛吸几口凉气，咬着后槽牙，才能迈开步子。

有经验的过来人告诉他，这种情况下没有别的办法，只能忍，越是这个时候越是需要咬牙坚持。只有坚持下去，在原来血肉模糊的地方才会渐渐长出老茧。只有长出老茧了，肩膀才不会轻易红肿流血，同时也就感觉不到疼痛了——这是每个将要靠出苦力养家糊口的人都必须要经历的磨炼。

这时候，李光敏才发觉，以前在学校里做的诸如扫地、擦黑板，甚至在村子里给人家挑水、推磨，在田里插秧、割稻，等等，那些劳动强度和在工地挑河泥相比，简直都不值一提。

因为经费紧张，当时工地的条件大多艰苦，没有住的地方，就选个地方搭个帐篷，铺稻草、打地铺，大家晚上基本上都是直接睡在铺了稻草的地铺上。

"那时候，冬天很冷，应该在零下七八度吧。因为煤比较少，主要是烧稻草，洗衣服的时候只能去河边，把冰凿开一个窟窿，水很冷，手一会儿就冻麻木了。把衣服晾在绳子上，几分钟后就冻成硬邦邦的了，只能等到中午太阳出来了，才慢慢变软。"

一开始的时候，劳累一天，李光敏晚上躺在地铺上，听着周围此起彼伏的鼾声，浑身疼得睡不着。睡不好，第二天双腿就发软，挑起河泥腿就打战，既耽误工夫也很没面子。

想起小时候推完石磨，洗个澡睡一觉就没事了的经历，李光敏觉得最紧要的问题是解决睡觉问题，只有睡好了，人才能有力气。后来，一躺到地铺上，李光敏就强迫自己睡觉，暗示自己：睡吧，快睡吧，睡着了就不疼了。

也许是心理暗示起了作用，也许是后来累得连疼痛都顾不上了——慢慢地，李光敏练就了一种奇特的本领：休工的哨子一响，浑身不管沾着泥还是沾着土，只要往地铺上一躺，不出三分钟，李光敏就能睡着。后来甚至发展到只要大脑得到一个指令，现在可以睡觉了，李光敏就能在任何一种环境下三分钟之内睡着。而且一觉醒来，保证满血复活，浑身是劲。

这种艰苦环境下练就的睡觉快、睡短觉的习惯，一直持续到了现在。如今的李光敏依然保留着这个随时随地打个盹儿就算休息了的习惯。绝大多数时候，他中午都是在自己车里随便睡一小会儿，就算午休了。

马汉河的水利工程一直延续到了第二年开春才结束，那一年，直到除夕下午，李光敏才从工地上背着铺盖卷回家。匆匆在家过了个年，正月初六李光敏就又去了工地，他是最后一批从工地撤回村里的。

工地上过生日

那年的腊月二十六，是李光敏十六岁的生日，但他忙得完全忘记了。那天像之前和之后的很多天一样，天寒地冻，西北风吹着散雪粒，打在人脸上针扎般得疼。

凌晨五点不到，李光敏就在喊人起床的大喇叭声中醒来了。起床之后就是吃早饭，因为天冷水凉，他们一般早晨都不洗脸。因为洗了脸，冷风一吹，脸上就会裂开无数的小口子。早饭依然是稀饭、馒头、咸菜，李光敏从竹筐里抓了两个馒头，一边吃一边和自己的搭档商量着上午要干的活儿。

那时候，工程已经接近尾声，也到了最艰难的时候。因为凭空完全靠人力挖出了一条人工河道，挖出来的泥土堆在河岸两边足足有两米多高。不要说挑着百十多斤的担子，一个人就是空着两只手从下面一步一步爬到上面都很艰难。但挖出来的泥土又不能随便堆在什么地方，只能挑着担子走得再远一点儿。

两个人一边走一边商量着如何能尽快完成自己的任务，甚至超额完成，其余的事情他们根本连想都没有时间去想一下。

"那时候，每个生产队负责的面积都是有划分的，大家在一起干活，都是争先恐后，谁也不想自己的村子被落在后面。"

也因为快过年了，时间紧，任务重，领导开始频频安排晚饭后加班。工地上临时扯上了电线，几只一百瓦的大灯泡悬挂在了高高的竹竿上，昏黄的灯光下，大家紧张而有序地忙碌着，挖土的，挑土的，各司其职。尽管苦，尽管累，大家还是干得热火朝天，因为目标一致，为的都是能够早点完成任务，早点回家。

晚上十点多，挑了一天河泥之后，李光敏拖着快要散了架的身体回到帐篷里，往地铺上一躺就睡着了，连梦都没做一个。

离马汉河不远的小李庄，李光敏的母亲在腊月二十六日这一天，像往常一样一大早就煮了鸡蛋。煮鸡蛋是那时候父母给过生日的孩子最高的待遇，因为平日里的鸡蛋都是用来卖钱的，而不是用来吃的，只有过生日的孩子才有资格吃上一两个。鸡蛋煮熟了，母亲才意识到十六岁的李光敏还在工地上"大干快干，奋战一百天"。

追着满地跑的小儿子，母亲轻轻地叹了口气：如果不是丈夫身体不太好，十六岁的大儿子正是无忧无虑的年龄，现在却不得不顶替父亲在工地上和大人们一起劳动。她也深知，以她儿子的秉性，他不会偷懒，更不会惜力，肯定是重活儿累活儿抢着干的那个。

对这个大儿子她是既心疼又歉疚，小时候，家里条件不好，从小到大，他跟着父母吃了太多的苦。为此，在李光敏当了小李庄生产队长之后，为了不给儿子拖后腿造成不好的影响，她更是时时处处维护儿子的声誉。

李光敏说："我母亲是那种宁肯亏着自己，也绝不亏欠别人的人。她对别人比对自己好，别人敬她一尺，她肯定还人一丈，这一点，我和她很像。"

六个多月的工地生活，是李光敏第一次参加这种高强度体力劳动，第一次离开家离开父母的呵护，第一次睡在集体大地铺，是第一次自己用针挑破肩上、手上、脚上的血泡……人，肯定是比去的时候瘦了，黑了，但看起来却更强壮了：清秀的国字脸上原来的一团稚气被工地上的冷风吹得有了棱角，眼睛里多了些许果敢和坚毅。百炼成钢，就像普通的铁块，只有经历不断的淬火、冷却，才能锻炼成一块真正的好钢。

"其实除了挑土比较累以外，当时最苦的还是挖河道的时候，因为地下水总是不停地冒出来，需要在最低的地方给水挖一条沟，引出去。当时我们都是光着脚站在满是冰碴子的水里挖，这在现在完全是不能想象的事情。"

那一年过年的时候，李光敏家里多了张新"年画"，因为李光敏在马汉河工地表现突出，受到公社表彰，获得了一张"先进工作者"奖状。这张奖状被母亲当作年画贴在了一进屋门就能看见的北墙上，好让左邻右舍来串门的人一进门就能看到，低矮破败的土坯房因这张奖状有了蓬荜生辉的感觉。也因为这张奖状，在村里，李光敏父母的脊背比往年挺得更直了。

"人活一张脸，树活一张皮，在小李庄，如果一个人名声坏了，他一辈子也就完了。"李光敏说。

对于一个忠厚本分的人家来说，孩子勤劳踏实的名声甚至比门第家产更重要。在这一点上，李光敏毫无疑问是禁得住考验，得了高分的。

我们应当努力奋斗，有所作为，这样，我们就可以说，我们没有虚度年华，并有可能在时间的沙滩上，留下我们的足迹。

——拿破仑

账簿公开，
破天荒头一回

开春了，马汉河水利工程顺利结束，人们又重新回归到正常的生产生活状态。李光敏回到村里，还是和以前一样，每天和大家一起参加生产队的集体劳动。他自己没什么感觉，但有细心的村民却很快发现，经过了工地上那段高强度磨炼之后，李光敏脸晒黑了、人变瘦了，像经过打磨之后的玉石，浮躁之气没了，人变得更加沉稳大气了。

农活方面他本来就已经得心应手，耕、锄、耙、犁……没有一项他拿不下的，再加上回家有庄稼把式的父亲指点，对小李庄的土地，哪块地肥，哪块地瘦，哪块地地势低容易涝，哪块地的土壤存不住水容易旱……他已经像对自己的手指头一样熟悉。

农村孩子，大多很早就能学会基本农活，从小就看着大人们怎么干活，自己跟在后面学着做，慢慢也就上手了。关键是，农村老式庄稼人，特别看重一个人的劳动态度和个人品行，如果偷奸耍滑、出工不出力，干活不像干活的样子，就会被人瞧不起。

而李光敏在生产队参加集体劳动时，干活从来不偷懒，不耍滑，不惜力气，遇到一些脏活儿重活儿更是抢着带头干。偶有一些技术性强的，自己拿不准，就请教别人，态度从来都是谦恭有礼，为此，深得村里老辈人的看重。

"在生产队里干活儿，尤其是和比你年长的人在一起干活儿，必须得手里眼里都有活儿，不能什么事都等着人家说了再去做，要自己主动去做，要想着该怎么去做。老辈人看重这个，在他们眼里，个人品行道德有时候比能力更重要。"李光敏说。

其实，要想做一个真正优秀的庄稼人很不容易，干农活并不仅仅只是需要舍得花力气，还需要技术。而这些技术除了自己用心琢磨以外，就是熟能生巧的练习，比如车水，如果节奏跟不上，就会特别费力气。比如插秧，想要插得又快又好并非易事，因为插秧的时候，需要左手握一把秧苗，右手往田里插秧，两只手必须配合默契，插秧的左手要迅速分出秧苗，一般一次三到四株，多了不行，少了也不行。右手要迅速把秧苗插到田里，一天下来，右手要插到泥水里成千上万次。植株不能太密，也不能太稀，插得不能太深，也不能太浅，要想把握好这中间的"度"，除了老庄稼把式们口授身传之外，剩下的就只能靠自己多动脑多琢磨。至于身体各部分的默契配合，更是别人教都教不会的，必须要经过自己不断的反复练习。而且插秧需要整天站在泥水中，一插一弯腰，时间长了，腰酸背痛，头昏眼花……这一切技巧都需要自己慢慢体会，身体也要慢慢适应配合，所以，在中国很多地方，庄稼汉子直接被称作"受苦人"。

农村不仅是"农家四月少闲月"，其实是一年都不得闲，从春到秋，除了播种、收割，还要积肥、锄草、田间施肥、兴修水利等，白天在生产队劳动一天，早晚和中午的休息间隙，还要干很多自己家里的活儿，比如种菜、积肥、磨米、磨面、喂牲口、修理农具，修缮菜园栅栏等。如果赶在农忙时节，为抢农时，往往需要从早晨五六点开始，一直要忙到夜里八九点，甚至十一点。一天十几个小时的高强度劳动，任是铁打的汉子也会被累得散了架，没有点儿体力还真坚持不下来。

　　无论是在生产队还是在自己家里，李光敏渐渐完全替代了父亲，成了家里的主要劳动力。因为哮喘，正值壮年的父亲反倒成了李光敏的帮手，只能干一些轻省的活儿了。

　　这时候，小李庄生产队原来的老会计或许是觉察到了李光敏是个干事情的好苗子，聪明、能干，重点是有文化、人品好，威信高，大家伙儿都愿意相信他。老会计因此有了隐隐的危机感，便喜欢在一些公开场合，时不时地给李光敏出点难题，或者实在找不出茬时就挖苦讽刺他两句。耿直的李光敏有点摸不着头脑，但天性豁达的他也从不计较。村子里其他人在一边却看得清清楚楚，在一次生产队开会的时候，大家便一致推选李光敏做了小李庄生产队的会计。

　　因为两个人的优劣势对比太明显了，老会计虽然百般不情愿，但也只能闷闷不乐地将小李庄多年的账本交了出来。从李光敏接管账本那天开始，他就成了这个生产队名副其实的"大管家"。

　　说起来，生产队会计不是一个职权很大的职位，却是一个很有油水的职位。但凡有点私心，在账目上做点小手脚，如果能够再多用点儿心的话，完全可以做到神不知鬼不觉。同时，会计在生产队又是有着举足轻重作用的一个关键职位，几乎和生产队里的每户人家、每个人的利益都息息相关，因为他直接管理着生产队的"钱袋子"和"粮袋子"，所以能够做到公平、公正是一个生产队会计最重要的道德品质。对于会计来说，某种程度上道德品行甚至比业务能力更为重要，所以，李光敏能够被大家一致推选为会计，就说明大家足够信任他。

　　李光敏果然不负众望，在他做了生产队会计不久，就在小李庄实行了一项前所未有的制度，那就是每个月在公共墙上公开生产队的收支账簿。小李庄生产队以前的几任会计管理的都是一笔糊涂账，收入多少，支出多少，也许连他们自己也不清楚。李光敏上任以后，暗暗对自己提出一个要求，那就是"大公无私，账目公开"，他将账簿里的每一项收支都明明白白地标识出来。连每人每天的工分，如果有人愿意查，也可以随时查。

李光敏说："大家信任我，选了我，我就要对大家负责任，一定要把账目整理清楚，这才符合我的性格。"

一开始，生产队里还有人觉得之前从来没有人让他们查过会计的账目，一直都活得糊里糊涂的，既不知道自己家一年挣了多少工分，能折合成多少现钱，也不知道每年会结余或者亏欠多少，反正会计只负责在年底的时候向他们通报结果。现在，李光敏公开让查账了，大家一半好奇一半怀疑地查过几回，发现李光敏把每家每户甚至每个人的账目都整理得清清爽爽，查或者不查都一个样。

其实，村民们想查账，一方面是想了解自己家的收支情况，另一方面也是想了解别人家的情况，好做一个对比，看看村里的干部能不能做到一碗水端平，处理事情是不是分亲疏远近。李光敏既然敢把账目公开，也就意味着把村里所有大家关心的心里有疑虑的问题都摆在了明面上，大家可以监督可以公开讨论。这样大家反倒放心了。

时间长了，大家查账的积极性也没有了，反正有李光敏在，大家就觉得放心，甚至有人说，把自家的账交给李光敏管理比交给自己还放心。但李光敏还是每个月都把账簿公开一回，并且一直坚持这样做了三年。

当时一个小的生产队，除了生产队长以外，还有会计、记分员（专门登记工分）和粮食保管员。除了公开账目，李光敏还在小李庄创造性地实施了一项互相制约的制度："管钱不管账，管账不管钱；管钥匙不管印（公章），管印不管钥匙"，将账目和钱、粮分开，四个人互相制约，防止权力集中在某一个人手里。

"生产队每年的粮食并不是一次性全都分给每家每户，生产队有仓库，每年都会存留一些。粮食保管员拿着钥匙，但没有公章，会计拿着公章，但没有仓库钥匙，所以谁也没有办法独自运出粮食。粮食堆周围洒上石灰，即使老鼠爬过去，也能看得到。"李光敏解释说。

会计做满三年之后，李光敏又被村民一致推举为小李庄生产队队长。

因为，无论是年龄还是工作能力、个人品行，他都要比原来的老队长强太多。在大家眼里，逐渐长大成年的李光敏，已经越来越显现出他出色的个人魅力和办事能力，有文化有见识，为人正直公正。

大家认为可以放心地将生产队长的重任交给李光敏了：他也是小李庄生产队能担此重任的最佳人选，是值得全村人信任的人。

二十岁做生产队长

如果说会计是生产队的"管家"，那队长就是整个生产队的"家长"，事关全生产队百十来号人的日常生活，吃喝拉撒、家长里短、大小杂事……他全都得管，都得过问。他既要想方设法完成上级部门分派给小李庄的各项生产任务，又要安排小李庄一年的春种秋收，更重要更烦琐的是他需要每天给社员们安排当天的工作任务，俗话讲就是负责每天派活儿，而这一切，都直接关系着当年的收成和生产队每个人年终能分多少口粮。

要说那时候当生产队长，绝对是个出力不讨好的苦差事，而且要求还挺多的。首先，他要懂一年四季的农事安排，有丰富的农事经验，什么都得懂，什么活路都得拿得起放得下，还要熟悉当地的天气规律，熟悉生产队的土地状况……总而言之，生产队长对生产队的所有大事小情都要了如指掌，清清楚楚，这样才能安排好每人每天的劳动任务。

其次，人品要好，要让人信得过，为人端正，不能有偏心私心。还要能每天做到出工最早，收工最迟，不能沾生产队的便宜。还要有个人威信，能让大家都心服口服，这样生产队长说话才有分量，大家才会听。还要有领导能力，偶尔遇到一两个"刺头儿"闹事也能压得住阵脚。还要有口才，能及时化解矛盾，解决纠纷……总之，要想把一个生产队管好，生产队长必须十八般武艺样样精通。

自从当了小李庄的生产队长，李光敏就再也没有机会睡过一个懒觉。每天都得很早起床，然后绕着村子吹铁哨子，"起床了，出工了……"一遍一遍催人起床上工，等人差不多都到齐了，就开始分配当天的劳动任务，每项任务都要具体到个人，甚至还要具体到上午干什么下午干什么。

这就需要生产队长本人既对生产活动的每个流程和步骤非常熟悉，又要有掌控全局的能力，这样才能准确估算出这项任务的劳动总量，需要几个人需要多长时间能够去完成。如果估算的工作量比实际的高了，那么领了任务的人早早就把活儿干完了，或者中间就有偷懒的机会。如果估算的工作量比实际低了，领到任务的人不能按时保质保量完成，就会影响到整个生产队的工作流程，造成窝工误工，影响其他任务的完成，甚至授人把柄。所以，每天分派劳动任务，看似简单，其实是一个全面工作的权衡和统筹。牵一发而动全身，每个细节都要注意到，安排妥帖恰当，这样才能保证所有工作顺利进行。

如果说每天分配劳动任务需要生产队长掌握生产进度、对耕作的每个程序了如指掌，那么把需要做的事情分派给哪个人，如何分工搭配，则需要生产队长知晓世事，洞察人性。

麻雀虽小，五脏俱全，生产队虽然是最小的一级行政单位，但也不能保证所有人的思想意识高度一致。花有百样红，人有千面孔，每个人都有自己的性格秉性，哪个人偷奸耍滑，哪个人老实肯干，谁和谁脾气秉性相合，一起干活儿效率会翻倍。谁和谁两个人性格犯冲，只要待在一起就互相挑剔……这些，都需要李光敏在平日里多了解、勤观察，熟悉每个人的特长爱好，脾气性格。有时候甚至还需要出面帮人处理家庭纠纷、解决邻里矛盾，充当调解员的角色。

下面千条线，上面一根针，一年三百六十五天，生产队各种大小杂事多如牛毛。每天早晨一睁眼就有一堆事情等着他处理，这很锻炼李光敏的办事能力，抓大放小，也磨炼了他的性子，还培养了他一个优秀习惯，那就是面对复杂问题时，首先要做的就是从繁杂的头绪中寻找出最关键的那个，然后集中全部精力想办法解决。打仗讲"擒贼先擒王"，日常事务性工作也要讲究方法策略。

"当生产队长凡事都要事先考虑周全，事情都不大，但每件事都不能掉以轻心。"

事实上，李光敏那些年处理的每件事都不像后来说起来那样轻松，那么容易解决，因为当时农村实行的还是集体经济，不但需要考虑生产队的集体利益，还需要考虑和平衡社员和社员之间的矛盾和冲突，事无巨细，需要做各种细致耐心的工作。

因为李光敏舅舅家在小李庄辈分就比较小，到李光敏这一辈，更是只能算作小字辈，所以，在讲究伦理秩序的村里，虽然是生产队长，但说话做事绝不能采取强势、高压的方式，只能尽可能说老百姓听得懂、愿意听的话，像拉家常一样将国家的政策、方针，以及生产队的具体工作安排等等都变成群众喜闻乐见的话语,让他们理解并打心眼里同意，这就需要格外讲究方式方法。

"村看村，户看户，社员看干部。只有领导干部起到了模范带头作用，社员群众才会信任你。如果你有私心偏心，凡事只想着自己的个人及家庭利益有没有受到损失，老百姓就会从心底里瞧不起你，那样人心就散了。人心散了，再想要做成什么事情可就难了。"

说起自己当年当生产队长的经历，李光敏认为，自己不贪私利，坚持一碗水端平，让大家团结一致是顺利开展各项工作的关键。

"生产队虽小，也是个集体，要想保证集体利益，就必须让大家团结一致，心往一起想，劲儿往一起使。那时候，我家辈分小，和别人说话不能硬着来，要把握分寸，既要把该干的活儿都派出去，还不能让人觉得我是生产队长，仗势压人。"

好在小李庄的人大多淳朴善良，对李光敏也很尊重。但俗话说得好，清官难断家务事，村民们之间也难免有些摩擦和龃龉。李光敏认为，都是平常人，谁家过日子还没个自己的小算盘？凡事站在当事人的立场想想也都能理解，只要是在正常允许的范围之内，都不算过分。

"那些年，有没有人做过出格过分的事情？"

"现在还真的想不起来啦。"李光敏笑笑说。

自从当了小李庄的生产队长，那些年，李光敏基本上是把自己所有的时间和精力都用在了处理生产队的日常事务上。每天一大早，他就要给大家分配当天的劳动任务；白天，在地里干活的时候，他还要时时处处做表率，脏活儿重活儿累活儿抢着干；晚上，等劳累了一天的社员们拖着一身疲惫回家，生产队长还需要留下来验收、检查。等好不容易把一切都安置妥当了，绝大多数时间还需要和生产队里的其他人，比如会计、仓库保管员等人开会，商量生产队的大小事务，安排、计划第二天的工作任务。

那段时间家里的事情他也就基本顾不上了，好在妹妹已经长大成人，长成了父母得力的帮手，替代了李光敏原来在家里的角色。

说实话，李光敏当生产队长并没有给自家人带来任何实质性好处。相反，为了不让别人说长道短，李光敏分配劳动任务的时候，从来没有照顾性地给自己家里人分派过任何轻省活儿，总是和别人一视同仁，有时候甚至比别人的任务还要多还要重。如果遇上谁都不愿意去干的工作，李光敏就不得不分派给自己家的人。

母亲是个性格好强的女人，为了支持大儿子的工作，在别人面前给大儿子争面子，从来都是第一个站出来维护他。对于李光敏"不留情面"地给她分派的任务，她也从来都是毫无怨言地保质保量完成，绝不允许村里人因为她，说李光敏半个"不"字。

"那时候，我们全家五口人，除了弟弟，四个成年劳动力参加队里的集体劳动，我没有照顾过任何一个人。母亲当时身体不好，但她自己从来不说。我那时候年纪轻，也不知道多关心关心她，还分派她和别人干一样重的活儿，从来都没想过用自己手里的权力照顾照顾她。"

尽管母亲已经去世多年，但想起那段日子，想起母亲为了支持自己的工作，无怨无悔地默默为他做的那一切，已过花甲之年的李光敏还是心痛得红了眼眶。

驷马山引江工程，

二十四万分之一

地里的庄稼收割完了，冬小麦种下了，漫长的冬季又来了。

天闲地闲人不闲，那个年代，水利建设、道路桥梁建筑总是被安排得满满的。1969年初冬，小李庄生产队长李光敏带领着全村十几个男性壮年劳动力来到了驷马山引江工程工地[1]，亲身参与了一个即将被载入史册的大事件，尽管他们自己当时谁也没有意识到这一点。

滁河，长江下游左岸一级支流，发源于安徽省肥东县丘陵地区，流经合肥市、马鞍山市、滁州市和江苏省南京市，在江苏省六合区大河口汇入长江，流经安徽境内一百九十七公里；长江，亚洲第一大河，流经安徽境内四百公里。历史上滁河河道弯曲狭窄，阻水严重，流域内丘陵面积较大，水旱灾害均较突出。为了根治滁河水患，治淮委员会在1958

1　安徽省驷马山引江工程是以引江灌溉为主，兼有防洪、航运、供水等大型水利枢纽工程。工程于1969年开工，1971年投入运行后，在防洪、灌溉、航运以及沿途城镇供水等方面发挥了重大作用，有效抵御了1987、1991、1999、2003、2008等年份特大洪水，累计分泄洪水300多亿立方米，成功抵御了1978、1979、1994、1995等年份特大旱情，抽引江水30多亿立方米，拦蓄水近40亿立方米，为皖东工农业生产、社会稳定及经济社会发展做出了重要贡献，累计减灾效益达130多亿元。被皖苏两省人民誉为"遇旱能抗、遇涝能排"的生命工程。——《安徽省驷马山引江工程管理处水利发展"十二五"规划》

年编制了《巢滁皖流域规划报告》初稿，提出治理滁河的建议[2]。

滁河作为长江的支流，在金银浆以下的河道走向基本上与长江平行，两条河之间直线距离大概是三十公里左右。在"南方水多，北方水少，如有可能，借一点来是可以的"战略思想指导下，1969年，安徽江苏两省共同编制了《滁河流域水利规划报告》上报国务院，是年8月，国务院批准同意建设滁河中下游灌溉工程，主要包括驷马山引江水道、乌江枢纽，襄河河口闸枢纽、汊河集闸枢纽及滁河中游晋集到襄河口段疏浚等五项骨干工程，即在滁河和长江之间，充分利用有利地形，切开江、河之间的丘岗和低山，开挖一条引江水道——"引江（长江）济滁（滁河）"——驷马河，把长江水人工引入滁河，利用引江水道的大水位落差分泄滁河上中游洪水，大大提高皖东江淮丘陵地区农田的抗旱能力和滁河两岸圩区的防洪能力。

20世纪六七十年代，物资供应匮乏，生产技术落后，在没有一台挖掘机的条件下，二十四万优秀的江淮儿女用肩挑手抬的方式，先后在滁河上横跨建设大型泵站四座、中型节制闸四座、一百吨级船闸三座，以及各类涵闸、小型泵站百余座，开挖整治滁河水道二百五十公里以上，清理开挖田间沟壑无以数计。这无疑是人们改造自然、战胜自然画卷中宏伟豪迈的一笔，而李光敏就是其中的一分子。

当时李光敏他们负责拓深的河道是驷马山滁河分洪道。驷马山滁河

2　治淮委员会是中国淮河流域水资源综合规划、协调开发、统一调度和工程管理的专职机构，属水利部派出机构，驻地安徽省蚌埠市。治淮委员会成立后编制了淮河流域规划、修正规划，完成了佛子岭、梅山水库等大型水库的设计、施工，进行了临淮岗控制工程、入海水道、南水北调东线南段等工程的前期工作。

分洪道全长接近三十公里，其中切岭段是滁河分洪道的咽喉要道，位于江苏省浦口区（现属南京市）石桥镇团结桥至安徽省和县绰庙乡幸福桥之间，全长六公里。切岭段全是人工开挖河道，最大切深三十四米，是整个驷马山引江灌溉工程任务最艰巨、工程量最大的一段。在开阔的平地上完全靠人工挖那么深的河道，工作量之巨大困难度之高超乎想象。

"当时，我们来回都是靠自己步行的。"李光敏说。

工地上的条件十分艰苦，小李庄生产队的十几个人，是从家里结伴步行了九十多里路去的工地。每个人随身背一个包裹，里面装着自己的被子、换洗衣服，以及洗衣服的肥皂之类的日常用品。

晚上就住在工地事先搭建好的工棚里。工棚多是用竹子搭成人字形架子，再在竹竿上钉上席子，席子上铺上稻草。工棚里没有床，也没有炕，就是在地上铺两排稻草，中间是过道，很窄，仅供一个人走路，如果碰巧两个人同时在过道上走，就需要侧着身子。晚上的时候，人就直接睡在稻草上。因为人多地方小，留给每个人睡觉的位置也很窄，夜里睡觉最好不要翻身，不然就会压到别人身上。

吃饭是每个大队设一个食堂。食堂里只有两口大锅，一口锅做饭，一口锅炒菜（其实准确点说是煮菜，工地上人太多，当地产的蔬菜根本就不够用，基本就是盐水煮白菜）；盛饭以组为单位，每组用一个搪瓷洗脸盆盛菜，那时候，米饭基本上是可以吃饱的。因为没有油，也因为活儿重，所以饭的需求量就很大，一个人每顿都能吃两三碗饭。有时候，下雨下雪的晚上，如果加班，偶尔还可以喝到一碗热乎乎的加餐汤面。

为建设驷马山引江工程，二十四万民工用两年时间劈山凿渠、疏河固堤，修站建闸，夜以继日。为加快进度，每个人的任务都非常繁重，每天早上天不亮就得起床，起床就开始干活，干到七点吃早饭，早饭必须在半个小时内吃完，然后再接着干活，一直干到中午十二点，才吃午饭。一个小时午饭时间以后，没有午休时间，就接着一直干到天黑。因为时间紧任务重，晚饭以后，大多数时候还要挑灯夜战，这样下来，每人每天都要干十几个小时。

因为河底很深，所以工地上依照惯例，把人分为两组，一组挖土，一组抬土，每天轮换。抬土是两个人用一个宽的毛竹扁担，抬一个大柳条筐子，一筐土绝不少于两百斤，全要靠人的肩膀从河底抬到河坝上。

人工挖河越往深处挖，难度越大。主要因为河底越深，从河底抬土出来需要爬的高度就越高，坡度也越陡；更为困难的是，河底越深，河底的土质就越硬，石头就越多，一个人踩铁锹根本就挖不动，需要铁锹两边，一边站一个人，靠人自身的重力和合力使劲踩，才能把铁锹踩进土里。后来因为河底石头实在太多，铁锹很容易就被踩卷边了，就换成铁钎加锤头，一点儿一点儿往起撬。如果遇上特大石头了，两个人也撬不动了，就需要几个人一起喊着号子撬。临到最后，就只能使用雷管炸药了。用雷管的时候，是一段一段炸，炸完一段，赶紧将土抬走，清理完再炸下一段。

当时整个河床上全是干活儿的人，到处插着写着标语口号的大牌子"人定胜天""下定决心，不怕牺牲，排除万难，去争取胜利"。

据来安县县志记载，1969年到1971年，来安县参加驷马山引江工程的民工一共有四批，共计七万多人次，完成土方三百三十多万立方米。

李光敏说："说实话，那时候的人还真是吃了很多苦，每天都干十几个小时，顿顿水煮白菜、白米饭，但没有一个人喊苦叫累。大家伙儿都铆着劲儿地干，比赛着干。河堤上集中了那么多人，哪个村的人都不愿意自己拖工程后腿啊，都是抢着完成任务。要不说，人心齐泰山移嘛，最后硬是让人把不可能完成的任务完成了。"

和十六岁那年第一次上工地不同，李光敏这一次变成了带队的队长，既要保证自己干好，还要管理好自己的团队，所以他当时还比别人多一项任务就是开动员会。

开会的时候，十几个村的生产队长集中到一起，由公社或者县里的有关领导讲解驷马山引水工程的重要意义，以及工程的进程和安排。因为都是劳累一天了，有的人开着会，就靠着墙角不知不觉睡着了。但李光敏从来不管多累，都要坚持坐在第一排，兴致勃勃地认真听讲，仔细领会会议精神。

"只有自己听明白了，回去给别人才能讲解清楚。自己都一脑子糨子，拿啥给别人说呀。再说了，人要是能清清楚楚知道自己在干什么，干起活儿来，总比心里糊涂着干强得多吧。"

因为动员会参加得多了，李光敏感觉自己的思想意识也渐渐提高了。他学会了从大局出发，统筹全局，他思考问题的角度已经慢慢越过小李庄十几户人家的眼前利益，开始望向更高更远的地方。比如谈到正在如火如荼进行的驷马山引江工程，李光敏给自己的社员做动员的时候，已经能够从江苏安徽两省长远利益的角度分析问题了，每每说得老百姓心服口服，只能点头称是。

因为刚刚经历过的1966年大旱，大家都还记忆犹新，甚至是心有余悸。

没水！

先是水塘干了，露出了塘底的小鱼，大家还来不及将小鱼晒干，塘底的淤泥已经裂成了一大块一大块的。井里的水越来越少，从井里往上提水的绳子越用越长，打上来的水却越来越少，甚至水桶卸下去，只能打半个桶底的水……先是没水饮牛了，紧接着人喝的水也快没了。

村里唯一的水井，每天很早就有人围着，卸下去水桶，一次、两次、三次……然后把几次积攒起来的大半桶浑浊的泥水挑回家，还不能直接喝，需要在水缸里沉淀半天。

也有的人家实在不想排队等待，就要在天亮之前到十几里外的地方挑水，劳累不说，还要担心人家驱赶（因为大旱，水成了最宝贵的资源，为防止别村的人偷水，有的村子甚至会安排专门的人看管水井）。人畜都没水喝了，庄稼更是大片大片地枯死，那年的粮食基本上颗粒无收。

但是如果驷马山引水成功了，把长江的水引到滁河，滁河周边一带几十万亩田地基本上以后就可以旱涝保收了，而且功在千秋，利在当代。一想到自己以及以后的子孙后代再也不用到十几里外一桶一桶挑水喝了，大家就觉得现在吃点苦受点累也是值得的。

驷马山引江工程整整干了两年，每年耗时六个月，从冬闲到开春，李光敏带着那十几个人从小李庄到驷马山那条路上来来回回走了八趟（春节放假，他们回家过年）。

除了自己的身子骨磨炼得比以前更结实了，李光敏最大的收获是感觉到自己的眼界开了。以前心心念念的就是想让父母和弟弟妹妹们能过上好日子；后来当了生产队长，又想着如果能让小李庄的百十口人过上不愁吃不愁穿的日子就好了。在驷马山工地，他接触到的人多了，接触面广了，他们给予了李光敏很多的帮助和启发，让他觉得如果一辈子只把目光局限在小李庄生产队，格局就太小了，或许将来他可以做更多的事情，为了更多的人。

除了五年小学跟着老师学到的那些知识，驷马山引江工程最后也变成了李光敏人生中一个重要的学习机会。他发现，对于一个人的成长来说，也许离开学校以后的学习才是更重要的，也是从那时候开始，李光敏养成了读报纸的习惯，报纸（包括后来的电视）为他在小李庄之外打开了一个更加宽广的世界。

几年时间，李光敏从一个因父亲身体不太好，顶替父亲上了扒河工地的半大小伙子，渐渐成长为一个受人尊敬的生产队长，为人磊落，处事果决。他的成长和变化，都被一个有心的年轻姑娘默默地看到了眼里，记在了心里，后来她成了李光敏患难与共的结发妻子。

在这个世界上取得成就的人，都努力地去寻找他想要的生活，如果找不到机会，他们便自己创造机会。

——萧伯纳

谈恋爱惊动了妇联主任

　　小李庄生产队原来只有十几户人家，主体是朱和章两个大姓家族。李光敏的舅舅姓俞，在小李庄属于小门小户。还有两三家后来迁入的外来户，比如投奔舅舅的李光敏一家，还有一家姓葛，也是从外地迁入的。所以，村子里有婚丧嫁娶之类的大小事情，基本上朱家和章家两家最有发言权，他们两家的人在村子里也备受人们尊敬。

　　朱家的小女儿朱忠勤，十八岁的时候，已经由长辈做主，和邻村的一个小伙子订了婚。小伙子家庭条件不错，亲姐夫是那个村子的村支部书记。

　　平日里一起玩耍的几个都订了婚的同龄小姑娘，有时候也偷偷在一起悄悄议论一下准婆家。几番比较之后，她们一致认为：数朱忠勤的准婆家条件最好，因为人家不但经济条件好，而且家里还有人在村里当官，属于有钱还有权力的人家。一个村子里面最大的官就是村支部书记。

　　据说那个小伙子的姐姐，也就是那个村支部书记的媳妇平日里最是疼爱这个最小的弟弟。家里条件好，小伙子没吃过苦，朱忠勤嫁过去自然也不会受什么苦。

　　就在大家纷纷开玩笑拜托朱忠勤说：以后也让那个未来的"姐夫"也顺便照顾一下她们的时候，朱忠勤突然对大家宣布说：她想要退婚了。

　　其实，朱忠勤想退婚的念头已经在自己心里翻腾很久了。和邻村的小伙子订婚是父母长辈做主。那时候，对于订婚到底意味着什么，她还不太懂，也不懂得如何向长辈诉说自己的想法。

按照当时的习俗，姑娘订婚，自然由家里的长辈们说了算，自己是不好意思事事打听的，否则就会被认为是着急着出嫁，为人轻浮，说出去是很丢脸的事情。所以，直到订婚很久了，朱忠勤都没有真正有机会看清楚那个小伙子到底长啥样子，更不要说，两个人有什么相互了解了，他们之间话都没说过几句。

当地规矩，两个人订婚了，未婚夫逢年过节都要到未来的岳父家走动走动，送些礼品，表示一下礼节和尊重。到了那一天，不用说，朱忠勤都是要特意早早避出去的，村里待嫁的姑娘们也都是这样的。

她们往往是以做针线活为由集中躲在某一个人的家里，一整天都不回自己家。但在之后的几天里，大家再聚在一起的时候，话题自然也避不开这件事，大家彼此间交流的也往往是谁的未婚夫带来了多少礼物，猜测一下这些礼物的价钱大概是多少，相互之间比较比较，看谁受到的礼物更值钱些。

礼物值钱不值钱，数量多不多，贵重不贵重，不但代表着婆家经济条件的好坏，也预示着姑娘嫁过去会不会受婆家重视，日子好不好过。

每每大家七嘴八舌议论纷纷的时候，人群中的朱忠勤就会走神，她不能确定自己是不是真的愿意嫁给那个人，和他过一辈子。那个人有名有姓，但朱忠勤从来也没有将那三个字和那个具体的人真真切切联系在一起，那个人自始至终在她心里就只是一个名字，一个模糊的影子。

不知道从什么时候开始，她心里装了另外一个人，那个人坐在台上给村民开会的时候，她虽然故意站得远远的，但他讲的每句话都能灌进她耳朵。参加集体劳动的时候，只要是他张嘴说话，再远的距离她也能听得见。即使是一群人在一起，仅从声音、背影、甚至远远地只要能望见一个肩膀、半个脑袋……她也能从那一堆的声音、背影、肩膀、脑袋里找出她最想找到的那个。而且凭着女孩子的敏感和直觉，她确信那个人的目光也正在穿越众人到处找寻着她。

有人说，在这个世界上，爱情就像咳嗽一样掩饰不住，两个彼此心心相印的年轻人怎么捅破的那层窗户纸并不重要，重要的是他们的恋情从一开始就遭到了朱家长辈的一致反对。

原因是：第一，和那个小伙子家相比，李光敏家太穷了。初到小李庄的时候，村里曾借给了他们家两间闲置的土坯房。虽然在后来经济条件逐渐好转之后，一家人省吃俭用终于把这两间土坯房买了下来，正式归他家所有。但所有家产也仅仅是这两间土坯房，五口人住已经很是拮据紧张。李光敏如果结婚，最紧要最现实的问题就没办法解决，他们要住到哪里去呢？第二，李光敏家辈分小。来到小李庄以后，李光敏随了舅舅家孩子的辈分，和表兄弟们一样称呼村里的长辈。按照村里的辈分排行他应该管朱忠勤叫"姑姑"，虽然他还比她大两岁。

所以，长辈们生气地认为这简直就是两个小孩子在胡闹！

如果单从个人的品行和能力来看，虽然家里人也都承认李光敏比邻村那个小伙子强一百倍一千倍，但谁家长辈不愿意给自家姑娘找个家庭经济条件好的人家，好让姑娘一嫁过去就能过上好日子？再说了，朱忠勤和人家订婚也好几年了，怎么可以说退婚就退婚呢？

尽管长辈们摆出千条理由万条原因，朱忠勤就两个字：退婚，她发誓死也不嫁给那个人。

看着实在拗不过女儿了，还是母亲心软，她偷偷告诉朱忠勤：即使退婚，家里长辈们也绝不会允许她和李光敏在一起，因为横亘在他们之间最大的障碍其实是辈分。他们不是同一辈的人，不可以通婚。

传统本分的村里人过日子向来把脸面看得比什么都重要，如果同意了李光敏他们两个人交往，也就等于扰乱了村里的公序良俗。

但朱忠勤却坚决要求退婚，长辈们最后只能同意退婚。但母亲提出的条件却是：和那个人退婚可以，她和李光敏的事，长辈们是无论如何都不会答应的。理由只有一个，村里的老规矩不能让他们家给破坏了，否则，他们家的人以后祖祖辈辈都会被村里的人戳着脊梁骨过日子。

那时候，李光敏在公社大小也算个"名人"了，人人都知道小李庄有个年轻能干的生产队长叫李光敏，捎带着也知道了他"著名"的恋爱故事——隔着辈分，爱上了"姑姑"。

大家在茶余饭后议论得多了，李光敏的这件事不知怎么就传到了当时来安县妇联主任谷主任的耳朵里。谷主任想，新婚姻法颁布都这么久了，怎么还会有这样认旧理的父母？他决定亲自到小李庄去做朱家母亲的工作，鼓励年轻人勇敢追求恋爱自由、婚姻自由。

1950年《中华人民共和国婚姻法》正式颁布，宣布废除包办强迫，实行婚姻自由，建立一夫一妻的新婚姻制度，彻底颠覆"父母之命，媒妁之言"的传统婚姻。尤其是经过了1953年的婚姻法宣传活动之后，婚恋自由的观念已经深入人心，得到社会的普遍认可。

当时著名评剧表演艺术家新凤霞出演的刘巧儿，可谓家喻户晓。"这一回我可要自己找婆家呀……"大胆唱出了年轻人对自由婚姻的向往，而刘巧儿在大柳树下的那段爱的表白："我爱他，身强力壮能劳动；我爱他，下地生产，真是有本领；我爱他，能写会算，他的文化好。回家来，他能给我作先生。"更是被好多年轻姑娘暗暗传唱，作为自己选择恋人的标准。但唱歌归唱歌，只是大多数人到了该谈婚论嫁的年龄，还是会选择听从长辈的建议，和长辈选好的人谈恋爱。

谷主任一方面是欣赏李光敏这个人，觉得朱家母亲以这种陈腐的理由拆散一对有情有爱的年轻人非常可惜。另一方面，他也觉得这是宣传恋爱自由，婚姻自由，倡导社会新风尚的绝好机会。

他专门到小李庄，亲自上门去做朱家母亲的工作：李光敏有工作能力，人品又好，和你家姑娘又情投意合，放着这么好的女婿不要，去哪里能再找到第二个这样的人？至于他们担心的辈分的问题，在谷主任眼里根本就不能算理由——朱、李两家原本就没有任何血缘关系，所谓的辈分本来就是按照村子里的传统习俗排个长幼次序，没有一点科学道理，所以根本就算不上是障碍。

一方面，朱家母亲基本上也算是看着李光敏长大的，对他的人品性格还是非常了解的，也承认李光敏是个值得信任的优秀小伙子，是自己家女婿的最佳人选。另一方面县妇联主任谷主任亲自出面做工作，而且说得合情合理，容不得她辩驳。朱家母亲最后除了同意，也说不出来其余什么了。

谷主任做通了朱家母亲的工作，看到自己喜欢的年轻人终于能够有情人终成眷属非常高兴，他索性把李光敏的恋爱经历当成了模范典型，大加宣传，鼓励来安县所有的适龄年轻人都要像他们一样，反对父母包办，勇敢地追求恋爱自由、婚姻自由。这倒是李光敏他们两个人最初相爱相恋时没有预料到的。

　　"她老是说，我这个人一辈子出风头，就连结个婚都能当回典型人物。"回想起自己年轻时候的事情，李光敏有些不好意思地笑了。

　　知夫莫如妻，不得不说，朱忠勤对李光敏的这个评价还是很客观公正的。只是，年轻时候的她，大概从没有想到李光敏的"风头"有一天会大到让她接受不了，当然这都是后话。能和自己喜欢的人生活在一起，就是她当时最大的目标。只要能找到对的那个人，一间土坯房也能安顿幸福。

　　1972年春节刚过，二十二岁的李光敏和二十岁的朱忠勤，两个年轻人在亲戚朋友的祝福声中举办了简单的婚礼，没有彩礼、没有宴席，有的只是两个心心相印的人心想事成的幸福和对未来美好生活的无限憧憬。

　　父母把两间土坯房的其中一间重新粉刷了一遍，给李光敏他们当了婚房，他们一直在那里住到了20世纪八十年代初，两个儿子先后都出生在那间土坯房里。

私分公粮为"大家"

李光敏结婚了，娶的还是自己心心念念一心想娶的姑娘，过上了琴瑟和谐的小日子。

成家立业，人们习惯把结婚成家当作一个男人真正长大成人的标志。妻子朱忠勤对于李光敏，更像是生活给他吃下的一颗定心丸，他变得更加沉稳和笃定，觉得自己的生活从此有了坚强的后盾。

朱忠勤善良淳朴，嫁到李家，里里外外一把手，她替李光敏照顾父母怜惜弟妹，为他料理一日三餐，替他浆洗缝补，替他应对所有的人情世故，为他营造了一个安稳的大后方，好让他一心一意去做自己想做的事情。

陡然从一个毛头小伙子，变成了一个人的丈夫，身份的改变，让李光敏觉得自己肩上的担子更重了，需要承担的责任也更大了，他身上背负着一个女人对他的全部期望，他不想让她对自己失望。

也许是幸福的婚姻生活给予了李光敏奋勇向前的勇气和动力，李光敏几乎把全部的热情和精力都放在了处理小李庄生产队的日常事务上。对李光敏的工作，朱忠勤给予了她最大的理解和支持，包括新婚不久，李光敏似乎就把自己已经结了婚这件事丢在了脑后。等处理完生产队的事情回到家，已经是深夜了，他推来自己小屋的门，才瞬间反应过来，家里有人等他，他已经是结过婚的人了。

朱忠勤说："他就是个干事情的人，这一点，我在决定和他交往之前就已经有思想准备了。再说了，我当时也希望他能干出点样子，给那些不看好我们的人瞧瞧。家里的事情，我能多做点就尽量多做点，当时也没有觉得有啥委屈的。"

也正因为背后有了朱忠勤默默的支持，李光敏觉得自己完全可以有精力做更多的事情，比如让大家的日子过得再好一点，比如让大家都能吃饱饭。这些以前从来想都不敢想的事情，现在都可以琢磨琢磨，也许就能实现。

按照当时的政策，每个生产队都要上交一定数量的公粮[1]。每年，粮食收获了以后，农民要做的第一件事就是去公社粮站交公粮。只有交完公粮，余下的粮食才能作为全村人的口粮。

很多年来，老百姓每年按人口分配的粮食都不够吃的。瓜菜半年粮，一直是困扰小李庄生产队也是安徽省很多地方的问题，怎么解决？

那个时候，有些领导干部出于某种行为惯性或者为了自己的政治前途考虑，总是习惯性地虚报粮食产量。这样做的后果就是按比例征收的公粮数额，自然要比实际应该上交的数额要大。

公粮交多了，留给老百姓的口粮就只能相应减少了。农民在地里辛辛苦苦忙乎一年，却养活不了自家的几口人。大家意见很大，渐渐地，反映到具体事情上，就是大家参加生产队集体劳动的积极性越来越小，甚至有人在参加集体劳动的时候，干活不出力，或者直接装病找理由不干活，留着主要的精力用来打理自家的自留地。

1　每年，生产队生产出的粮食首先要拿出一部分上交国家，这就叫交公粮。余下的粮食还要提取一部分作为生产队的集体提留，剩下的粮食才按人口和劳动工分分给社员。分给社员粮食叫余粮，社员是可以拿到集市上去卖的，这就叫卖余粮。

作为生产队长，谁真干还是假干，或者谁在故意装病偷懒，李光敏心里很清楚，但他从来没想过要去责怪这些人，也没有像当时的其他生产队长一样把这些"落后分子"揭发出来狠狠批斗一番，以示警诫。他认为这不是社员们的思想觉悟有问题，而是生产队干部有问题：你都不能保证人家能够好好地养家糊口，人家凭什么听你的指挥安排？凭什么辛辛苦苦去挣那些换不来粮食的工分？

所以，那一年秋收后，李光敏就没有像之前的村干部一样向上级单位虚报粮食产量，而是报告了实际的粮食产量，这样按比例算出来应该上交的公粮就比原来要少——少交的那部分他悄悄做了生产队的提留，然后按人口比例分给了村民。

村民们多分了粮食，自然很拥护他，一时间李光敏在村里的威信更是风头无两，但也激起了其他生产队的嫉妒和不满，他们偷偷向公社举报李光敏私分公粮。

公社的一些领导干部也不到村里做实际调查，只是简单对比了一下历年小李庄交纳公粮的数额，确认这一年上交的实际数额确实比往年要少，于是便给他扣上了"私分公粮"的帽子，从此大会小会，李光敏都成了被批斗的反面典型。

"我当时肯定想不通啊，我只是没有像别人一样虚报粮食产量，选择说了实话。每亩地能生产多少稻子、麦子，我心里很清楚啊。但当时的情况是没有人会去实地调查，也没人听你解释，上面说你私分公粮你就是私分公粮。再说了，我那时候年轻，一门心思想着要追求进步，所以，尽管自己心里想不通，还是听从领导安排，到处去做检讨。"

从到处受表扬的模范先进个人到被批斗的对象，落差之大，李光敏心里不是没有委屈的，但他渴望进步，所以，每次批斗会上他都是真心实意地做检讨，检讨自己经验不足，检讨自己工作中的失误。但内心里，他比谁都着急，他想无论如何也要让社员们吃饱饭，最好家家还能有些余粮。这是他的愿望，也是当时村民们最简单的生活理想。

大河有水小河满，既然"少"交一点公粮不符合政策，那就想办法让粮食增产增收！如果粮食总产量上去了，老百姓是不是就能吃饱饭了？

他想，走投无路的时候，换个思路，或许就能找到切实可行的好办法。

开源节流大搞实验田

开源节流，既然没办法节流，那就想尽一切办法开源。

受了批评的李光敏那段时间确实有些郁闷，但他并没有因为别人的误解而抱怨消沉，他觉得他首先应该从自己身上找原因。

他静下心来认真反思自己，觉得自己之前的想法还是有些简单，工作方式也有些草率，应该从大局出发，把步子迈得更稳当一些，做事情更脚踏实地一些。

他想起多年前舅舅接他们回小李庄的时候说过的话，小李庄人少地多，这是小李庄的优势。他应该充分利用这一优势，让有限的土地增产出更多真正的粮食，而不仅仅是人为地编造出仅是书面上的增长的数字。

本来小时候跟着父亲，李光敏已经学到了很多有关种庄稼的常识和经验，但他觉得那些经验有效是有效，但还是有些教条主义，比如父亲曾经教他如何根据云层的变化预报天气，有时候就不太准确。

那些经过实践检验过的实际操作经验，是他的父亲或者父亲的父亲传下来的，累积了前人的经验和智慧。与父亲笃信老辈人的经验相比，李光敏更愿意相信科学，当时比较流行的一本《科学种田》的小册子被他翻得稀烂。

"遇到问题了，就要解决问题。当时还是年轻，不服气，就想着哪里跌倒就一定要在哪里爬起来。"

那段时间，李光敏最喜欢步行到县城拜访农业专家，让那些专家给他传授有关土壤、种子等相关的新的知识和技术。为了做好小李庄的带头人，仅读过五年乡村小学的李光敏硬是记住了碳、磷、酸、钙等化学名词，他用学到的新名词和老百姓讲什么是酸性，什么是碱性，什么叫酸碱平衡。村民们虽然听得一愣一愣的，有点弄不太明白。但他们相信李光敏，觉得只要是他说的肯定都是有道理的。

从专家那里取到"真经"求到"秘诀"之后，李光敏回到小李庄就开始按照专家的"指示"重新部署安排生产，比如水稻施肥，原来按照旧有经验，是在插秧之前施足底肥，但专家告诉李光敏，水稻的生长是有阶段性的，到什么阶段施什么肥，不能一次"喂足"，否则会适得其反。比如在水稻该扎根的时候，如果施肥多了，水稻长得太快，后期就容易出现大面积倒伏。比如，种植小麦最怕的是"胎里旱"，就是在小麦还没有出芽的时候遇上天旱缺水，缺苗现象就会很严重，等等。

那一年，李光敏带着小李庄生产队的社员们严格按照专家们的意见精耕细作，铆着劲儿地要干出点什么来给人看看。

小李庄的人不是不能吃苦，不是不能出力，谁没有一天劳作十几个小时的经历？日出而作，日落而息，面朝黄土背朝天的农民，谁不是汗珠子落地摔八瓣儿，手上的老茧比铜钱还厚？

"实行科学种田以后，效果还是很明显的，全村二百四十亩土地，第一年的粮食总产量就突破了十二万斤，是之前粮食总产量的三倍。"对于那一年苦干的战果，李光敏说他还是很满意的。

不过，之所以增产幅度那么大，其中一部分原因是之前一些原因造成的粮食减产。另一部分原因或者说最关键的因素是李光敏，他是小李庄第一个认真学习科学种田技术并付诸实践的人。这也让他亲身体会到科学技术的巨大力量，养成了尊重专业人才的习惯。

"我这个人的性格就是这样，一件事，要么就不做，要做就争取做好。不是说世界上最怕'认真'二字吗？只要你认真去想去做了，办法总比问题多。"

因为小李庄那年的粮食增产，李光敏又一次被推到了风口浪尖，不同的是这一回不是被批斗，而是被邀请到公社去做报告，介绍小李庄粮食增产增收经验。

对这些表彰会或者经验交流会，李光敏没有一丁点儿兴趣，他搞科学种田试验，并不是为了个人出风头，当英雄。他忙着挨家挨户去看村里人家的锅灶，看到大人、孩子真的可以没有任何顾虑地端着碗，大口大口吃白米饭。李光敏百感交集，家有余粮心里不慌，从小到大，白米饭吃饱曾经是这片土地上不知道多少代人的梦想，现在竟然在他这里变成了现实。

"其实现在看来，亩产五百多斤粮食并不算太高，但对于当时来说，还算一个了不起的进步，很多人是第一回看见那么多的粮食，真正的粮食，不是数字。"

土地，还是小李庄那么多土地；人，还是小李庄那些人，为什么粮食产量会差别那么大？爷爷、父亲都曾是侍弄庄稼的一把好手，但种了一辈子地，也从来没有达到过那么高的产量。为什么？李光敏从中总结出一个道理：种地，经验固然重要，但更重要的还是要讲科学用科学，要敢于不断去尝试，去实验，去研究，去琢磨，这才是农业科学家与种田把式的最本质区别。

初次尝到科学种田好处的李光敏，决心放开手脚，把小李庄彻底变成一个大的农业试验场。

大胆创新"水改旱"

"春争日，夏争时"，每年五月中旬小满时节，正是农民插秧最紧张的时候，也是安徽省全年降水量最小的时候，大部分地区都缺水。而一旦错过了最好的插秧时节，就会造成严重的减产甚至绝收，影响一年的粮食产量。

按照"水、肥、土、种、密、保、共、管"的农业"八字方针"，李光敏决定尝试性地将小李庄一些收成不好的水田改成旱田。

"水改旱"在小李庄绝对是一件新鲜事。多少年来，大家兴修水利，修渠挖河都是为了能够多引一些灌溉水，将一些旱田改为水田。很少有人反着干。

因为水田改成旱田，需要先把地里积年的陈水抽干排净，然后还要改变土壤性质。常言说得好，水改旱瞎一半，就是指水田改旱田，至少一半土地会被废掉。用专业术语解释就是：多年的水田，由于种植水稻，在水淹环境和湿耕条件下，土壤向黏朽化发展，形成泥底层渗透性差，土地寒性大等特点。如果改种旱田农作物，很容易遇雨发生涝渍灾害，而无雨时又极易造成土壤板结，耕作时土坷垃增多，易跑墒，甚至多数时候颗粒无收，白白辛苦忙碌一场。

"水改旱"虽然实施起来有一定难度，但如果能成功地将水田改成旱田，就可以将"田"与"地"明显分开。田（主要指水田）用来种植水稻、小麦等主粮，地（主要指旱地）除了可以种植冬小麦以外，还可以用来种植一些杂粮或者其他农作物，例如花生、山芋、棉花、豆类、芝麻、高粱、甚至还可以种植一点儿向日葵等。

山芋、土豆可以作为粮食，增加主食品种。花生、芝麻能榨取食用油，棉花能解决老百姓衣被及棉线所用。高粱除了食用以外，还可以编扎扫帚。种植少量向日葵，除了平日里作为哄孩子们的零嘴儿，逢年过节还可以招待客人……这些农作物虽然不能充当主食被端上餐桌，但却是生活必需品，能为老百姓的日常生活提供便利。如果插播合理的话，还可以提高单位土地面积的粮食产量。

为了改变水田土壤的寒性性质，李光敏活学活用了酸碱平衡的知识，摸索着往土里搅拌生石灰。至于生石灰与土的比例、搅拌时长等关键性操作因素，李光敏都事先在家里小范围地多次试验。

那段日子，为了试验成功，他直接把自家的院子变成了临时实验室。根据有关专家的意见，按照不同比例搅拌生石灰和土，以确保"水改旱"以后，粮食产量不但不降低，还能增产。

同时，专家还告诉李光敏，水田改旱田之后的前两年很关键，非常容易出现较硬的泥土块，所以必须要在冬天未来临之前深耕土地，促使翻耕过的土壤经过冰冻或者春天的融化后发生变化，确保土壤足够松软。种子播种以后，还要注意适时对土壤进行有效管理，加强对土壤的精耕细作，比如施加磷肥浸田，这样才能增加土壤肥力。

一分耕耘一分收获，要想比别人多产粮食就要比别人多想办法多费力气，就必须在土地上倾注更多的劳动时间和成本，而所有这一切大大小小的环节都需要李光敏心里有数，什么时候该深耕，什么时候该追肥，他都得落实安排到具体人。如果他在分配安排劳动任务的时候，忽略了某个环节，极有可能前功尽弃，导致粮食产量降低，甚至绝收，在土壤性质没有完全培育改善的情况下宣告试验失败。

但是，李光敏是个爱琢磨的有心人，他通过仔细观察，发现土地其实和人一样，也有自己的个性。不同的地理位置、地势会造成土壤的性质不同，为了掌握好比例，针对不同的地块，每次他都要亲自配备好生石灰的比例和数量。

最后正如大家期盼的那样，"水改旱"试验在小李庄获得了成功，那一年，除了粮食增产，他们还收获了不少花生、芝麻、向日葵等各种杂粮副食。

水改旱，其实就是土壤改良。土壤改良，就是根据土壤的不良质地和结构，采取相应的物理、生物或化学措施，改善土壤性状，提高土壤肥力，增加作物产量以及改善土壤的过程。

李光敏说："现在凡是搞农业的人都知道土壤改良，土壤改良已经发展到需要测量土地的微量元素，然后按照测量结果改良土壤。我刚开始搞'水改旱'的时候，人们还没有这个意识，还停留在多浇水、多施肥阶段，实践证明改良土壤不仅仅是增加土壤肥力，还可以运用不同方式改变土壤性质，解决土壤板结等许多问题，效果还是很明显的。"

继"水改旱"实验成功之后，李光敏又迷上了科学育种。

他在农业专家的指导下，试着对棉籽进行人工催芽。因为棉籽上面有棉绒，按照传统的播种办法，播种之前需要用草木灰将棉籽拌匀，草木灰有杀菌作用又能防止棉绒将棉籽黏连成团。李光敏打破老办法，在播种之前，首先在大盆里用温水将棉籽泡透，然后用湿布蒙上，放在温暖的地方，等棉籽发芽了，再把棉籽芽苗种在地里，上面再敷盖上薄膜。这样不但大大增加了出苗率，更重要的是这样做，可以使棉苗提前五到七天出土。棉苗出土早，之后分蘖、开花、结棉桃的时间都会相应地提前。

以前，按照传统播种时间，安徽的棉花一般多在四月份播种。棉花是喜温作物，在发芽出土时，需要较高的温度。如果播种过早，温度低，出芽时间长，养分消耗多，棉苗生活力弱，苗病重。如果播种过晚，则会造成不能充分利用有效生长季节，导致棉花贪青晚熟，最后一批棉桃来不及自然裂开，天气就转冷了。一旦下霜，棉桃就不再能自然裂开，而是需要人工掰开棉桃，那样摘出来的棉花不再是一团一团的，而是一瓣一瓣的，这些棉花瓣晒干以后，棉花纤维短，产量低，质量也不过关。

如果棉籽经过人工催芽成功之后再播种，小李庄种的棉花就比别的生产队的棉花早一个星期左右开花、结桃，最后一批棉桃正好赶在天冷之前自然裂开，不但棉花产量提上去了，棉花的质量也上了一个档次，连公社收购站的人都格外愿意收购小李庄的棉花。这样小李庄仅卖棉花的一项收入就比其他的生产队多，年终分红的时候，村民的腰包就要比其他村的人略微鼓一点点。也许从那个时候起，小李庄的姑娘小伙子们走在街上，腰杆就比别村的人挺得直。

棉花催芽成功后，举一反三，李光敏又试着给玉米催芽。因为地窖温度比地表高，他把选好的玉米种子放到大盆里，敷上湿布，然后放在地窖里催芽，催好的玉米芽苗带水点种，比直接将玉米种子种在土里要早出苗一个星期。人工育种不但使种子出苗齐，而且抢占了宝贵的生长时间。

那些年，李光敏感觉自己就像走在钢丝绳上一样战战兢兢，他的肩膀上压着整个小李庄百十来口人的衣食住行，而他只能成功不能失败。这让他每走一步，都要小心谨慎，不敢行差踏错。

李光敏说："别村的生产队长只要安排好生产队的日常劳动任务就没事了，我为什么给自己找了那么多的事情去做？我想是因为责任感。我觉得我有责任让自己生产队的人吃饱饭，要想吃饱饭，肯定首先得让粮食增产啊。"

责任感，是一种自觉主动地做好分内分外一切有益事情的精神状态。一个人只有具备高度的责任感，才会充满激情地投身到自己所从事的事业之中。做了几年生产队长之后的李光敏比之前更有经验也更成熟，他深知一个人的力量毕竟是有限的，要想把事情做好，必须培养小李庄全体社员的责任感。

"搞水改旱、人工育种的时候，我不断给社员们讲，这不是我李光敏一个人的事情，是我们小李庄生产队的事情，是我们共同的目标。大家积极性都很高，对我的实验也很支持，有了大家的支持，我才能完全放开手脚去干啊。"

小李庄召开棉花现场会

地处皖东的来安县属于江淮丘陵农业区，亚热带和暖温带的过渡地区，耕作制度以一年一熟和二年三熟为主，水稻、小麦均可种植，之前这里的人们世世代代主要种植的都是单季稻。

为了提高水稻产量，李光敏决定引进双季稻，把插秧时间从五月份提前到三月份，提前两个月插秧，早稻三月份下旬插秧，晚稻七月份下旬插秧，这样十一月份的时候晚稻收割，再种冬小麦或者油菜。

为了增加土壤肥力，李光敏又打上了塘泥的主意。俗话说："人补，桂圆荔枝；稻补，紫云塘泥"（紫云就是紫云英，是可以翻做稻田绿肥的草本植物）。为此，李光敏每年冬天都要组织壮年劳力挖塘泥，为春茬麦压一层乌黑肥沃的塘泥，加上细心管理，小李庄的夏季小麦产量甚至可以翻倍。

挖塘泥是件十分累人的重体力活。为了提高效率，李光敏一般是把挖塘泥的人分成三组，一组是年轻力壮的，他们负责在塘底用锹把塘泥铲起来，甩到塘沿上；一组是年纪偏大的，负责把塘沿上的塘泥铲进筐里；一组是半劳动力，负责把整筐的塘泥抬到指定的地方晾晒。此外，还需要把晒干风干后的塘泥敲碎，这基本上就安排生产队里的女人们做了。之后壮劳力再把敲碎的塘泥和绿肥、粪肥、灰肥按一定的比例掺杂到一起，撒进稻田，就是最好的稻田肥料。而且，清理了塘泥的水塘变深变大，水质更好，来年不论是种藕还是养鱼，产量都会提高。

那些年为了让小李庄百姓吃饱饭，李光敏基本上是活学活用了"八字方针"，从水、土、肥、种子各个方面想尽办法，全身心扑在小李庄那二百四十亩土地上。每天满脑子想的都是还有没有别的什么办法没想到，还有没有哪一块地、哪一片水塘被遗漏了，没有物尽其用。

至于家里的事情，他实在是分身乏术，抽不出来一点儿精力照顾了。妹妹也到了该出嫁的年龄，父母年龄一年比一年老，大儿子出生，小儿子出生……上有老，下有小，家里的事情，李光敏几乎是全部交给了妻子朱忠勤。

李忠勤默默帮他承担下了这一些，既然选择了这个男人，就注定要跟着他过这种辛苦操劳的日子。李光敏天性就是个要干事情的人，这一点她没有看错。好在，朱忠勤也是吃苦耐劳惯了的人，她识他的好，她愿意成全他。

"别人越瞧不上你，你越是要做出点东西给别人看看。"李光敏说。

婚后的李光敏虽然曾一度被扣上"私分公粮"的帽子，但他没有被击垮。相反在朱忠勤的支持和鼓励下，他做事情的劲头更足了。

科学种田试验成功以后，村里人能吃上饱饭了，李光敏自己却更忙了。忙到吃饭的时候，都有可能被人追到家里，有外地人来取经的，也有本村人来让李光敏帮助协调处理事情的。

这种时候，朱忠勤只能赶紧给客人端茶递烟，家里无端地增加了一个消费出口，但李光敏的注意力全部放在如何解决那些问题上，他从来也无暇注意到那些年，朱忠勤到底是从哪里节省出那笔开支的。

只是很久以后，他才意识到朱忠勤结婚以后好像从来没给自己添置过任何东西，尽管结婚几年了，朱忠勤却还是穿着自己在娘家做姑娘时的那几件衣裳，旧了、破了，朱忠勤就在破烂处补个补丁，昔日养在娘家的娇娇女儿，变成了李光敏家里尊老爱幼、任劳任怨的儿媳妇。

李光敏心里不是没有感激的，他只是不擅长表达自己的感情。朱忠勤当时顶着家里那么大的压力铁了心要跟着他，他又怎能让人家寒了心？

"总有一天，我会让你们都过上好日子的。"那些年，即使在最艰难的时候，李光敏依然一次又一次提醒自己，激励自己，劝勉自己。为了不辜负那些信任过自己的人，他无论如何也要咬牙干出个样子来呀。

1977年春天，安徽又遇干旱，到了该播种棉花的时候，恰好赶上那几天没下雨，所以，种子出苗以后，其他生产队的棉花田里缺苗现象很严重，很多地方简直就像癞痢头，东一撮，西一簇，看起来十分难看。

唯有小李庄的棉花地里绿油油一片，因为李光敏种下的是已经催芽成功的棉籽，等棉籽芽出土的时候，正好又赶上下了场透雨，所以棉苗赛着劲儿地往上长。而其他生产队播种的是棉籽，等到下雨的时候，已经错过了最好的出芽期。棉花出苗不齐，只能补种。不但产量降下去了，而且因为错过了最佳生长期，秋后棉花的质量也将大打折扣。为此，那一年，相官公社专门在小李庄召开了棉花现场会。

那时候，召开现场会，要求大队干部、生产队长和相关人员参加，常常是公社书记走在前面，后面呼啦啦一群大大小小的干部，阵势很大。到了现场以后，一般是先参观，然后讨论，最后是公社书记总结发言。

因为在李光敏之前，整个滁州地区还从来没有谁像李光敏这样肯下大力气认真钻研科学种田，琢磨出这么多增产增收的好办法，再加上现场对比实在太触目惊心，当时的来安县委书记王书记，高度表扬了李光敏讲科学用科学的精神，号召大家都要向他学习。小李庄也一跃成为全公社的先进生产队。

第二年，王书记专门选择到小李庄下乡"蹲点"，吃住都在小李庄。通过和李光敏的日常接触，王书记看到他确实在真真切切为老百姓着想，不是为了自己出风头，争名誉，不但有魄力，敢想敢干，而且几件事都干得卓有成效，在村里威信也很高，很有人缘，村里的大人小孩都很喜欢他。

交谈中，王书记了解到李光敏入党申请书写了很多年，但因为戴着"私分公粮"的帽子，一直迟迟未获批准，他决定亲自作李光敏的入党介绍人。

1978年7月1日，李光敏光荣地加入了中国共产党。

很多年以后，李光敏还能清晰地记得那一天，记得自己当时面对党旗入党宣誓时激动不已的心情。这时候，距他第一次递交入党申请书已经过去了几个年头。

1980年，通过差额选举，李光敏当选为相官村党支部委员兼副业主任。

不要灰心，不要绝望，对一切都要乐观需要有决心，这是最要紧的，有了决心，一切困难的事都会变得容易。

——**果戈理**

家里每块砖都有汗水的温度

1978年11月24日晚上，距离相官公社一百多公里的安徽省凤阳县小岗村，十八个破衣烂衫的农民发誓宁愿杀头坐牢也要分田到户，十八个红手印催生了家庭联产承包责任制。

1979年秋，为总结农业生产责任制推行情况及效果，来安县委组织力量对全县所有生产队经营形式和生产效益进行了总调查。此后，包产到户的家庭联产承包责任制在全县广泛推开。

土地承包到户如火如荼地进行，公社开会，大队开会，生产队开会，然后将土地分出等级，按人口平均分地。

生产队解散了，李光敏不再需要每天早起安排大家集体出工，不用再操心生产队的大小杂事，除了打理自家的几亩责任田，李光敏第一次有了属于自己的大块空闲时间。

有时间，有精力了，李光敏终于决定改善一下自己家的生活条件了。对于一个四口之家来说，原先那间土坯房确实显得有些过于窄小了，而且土坯房也很老旧了，低矮、阴暗，孩子下午放学回家稍晚点，一家人吃晚饭就必须得开灯。尽管朱忠勤一天到晚不停地收拾，但屋子里杂乱的东西还是越堆越多，毕竟可供她辗转腾挪的空间也太小了。

说起来，他们结婚也快十年了，李光敏当生产队长那些年，朱忠勤不但没有因为干部家属的身份受到特殊照顾，相反，为了支持李光敏在村里的工作，重活累活、别人不愿干的活，她都得干，而且还得抢着干。

"我大儿子是1972年生的，小儿子1976年生的。其实，两个孩子中间我们还有过一个孩子，但在生产队那些年，为了不让别人背地里说我闲话，她干活太狠，最后孩子没了。"

说起那个未能出世的孩子，李光敏突然语气低沉，眼圈儿红了。做事一向果敢坚毅的他，谈到父母妻儿时，仍然满腹柔情。无情未必真豪杰，怜子如何不丈夫？铁骨柔情更动人，想必朱忠勤最初看上他的也正是这一点吧。

看着堆满杂物的家，李光敏心里五味杂陈。前些年，他满脑子都是小李庄生产队，每天一睁眼就琢磨着怎样才能让小李庄的大人孩子们吃饱饭？现在，土地承包，分产到户，村里人的生活不需要他操心了。不为自己想，也该为妻子孩子们想想，无论如何总不能一直让他们住在这小破土屋里吧。

一旦产生了盖房子的念头，李光敏就觉得房子成了一件迫不及待需要解决的事情，他不能让自己急速运转惯了的头脑停下来，他需要给自己找点儿事情做。

盖房？怎么盖？

李光敏觉得既然打定主意要盖就盖得"先进"点，建得"超前"点，比如建筑材料不用土坯，全部用砖。他在别的地方见过砖房，比起土坯房，砖房的优点很多：一是屋里架构高，人住进去会感觉宽敞阔朗很多；再就是，砖房比土坯房要干爽得多，再装上玻璃窗户，屋子里不知道要比土坯房亮堂多少倍。

"真的要全部用砖盖房啊？"妻子朱忠勤有点不敢确定，毕竟这将是小李庄有史以来的第一座全砖房。再说了，枪打出头鸟，这样做，是不是有点太张扬了，别人会不会说什么闲话？

李光敏却不想顾及那么多，他已经在考虑如果在原来的地基上盖三间砖房，到底需要多少块砖，这些砖总共需要多少钱？这些钱从哪里来？

他仔仔细细算过一笔账，当时一块砖市场价是三分钱，三间房，大概需要四万块砖，再加上运费、人工费，总共需要一千二百多元，这将是当时他们家无论如何也支付不起的一笔"巨款"。

量体裁衣，有多少钱就办多少钱的事情？或者像村子里有些人家那样，盖成半砖半土坯的房子？就是房子的主体用土坯，只在门窗的位置用砖装点一下门面。

但这都不符合李光敏的性格，他不是一个容易妥协将就的人。既然心里已经打定主意要盖全部都用砖的房子，就因为现在家里一下子拿不出那么多钱就退而求其次，建土坯房？李光敏还是有些不甘心。

关键时候，还是理性站了上峰。李光敏静下心来认真全面地考虑了一下，将乱麻般的问题抽丝剥茧地理出个前后、主次顺序：想盖全砖的房子，问题是缺钱买砖，如果有了砖，盖全砖的房子就不再是问题了。那么，问题就转化成砖从哪里来？除了出钱购买，还有没有其他别的什么办法？

某一天，苦思冥想中的李光敏突然有了主意：土坯和砖其实就差一道工序：烧窑。如果烧窑这个关键环节能解决，砖也就有了。

说干就干，雷厉风行的李光敏迅速列出了日程表。因为烧砖，虽然听起来简单，却还是需要一定的专业技术。为了最大程度地节省钱，李光敏决定把烧砖分解成两个环节，需要专业技术的烧窑环节就请专业的师傅去做，拓砖坯这种需要花时间出力气的活就他和妻子朱忠勤两个人自己干。

1980年春天，春节刚过去不久，村子里鞭炮的碎屑还没有完全消失，小李庄突然来了一个外乡人，那是李光敏请来的烧窑师傅。他带着李光敏用了差不多一个月的时间在村外建了一个大肚子的砖窑。

烧窑师傅告诉李光敏烧砖需要先"打坯"，打坯第一步是找土，往往需要挖很深的大坑才能找到合乎要求的黏土，这绝对是个力气活儿；第二步是和泥，将黏土加上一定比例的水和成软硬度合适的泥；第三步才是打坯。

打坯要用到两个工具，木质的模子和刮板，模子有两格的也有三格的，这些工具，师傅也都随身带来了。李光敏为了赶时间，选择了三格的模子，也就是一次能拓出三块砖。刮板用来将多余的泥刮去，刮平。打坯还要准备一些细沙土，每拓一次，先需要在模子里撒一遍细沙土，防止黏泥黏在模子上，然后一次性将大于三块砖的黏泥摔进模子里，再用刮板把多余的泥刮去。把刮平后的模子倒扣过来，就是三块完整的砖坯了。

带着李光敏找好土坑之后，师傅就回家去了。他说，等四万块砖坯全都准备好了，他再来点火烧窑。

按照师傅的要求，李光敏先试着自己练了两天，尤其是摔泥，摔得轻了，烧出的砖质量不好，摔得重了，砖容易秃角。等他反复练习，感觉自己已经能够熟练掌握好力度和角度了，李光敏才让朱忠勤一起去。

那段时间，每天，他都很早起床，利用早晨的时间先挖出一天要用的黏土，然后挑水和泥，泥和好后，让泥醒着，他回家吃早饭。这时候，朱忠勤已经照顾两个孩子吃过饭了，大的孩子去上学，小的孩子自己带着，他们两个大人忙的时候，孩子就自己在一边玩耍。

一到地里，李光敏就抓紧时间赶紧干活，多年的夫妻，已经让两个人配合默契，彼此的一个眼神都能心领神会。

李光敏负责重活，朱忠勤负责那些轻的，需要手脚灵活配合的活。朱忠勤先往模子里撒一遍细沙土，李光敏再把和好的泥不轻不重地摔进模子，朱忠勤马上手脚麻利地将多余的泥刮去，李光敏把模子提到事先整理好的空地，将模子倒扣过来，地上就多了三块砖坯。

李光敏计划自己一天要拓四百五十块砖，所以这样的程序一天就要重复一百五十次。往往一天下来，他的胳膊都是肿的。

拓出来的砖坯需要先晾晒在空地上，等风干到一定程度再垛起来，慢慢地，砖坯一垛一垛地堆起来了。三个月之后，四万块砖坯整整齐齐地摆在了砖窑前面。

李光敏给烧窑师傅捎了信儿，师傅就来了，看到李光敏不知道晒爆多少回皮的胳膊，默默无语地走进了土窑里，什么话都没说。然后就是一个月不眠不休地烧窑，观察火候，不敢有一丝一毫的懈怠。

那时候，烧窑还不用煤，煤也买不起。师傅负责看窑，李光敏每天都要背着筐子，源源不断地往窑前运送干草、麦秸……烧四万块砖大概需要一两万斤干草，窑前如山的草堆渐渐变小了，一个月后，崭新的四万块新砖出窑了。

"除了给师傅的四百元工钱，再没多花一分钱。"李光敏说。从春天到夏天，从起意自己烧砖到砖真正被烧出来，用了差不多半年时间。

砖有了，盖房子最关键的原材料问题也就解决了。然后就是推倒旧的土坯房，开始在原址上盖新房。

大家看到李光敏两口子凭着自己的双手，愣是自己烧出四窑砖，很是佩服。等他家盖房的时候，请到谁，谁都很乐意来帮忙，在大家的帮助下，只用了不到一个月的时间一座全砖到顶的新房子就盖好了。

"最后包括瓦工、木料，包括房子盖好以后请大家吃饭喝酒，一共花了七百八十块钱。"

很多年过去了，李光敏还能记起当时烧砖的细节，还记得他为了盖那所房子一共花出去多少钱。

朱忠勤说："那是全村当时最好的房子。"

"那后来，小李庄人是不是都开始自己烧砖盖房了？"

"没有。我们是唯一的一家，而且后来我们家也没再烧过窑，因为弄不到那么多干草了。也是因为自己打坯太苦，一般人根本吃不了那个苦。"李光敏平静地说。

搬到新家那天，朱忠勤和孩子们很是兴奋，她看着宽敞明亮的新房，感觉新房的每块砖都很亲切，都带着表情和温度。是的，因为每块砖上都有他们夫妇两个人手掌的印记。真的就像两只燕子衔泥般，从春到秋，他们一块砖一块砖地为自己和孩子们建好了属于自己的新家。

也因为对这座房子有着特殊的感情，很多年以后，李光敏为全村人科学规划了新的农村别墅，村子里的老房子全部都被推倒了，但朱忠勤请他独独留下了这座房子。

虽然在今天看来，这座房子既不高大也不时尚，但每块砖上都存留着他们手掌心里汗水的温度。

现在这座房子，掩映在小李庄郁郁葱葱的树林里，提醒着出生在别墅里的孩子们，以前，他们的父辈就住在这样的房子里，用着这样的农器具，过着这样的简单生活。

腊月三十，
追回欠款四万元

　　1978年12月18日召开的中共十一届三中全会，是一个极为重要的历史性会议，它标志着中国开始进入一个新的全面改革时期。也是在1978年，乡镇企业异军突起，开启了历史上规模空前的工业化过程。

　　中国乡镇企业，经历了农村副业、社队企业、乡镇企业三个阶段，在20世纪，它萌生于五十年代，衰落于六十年代，复苏于七十年代，崛起于八十年代。1979年9月，中共十一届四中全会《中共中央关于加快农业发展若干问题的决定》指出："社队企业要有一个大发展……凡是符合经济合理的原则，宜于农村加工的农副产品，要逐步由社队企业加工。城市加工要把一部分宜于在农村加工的产品或零部件，有计划地扩散给社队企业经营……"为社队企业的发展创造了一个适宜的外部环境。

　　跟着这股潮流，来安县也开始大力兴办乡镇企业，相官村也跟着办起了几家小企业，其中一家是炼铜厂，利用合肥五金六厂的工业废渣炼铜，一年也能炼出几吨铜锭。

　　那时候，很多乡镇企业匆匆上马，工作流程还很不规范，也因为当时有关乡镇企业的法制还不健全，相互之间拖账、烂账的很多。

　　年关将近，合肥五金配件厂拖欠相官炼铜厂的五万元货款却没有要回来一分钱，派出去的好几拨业务员都无功而返。业务员回来就一句话：人家说没钱。

当时的厂长都要急疯了：货款要不回来，年底拿什么给工人发工资，明年又拿什么开工？最让厂长担心的是如果货款要不回来，除了这个年关不好过，更重要的是，如果没有钱，等待这个炼铜厂唯一的命运很可能就是关门倒闭。

看着一个个业务员哭丧着脸从合肥无功而返，李光敏决定自己去试一试。都到腊月二十六了，他带着一个年轻的业务员徐如山一起出发了。李光敏当时想的是，无论如何，那家厂长总是要回家过年的吧，至于能不能要到货款，他心里其实也没底。

"至于能不能要到钱，我心里没数。但我想，人打了败仗没关系，但不能仗还没打，人就先害怕跑掉了。我觉得无论如何我都应该自己亲自去试一试。"

那时候，交通还很不发达，从相官村到省城合肥，没有直达的车，需要先步行到滁州，然后再坐汽车到合肥。为了赶上去合肥的第一班早车，李光敏和徐如山半夜就从家里出发了，带着妻子朱忠勤给他准备的两瓶香油，还有五斤自家地里产的花生。

不管怎么说，都是要上门去叨扰人家，李光敏觉得还是带点自家的土特产比较好，他认为这是拜访别人的基本礼数。

因为当时还没有柏油路，土路的路况又不好，李光敏担心汽车颠簸，不得不把香油瓶子抱在怀里，一直抱了一路。

虽然他们坐的确实是早晨第一班车，可等到了合肥，又辗转打听到了那家五金厂，已经到下午了，但是工厂大门紧闭，从门缝看，里面空无一人。人家厂子放年假了。

徐如山忍不住抱怨说：本来就不该来的，人家早就说了要放假。现在好了，连门都进不去，去哪里找人要钱？李光敏却不甘心，他觉得来都来了，无论如何都要试一试，总要先找着人吧。再说了，虽然从外边看，里面好像没有一个人，但这么大的厂子，不可能不留人看门，不妨敲敲门试试看。

他和徐如山一边站一个，一边敲门一边大声喊：里面有人吗？有人吗？也不知道究竟喊了几声，就在他们快要放弃的时候，从院子的某个角落猛然响起了一个很不耐烦的声音：放假了，早就放假了。

只要能见到人就有希望，李光敏马上冲着声音喊：大哥、大哥。那个看门的人也许是被喊烦了，也许是觉得人家都在门外喊半天了，自己再不露面也说不过去，只好出来了。

但他隔着门缝就认出了徐如山："怎么又是你？都放假了，厂长不在，你们又白来了。"李光敏却不想死心，他马上接口问："那厂长家住哪儿啊？我们去他家找找看。"

看着冰天雪地里，两个人冻得嘴唇都是紫的，看门人最后还是勉强告诉了他们厂长家的大概位置。拿到了地址，李光敏觉得事情已经成功了一半，他决定去家里堵住厂长。

两个人在陌生的合肥市边走边问，终于找到了厂长家。可惜，门还是锁着的。邻居说，他们家人大概要到两天后才能回来。再等也没什么意思了，李光敏只好带着徐如山先去吃饭，然后再找地方睡一觉，等第二天再来。

因为快要过年了，街上大部分店铺都已经关门歇业。他们好不容易找到一家小面摊，为了省钱，两个人各吃了一小碗面，却都喝了一大碗热热的面汤，算是抚慰了一下已经冻饿了整整一天的胃。晚上，他们就在厂长家附近找了一家小旅店，一晚上两块钱，冷得像冰窖，他们只好裹着被子和衣在床上躺了一夜。

两个人商量天不亮就去厂长家门口等，好让厂长一回家就能看见他们。果然，等厂长回到家的时候，吓了一大跳，他家门前站了两个大雪人。

其实，这家厂长也不是故意赖账不还，只是当时乡镇企业之间互相欠账的太多了，他欠人家的，别人欠他的，好在他的业务员赶在年前从外地刚结回了一笔账。听李光敏说他们已经在自家门口等了两天，再看李光敏说话诚恳，态度谦和，并没有像一般讨债的那样一上门就气势汹汹，或者装着气势汹汹的样子兴师问罪。厂长很是感慨地说，大家都不容易。

他决定先还李光敏他们一部分货款，四万块，余下的一万块钱等年后工厂开工了以后再付。

厂长的决定让李光敏和徐如山不禁大喜过望，他们原本以为还会费一番口舌才会要到钱，因此夜里住在小旅店里时，他们对第二天如何讨账还设计了好几套方案，想了很多理由，结果全没用上。

热水都没顾上喝一口，他们就匆匆催着厂长赶快安排具体人落实，仿佛耽误一秒钟，厂长就要反悔一样。

四万块钱，厚厚的四大扎，李光敏像来时一样将装钱的包紧紧地抱在怀里。只是来的时候抱着的是两瓶香油，回去的时候是四万块钱。

第一回随身带那么多钱，李光敏紧张得都不知道怎么办好了，好像他怀里抱着的是一颗定时炸弹，或者就像人家说的那样，抱着一个十世单传的婴儿，眼睛都不敢眨一下。

等李光敏他们马不停蹄地赶回小李庄村部，已经是腊月三十的下午了。村委会办公室里的几个人正苦着脸，围坐在炉火旁，一支接一支地抽烟，浓重的劣质烟草味呛得刚进门的李光敏和徐如山话都没来得及说一句就剧烈咳嗽起来。

看着不停咳嗽的他们，炼铜厂的厂长无奈地摇摇头：看来，明年这厂子真的该关了。我们这些泥腿子种地还行，办什么企业嘛？再办下去，估计连衣服都要赔进去了。说着，他就要起身回家了。

就在这时候，终于止住咳嗽的李光敏拿出了他一直抱在怀里的宝贝——四万块钱，搁在了桌子上。

突然出现的一堆钱，吓坏了这些人，他们当中很多人还从来没有亲眼见过这么多钱堆在一起的壮观效果。但也仅仅愣怔了那么一小会儿，这些刚才还一张张苦瓜脸的男人们就激动地跳了起来，太令人高兴了！

村里的大队会计小心翼翼地拿过那些钱，仔细凑在眼前，好像是要辨别这些钱的真伪。是真的，是真的，他喃喃自语。其他人则一起围着李光敏和徐如山跳着，嚷着，七嘴八舌地催着李光敏快点说说，这些钱到底是怎样要到手的。

好的消息是会自己长腿的，不大一会儿，全村人就都知道了李光敏他们从合肥要回了货款，而且是很大一笔。人们像赶集一样争前恐后地涌到村委会，隔着窗户，踮着脚尖，一定要亲眼看看四万块钱到底能铺排成多大一堆？

很快，大队会计按照事先定好的分配方案，留出炼铜厂第二年的启动资金。然后给在厂子里干活的人发了工资，村子里其他没在厂子里干活的人也都拿到了相应比例的分红。大家高高兴兴地拿着自己那份或多或少的钱回家了。

有钱了，肯定就能过个好年了。

那一年的除夕，过得比往年的除夕更像个除夕，鞭炮也比以前燃放得更多更响。当兴奋不已的人们终于累了，当鞭炮声渐渐停歇了下来，当朱忠勤和孩子们终于睡熟之后，一片静谧之中的李光敏思维却异常活跃起来，他仿佛预感到他人生中另一场大戏的幕布正在徐徐拉开，一个更大的机会或者挑战正在前方不远处等着他。

永远不满足，永远不止步，似乎是李光敏血液里固有的天性。科学种田，粮食产量可以增产到原来的三倍。但农业的局限性在于，单位产量达到某个高度以后，如果没有科学技术的进一步支持，即使劳动者积极性再高，即使投入的时间、力气和肥料再多，如果想让产量再上一个台阶，已经很难。

小李庄就那么多土地，无论再在土地上花费多少力气，也不会再翻出三倍的产量。何况，李光敏试验出的那些新办法新技术已经无偿地教会了所有人，现在大家种地都已经学会并掌握了他当年琢磨出来的那一套方法：催芽育种，然后带水播种……他甚至已经敏锐地意识到如果只是片面追求粮食增产，盲目多施化肥，从长远来看，势必会给土壤造成一定程度的损伤。这种损伤到底会有多大，他还不敢预言。

但他知道，随着土地承包到户，对土地的进一步探索，可以暂时缓一缓了。他自己家的那几亩地就暂时交给妻子朱忠勤吧，他有更重要的事情要去做。因为这次成功讨债，让他意外地发现了另外一个更具挑战性的领域，那就是办企业。企业的利润在他看来，是有无限向上发展空间的。至少，在当时看来是无限的。

他真的有些兴奋了。

小试身手办个粉丝厂

　　李光敏追债成功再一次让他成了当地的名人。春节期间，村里人走亲访友时喜欢津津乐道他的讨债经历，结果故事情节越传越离奇，大家根据自己的想象演绎出了好几个不同的版本：比如李光敏见了合肥五金六厂的厂长大喝一声，厂长吓得赶紧派人去拿钱……比如李光敏对厂长苦口婆心，厂长被感动得涕泪横流，然后派人去取钱……

　　对于这些无中生有的传说，李光敏自然没工夫搭理，他也不屑于向每个人解释。妻子朱忠勤听了，也只是无奈地摇头笑一笑，她这个丈夫果然在一步步验证她当时说的那句话：永远是站在风口浪尖上出风头的那个人。

　　开春了，相官村支部委员兼副业主任李光敏决心将全部的精力转到了管理乡镇企业上面。当时，相官乡趁着乡镇企业兴起的浪潮，同时上马了几家乡办工厂。因为一开始，大家都没有经验，也因为资金少，这几家工厂实际规模都很小。说是工厂，其实也就是放大版的家庭作坊，雇用的工人也都是当地的村民。大家原本想的也就是小打小闹一下，如果能挣钱就挣点，如果挣不了，也亏不到那里去。因为不敢抱太大希望，所以也就不敢投入太多。

　　但李光敏一开始就和这些人思路不同，在他看来，凡事要么就干脆别做，既然要做，就要想尽一切办法做好、做大、做强，如果只是看人家办企业，自己也去办企业，没有目标，走到哪儿算哪儿，还不如不做。

　　士兵需要热情，统帅需要理性，真正的统帅从来不打无准备之仗。李光敏虽然之前从来没接触过任何企业，但他知道，办企业和种地是两码事，要想办好企业，首要的问题就是全面了解熟悉相官的企业状况，做到知己知彼。

　　真是不了解不知道，一了解吓一跳，虽然表面上相官的好几家工厂都在开工，但真正能够赚到钱的就剩一家大米加工厂，说白了就是买了台能将稻谷脱粒成大米的机器，代替了以前村里的石磨。因为这是当地老百姓日常生活离不开的，再加上当时整个相官村也只办了一家这样的加工厂，没有竞争对手，所以，从账面上看还是有利润的。至于剩下的那几家小厂，不是因为三角债太多，基本处于停产状态，就是生产出来的产品根本卖不出去，积压在仓库里。或者就是产品卖出去了，货款却迟迟收不回来。

　　转了一大圈，把几个工厂的基本情况全部了解了一下，也熟悉了其中的流程，比如原料、成品、销售渠道、经济效益等都搞清楚了，李光敏感觉自己心里不再空落落的，他心里踏实多了。

　　他想所谓企业利润简单讲就是销售总额减去成本，销售额越大，成本越低，利润就越大，换言之，就是材料和产品之间的精打细算。要想赚到钱，就必须保证生产出来的产品是老百姓日常生活需要的，是能够卖得出去的，而且刨除掉成本，还是有钱赚的。

　　他自己到来安县城的自由市场考察了两天，找人咨询了两天，回来就决定试办一个山芋粉丝厂。

　　山芋向来是安徽省的主要粮食作物，因为产量高，一直是当地老百姓餐桌上的主角，甚至是困难时期最重要的主角。但随着主要粮食作物比如水稻、小麦的连年增产，大家也就不再把山芋当作主食，只是偶尔做个搭配，相应地山芋的价格也就降下来了。山芋在当地大约是五分钱一斤，但如果用山芋加工成山芋粉丝，在市场上就能卖到一元钱一斤，而且供不应求。

因为安徽当地菜的烹饪方式主要以蒸、炖、煮为主，对粉丝的需求量很大；而且粉丝是干货，储存时间长，一般的家庭主妇都习惯在家里储存一些，以备不时之需，换言之，粉丝对于安徽当地的老百姓来说是必不可少的生活必需品。

李光敏通过菜市场的商贩了解到，当地人虽然种植山芋历史很长，却并不怎么擅长做山芋粉丝。市场上卖的粉丝主要是一些家庭作坊小规模生产出来的，质量可以说良莠不齐，有的粉丝杂质比较多，吃起来牙碜，有的粉丝不耐煮，放到锅里，用不了多长时间就直接化掉了，这让做饭的主妇们很是头疼。市场上比较受欢迎的都是江苏那边生产的粉丝，虽然价格比本地的高，但口感好，耐蒸煮。

卖菜的商贩还告诉李光敏，如果他能生产出来像江苏那边一样质量好的粉丝，肯定能赚钱，因为每次从江苏进货，麻烦不说，光运费就增添一笔不小的成本。如果李光敏能在本地生产出那种口感好又耐煮的粉丝，即使卖一样的价钱，他们也愿意从李光敏这里进货，关键是粉丝质量一定要好。

李光敏在充分考察了市场，核算了成本，包括原料费、燃料费，还有人员、水电、机器损耗等其他费用之后，觉得做粉丝还是有利润的。

考察了市场，核算了成本，剩下的就是到江苏泗洪请师傅，因为听说那里有很多擅长做山芋粉丝的能人。李光敏亲自到泗洪四处打听，请回来两位愿意到安徽这边帮他做粉丝的师傅。

在师傅的帮助下，粉丝厂很快办起来了。李光敏没有去做高高在上的坐在办公室里指挥工人干活的李老板、李厂长，而是和师傅们一样，每天待在粉丝车间，从收购山芋到做成粉丝，李光敏全程参与亲力亲为，监督每一道工序。除了睡觉的时候回家，吃饭他都改在了粉丝厂和师傅们一起吃。

从江苏泗洪请来的师傅，原本以为来到安徽就是换了个地方打工，所以一开始见了李光敏每次都恭恭敬敬喊他李老板。但彼此之间相处时间长了，他们发现李光敏这个老板和别的老板真不一样，李光敏不但没有老板的架子，相反却很是尊重他们，平日里更是把他们当朋友。如果日常生活中遇到麻烦的事情，李光敏只要知道了就会记在心上，并想方设法帮他们解决。原本以为挣一份钱出一份力就好了，但遇上了李光敏这样的老板，两位师傅说，他们必须像在自己家做粉丝一样尽心尽力，再以打工的心态干活就有点对不起李光敏兄弟了。

两位师傅使出了看家的本领，每个程序都把控得一丝不苟，再加上李光敏从一开始就打定主意一定要做实实在在的好粉丝，绝不弄虚作假。他找了村里人品最可靠的人负责收购山芋，从源头就把好质量关，绝不以次充好。

因为山芋都是大批量收购上来的，有时候难免会出现一两个烂的坏的。如果掺杂进去，从粉丝的口感和韧度来说，不会有任何差别，也不会有人能够品尝出来。但李光敏却坚持，入口的东西质量一定要过硬，坑害人的事情绝对不能做！

为此，他又从村里调来两个人，专门负责在做浆之前挑选山芋，必须保证选出来的山芋没有一个烂的、坏的。连泗洪的师傅都说，李光敏给粉丝厂定的质量标准，即使给自己家做自己人吃也不过如此。

李光敏始终认为，做企业质量高于一切，尤其是食品行业，那简直就是良心产业。他说"只有自己敢吃的东西，才有资格卖出去，如果生产出来的东西连自己都不敢吃，那卖出去就是害人。"

那一年，相官的粉丝果然卖得特别好，批发零售，几乎占领了整个滁州市场。通往相官粉丝厂的乡间土路上，车、人每天都来来往往，络绎不绝。几乎每天都有人排在厂子门口等待开门售货，或者预定下一批粉丝出厂。

即使外面等着买货的人排起了长队，李光敏仍然坚持粉丝必须脱水95%以上才能出售。当时还没有大型的脱水设备，脱水主要靠阳光和风，这大大限制了粉丝的产量，但李光敏认为脱水也是原则问题绝不能变。

李光敏说："来安这里的人在生活上一贯很俭省，他们买粉丝，都是一次性买够一年或者半年的量，拿回家以后存放起来，慢慢吃。如果脱水不够标准，再加上有些人存放不当，粉丝很容易发霉变质。粉丝如果发霉变质了，人还怎么吃？所以，必须保证粉丝脱水干燥到符合标准才能出售。"

"做生意，其实和做人是一个道理，凡事如果只想着自己的利益，这事就一定长久不了。"

说起当年的"山芋粉丝经"，李光敏依然坚定地认为，无论这个社会发展到什么程度，无论别人怎么做，他的底线不会变，那就是这个世界上有些钱能挣，有些钱无论如何都绝对不能挣。

粉丝厂小试成功，也让李光敏看到了自己的优势和潜力。比起种地，在办企业方面，他似乎更有天赋，那些让有些人听起来就头疼的成本、利润等专业术语，在他看来却很有意思。只要正负相抵，得出的数字是正的，就说明有钱赚。有钱赚的生意就可以做。

而且他还惊喜地发现，多年以前，小学数学老师对他的预言是正确的，他天生就对数字格外敏感，只要涉及数字，他几乎可以过目不忘。这也让他在做出最终决定的时候，能比别人快半拍。用村里人的话说，李光敏就是个天生做生意的料，他脑袋里自带算盘珠子。

因为当时还没有大型的冷冻设备，所以做山芋粉丝，还是很有季节性的。

开春天气一旦转暖，储存了一个冬天的山芋就会大面积烂掉，这时候，山芋粉丝厂就得关门了，一直要等到秋天，山芋收获的季节再重新开门。相官粉丝厂也在那年春天关门停业了。

从江苏泗洪请来的师傅们也回家了，他们和李光敏约好等秋天的时候再来。而且还说，这一辈子，以后只要李光敏需要，他们任何时候都愿意来。

唯有用真心可以交换真心，和雇工师傅的关系处得这样融洽，对于李光敏来说，是他一直坚持的习惯，包括后来创办化工厂。凡是和李光敏合作过的人都说，李光敏这个人为人大方、热情，而且从来不摆老板架子，很好相处。

其实，多年以后，李光敏才意识到，当年创办粉丝厂最大的收获不是那些盈利，而是口碑！也是从那时候开始，来安县的老百姓开始信任李光敏，信任李光敏的产品。而且这种信任，时间越久越弥足珍贵。

用奖金办家面粉厂

由于相官粉丝质量好，销路好，粉丝厂的经济效益自然也不错。作为奖励，那一年，来安县委把扶助乡办企业的二十万奖金奖励给了李光敏的粉丝厂。

李光敏经过慎重考虑之后，没有盲目扩大粉丝厂，而是大胆将一家濒临倒闭的家具厂转产办成了面粉加工厂。

李光敏说，生产粉丝这种消费品，是有上限的。他算过一笔账，每家每户一年最多也就能买二十斤粉丝，绝大多数人家也就是买十斤左右。相官乡，或者整个滁州，有多少户人家，乘以十五斤，就是生产粉丝的上限。如果生产的粉丝比这个数量多了，肯定就会造成产品积压，然后被迫降价。

如果开拓外地市场，将相官粉丝销往外地，李光敏认为不太现实。

一是原料，如果扩大粉丝厂规模，就会造成粉丝原料供应不足，本地的山芋不够用了，只能从外地购买山芋，长途贩运，势必增加成本；二是市场，他没有了解过外地市场，不知道外地粉丝的销量如何。如果想要拓展外地市场，就需要增加销售人员，而粉丝本身又属于低利润的产品。

增加成本会进一步降低粉丝利润，甚至没有利润。因为没有十足的把握，李光敏觉得粉丝厂还保留原先的规模，是最好的选择。

但面粉厂就不一样，这在当时还算一个市场缺口。这里的人们一天三顿饭都离不开大米和面粉，所以建一个面粉加工厂，既能方便老百姓加工面粉，又能赚取到一定的利润，可以说是一个双赢的决定。李光敏考察过附近的十里八乡，没有一家面粉加工厂，如果他做了，他就是独一无二的。人们如果不想背着麦子走十几里路跑到县城去加工面粉，就只能选择来相官面粉加工厂。

谈到当初创办面粉加工厂，李光敏坦言，方便老百姓生活也是他着重考虑的一个因素："创办企业，选择做什么产品有时候很重要。和快要饱和的粉丝市场相比，我当然要选择面粉市场了。当时有人就不理解，说我没有野心，不想把粉丝厂做成全国第一。这话只能说有一半是对的，我确实没有把粉丝做成全国品牌的野心。另外一个原因就是，我从来不把企业利润当成唯一追求，我觉得，办乡镇企业挣钱是一方面，解决老百姓的实际生活困难也是一方面。"

干一行首先就要熟悉一行，是李光敏的习惯。决定建立面粉加工厂了，李光敏就去考察面粉机，从机器的价格到性能，从日加工量到出面粉率，李光敏做了全面的分析和对比。

考虑到当时绝大多数的老百姓都已经能解决温饱问题，大家对生活的要求开始由满足温饱向生活精细化转变，李光敏全面权衡之后，没有选择出面粉率最高的那款机器，而是选择了出面粉率相对低一点，但加工出来的面粉更筋道，口感更好的那款机器。

"无论干什么，都不能想当然，首先要考察市场，确定产品的定位。要想打开市场，初级阶段生产的产品，必须符合绝大多数人的需求。等壮大到一定程度，才能扩大生产线兼顾到少数人的需求。"

一个月后，一座装备了当时性能最好的面粉机的面粉加工厂建成了。即使如此，李光敏并没有奇货可居，漫天要价，而是在仔细核算了成本，加进去一定比例的利润之后拟定了加工费用标准，合理公道。加工一斤小麦，他收五分钱加工费，一百斤小麦就是五块钱加工费，扣除电费、机器磨损费，人工费，剩下的就是面粉厂的利润。

很快大家就发现，在李光敏的面粉加工厂，不但价格公道而且加工质量还好，便宜又方便，都感觉李光敏这是给大家又办了一件大好事。面粉加工厂每天都能加工几千斤小麦，集腋成裘，经济效益还是很可观的。

李光敏说，做生意要想赚钱，就得走在别人前面，走在后面，踩着别人的脚印走，省事是省事，但也不会有大的收获。

"面粉厂一开工，人们果然又都涌到了我这里，因为在我这里能加工到当时最好的'高精粉'，老百姓俗称的'七五粉'，就是一百斤小麦，能加工出来七十五斤面粉，这是我们的特点，除了我们，别家没有。当然也有机器加工全麦粉。丰俭由己，愿意吃好的，就选高精的，不想太浪费的，就选普通的，再加上价钱公道，自然顾客盈门。"

后来，李光敏又发现，包产到户以后，有些人家，一年就能收获上千斤小麦，但又不愿意全部加工成面粉，小麦搁在家里又没那么多空闲地方存放。李光敏就想出一个"兑换"的办法：他按照小麦磨成面粉的"出面粉"率，减去中间环节的损耗，最后计算出一个合理的兑换比例。

按照这个比例，人们可以先把小麦"寄存"到李光敏的面粉加工厂，也就等于存放了相应数量的面粉在加工厂。什么时候家里需要面粉了，就直接来找面粉厂提取面粉。这样的话，就能保证随时吃到的都是最新生产日期的面粉。当然了，如果有人想把自己的小麦换成现钱，李光敏的加工厂也可以按市场价收购。

有人出售小麦，就有人购买面粉。因为李光敏的面粉货真价实，不掺假，慢慢地就有人上门购买面粉。这样，等于面粉加工厂又多了一项业务，增加了一份收益。

从粉丝厂到面粉厂，李光敏成功地扩大了自己的企业品牌。之后，他果断地停掉了包括炼铜厂在内的几家亏损企业。

李光敏说："一开始办企业，大家都在摸索，但办企业最重要的还是要把控好原料和产品，原料要容易找到，产品要卖得出去，只有把握好这两头，企业才有可能会赚到钱。再就是最好选择自己熟悉的领域。千万不能看别人做什么挣到钱了，自己也跟风做什么，那样做，十有八九都得把企业做死。"

钱是"苦"来的

　　李光敏自小在农村长大，他熟悉这里的生活，知道老百姓日常生活需要什么，为此，继大米加工厂和面粉加工厂之后，他又办起了榨油厂和孵化厂。

　　之所以办榨油厂，是因为来安县历来有种植花生、芝麻等油料作物的传统。老百姓习惯用自己种的花生、芝麻去"换"油，而不习惯去买成品油，他们认为这样的食用油吃起来才放心。这也是当地一些会榨油的手艺人惯用的销售方式，不用现钱买卖，只用货物进行交换。

　　李光敏办的榨油厂，沿袭了这个传统，老百姓还是用自家地里产的花生和芝麻去"换"油，多余的花生、芝麻就寄存在榨油厂。油，则是随用随取。

　　李光敏说："说是孵化厂其实就是建炕房，用人工孵化鸡苗、鹅苗，80%销往上海昆山等地，只有少量在本地销售。"

　　这一次，为了促进销售，李光敏想出了一个新的销售方式。以往，别人家卖鸡苗、鹅苗，都是等到小鸡、小鹅出壳以后，带着鸡苗、鹅苗赶往上海那边销售。但李光敏却独辟蹊径，他算准了时间，在小鸡、小鹅出壳前三天带着鸡蛋鹅蛋赶到上海，租下一间平房，然后打电话通知那些预约买他鸡苗、鹅苗的人，让他们亲自到孵化房里目睹小鸡、小鹅出壳。这样一来，就等于亲眼看着小鸡、小鹅从蛋壳里钻出来，保证了绝对的"货真价实"。

　　因为刚出壳的小鸡、小鹅粗看起来基本都一个样子，肉眼辨不出来是不是优良品种，所以当时确实有少数人会用普通的小鸡、小鹅充当良种鸡苗、良种鹅苗出售，以次充好，赚取更高的利润。

眼见为实，李光敏这一招，等于直接给前来收购的人吃了定心丸："我这里肯定都是真的，不信，你看。"因为这个办法很新奇，而且带着满满的诚意，再加上李光敏本人信誉度又高，所以，相官孵化厂的鸡苗、鹅苗销路很好，一直供不应求，一年大概能销售二十几万只鹅苗，十几万只鸡苗。仅孵化厂这一项，李光敏就能为相官上缴十几万元的利润。

"当然了，这里面也用了一个小策略。"李光敏说。鸡苗鹅苗供不应求是事实，但也是经过专门设计的。

鸡蛋的孵化时间是二十一天，鹅蛋的孵化时间是二十八天，前后差一个星期。李光敏从二月到四月，在这三个月，他基本上是每八天去一次上海，卖了上一批鸡苗、鹅苗，然后再从炕房把下一批即将破壳的蛋带到上海，循环往返，只是每次预定出去的数量都要比实际出售的多二三百只，造成了每次都有大概两三百只的人为缺口。

这时候李光敏就会非常歉意地给上门提货的人说：真的没有了，只好麻烦您再等下一批了。等下一批鸡苗、鹅苗孵化出来的时候，李光敏总会首先保证这些人需要的量，然后再在价格上给一点优惠，基本上是皆大欢喜的结局。李光敏"安徽相官孵化厂"的名声在上海昆山一带又响当当地打响了。

当然，这种销售办法只是方便了买货的人，却给卖货的人增加了不少实际困难。比如，每次带着那些快要孵化出来的蛋用汽车运往上海，对李光敏他们来说都是战战兢兢，如履薄冰。既要保证温度湿度，还得保证蛋不被碰坏磕坏。李光敏他们每次都需要小心翼翼地搬动那些装蛋的箱子。而之所以把孵化的前阶段工作放在小李庄炕房进行，也只是为了节省房屋租金、人员工资等前期成本。

扭转一个见效一个，担任相官村副业主任那五年，李光敏身兼数职，担任了面粉加工厂、大米加工厂、孵化厂、麻油厂的厂长，这些企业一直也都是来安县的纳税大户，这些厂子也都成了村办企业的标杆企业。

那时候，农村实行家庭联产承包责任制，土地分给了老百姓，但还是需要交一定的提留费，只是相官村民的提留费，完全不用村民自己交，都是由李光敏管理的企业代交。这种隐形福利，小李庄的村民一直享受了很多年。

养殖河蚌赔钱了

那些年，李光敏一路走得确实风风光光，但也偶有失败的时候，比如养殖河蚌。"那几年，除了办厂，其实我还养过河蚌。"李光敏突然就主动提起来养殖河蚌的事情。

那应该是1981年左右的事情，包产到户以后，土地承包给了个人，但小李庄周边的几个水塘却还是集体财产，李光敏决定把它们利用起来，用来养殖河蚌卖珍珠，增加集体收入。

其实小李庄周边的几个大大小小的水塘里面一直就有各种野生的鱼啊虾啊，还有很多河蚌。但以前，安徽这边的人并不习惯吃这些东西，一般都是捞上来当饲料喂鹅喂鸭子。

随着改革开放，经济发展了，人们的生活水平提高了，生活方式、思想意识也发生了变化，各种时装、化妆品开始充斥市场。李光敏敏锐地意识到，这应该是市场的一个新动向。如果利用闲置的水塘养殖河蚌，等河蚌长大了摘取珍珠，将是一个不错的创业思路。

他从外地请来了师傅，然后按照师傅的要求，在水塘里插竹竿，拉塑料绳，养起了河蚌。

河蚌长大需要三年，并不是所有的河蚌都会产珍珠，只有半斤以上的母河蚌才会产珍珠。李光敏按照师傅的吩咐，按时嫁接、喂食……三年的时间很快就过去了，河蚌也捞上来了，但出乎所有人的预料，珍珠是取出来了，数量还不少，大概也有两三斤的样子，但珍珠却又瘪又小，完全没有卖相！

养河蚌的师傅也傻眼了，怎么会这样呢？他在别处也是这样教人家的呀，程序是一样的，饲养的过程中也没出差错呀。百思不得其解的师傅绕着水塘转了好几圈，吓得李光敏也只好跟着他绕着那几个水塘转圈。最后师傅说了，原因可能在于小李庄水塘里的水——水没有营养，不适合养殖河蚌。

为了减少损失，师傅建议李光敏将这些珍珠拿到相关地方打成珍珠粉出售，因为珍珠粉也是一种比较贵重的化妆品。但李光敏考虑到如果打成珍珠粉，自然会增加一笔成本，重点是也不能确定这些珍珠打出来的珍珠粉质量如何，又不想以次充好，所以，就直接放弃了。

其实，这也是李光敏做人厚道的表现。养殖河蚌失败，最大的原因可能在于师傅的失误，不管是养殖过程中的指导失误，还是一开始就对水质的判断失误，但无论如何都应该是师傅的判断出了问题，如果深究下去，就是师傅的责任。李光敏只是承认了小李庄的水不适合养殖河蚌，照合同付了师傅的工资，最大程度顾全了师傅的名声——如果按照当初签订的合同，小李庄完全可以不支付师傅的工资。

"人家是靠着这个技术吃饭的，我不能砸了人家的饭碗。他在别的地方都干得好好的，我不能因为在小李庄没养好珍珠，就坏了他的名声。后来，我想，小李庄的水之所以和别的地方水不一样，我猜很可能和那几年每年都挖塘泥有关，塘泥挖走了，估计水里的某些微量元素就改变了，所以河蚌才长不大吧。我想来想去，大概就是这个原因，后来，我再也没有在塘里养过河蚌。"

严以律己，宽以待人，李光敏可谓用行动践行了这样的准则。同时，作为成功企业家的李光敏，完全可以有意忽略自己养殖河蚌这件事，只讲自己做成功的那些事，但他主动谈到了自己的失败经历，他认为失败也是他的一部分。

这也是他做人的一个基本原则，有一说一，绝对不夸大事实，更不会邀功，将别人的成功算在自己的头上。

"做了就是做了，没做就是没做，我不能夸大自己，也不故意谦虚。"李光敏说，也因为这些年，他一直坚持脚踏实地，一步步走来，所以有足够的底气回顾自己走过的路，可以说自己无怨无悔。

志气这东西是能传染的，
你能感染着笼罩在你的环境中的精神。
那些在你周围不断向上奋发的人的胜利，
会鼓励激发你更艰苦的奋斗，
以求达到如像他们所做的样子。

——史蒂文

任来安县乳胶厂厂长

李光敏在村办企业正干得热火朝天，一纸调令来了：任命李光敏为来安县乳胶厂厂长。

原来，镇里领导经过考察，决定在相官投资兴办一家乳胶厂，却一时找不到合适的人选出任厂长，镇党委开了几次会，把相官镇的全部"能人"数了一遍，最后还是觉得由李光敏来担任厂长最合适。

对于领导的安排，李光敏没有像以前一样马上答应，而是说自己要回去和妻子朱忠勤商量商量。他在想：到底要不要去啊？

"从内心想，我是不想去的，我在相官这边干得挺好的，正一门心思想着怎么能干得更好，创造更多的利润，让这里老百姓的日子过得更好一点儿。让我把这边放下，去接手一个新的化工厂，一方面我对自己辛辛苦苦建起来的厂子，从感情上来讲确实有些舍不得；另一方面，自己能不能管理好一家新的化工厂，我心里还是没底。"

去，无疑是要冒风险的。毕竟在此之前，李光敏管理或者创办的都是村办小企业，生产规模小，像面粉厂、大米加工厂、粉丝厂等，经营的范围、生产的产品都还在自己熟悉的领域，和日常生活有关系，只是简单加工，不需要高科技，基本上只要加强管理，做好销售工作就可以了。

但来安县乳胶厂，虽说也是乡办企业，生产的产品却已经远远超出了他熟悉的范围，是真正的化工企业，他能行吗？作为一个化工外行人真的能让乳胶厂红火起来吗？他真的有能力担当起这个重任吗？

再说了，原来在村办企业，打交道的都是村里知根知底的熟人，平日里安排个紧急任务或者临时需要加班、换班之类的，大家也都好商量。虽说来安县乳胶厂的员工不多，但他能管理得了吗？

不去？仗还没打就认输，好像也不符合李光敏为人做事的风格。再说了，镇党委已经决定的事情，肯定得服从安排，这才是一个党员应该做的事情啊，哪能因为有困难，害怕失败，就选择临阵退却呢？

真是知夫莫如妻，促使李光敏迈出关键一步的还是妻子朱忠勤，她一边给李光敏收拾换洗衣服和日用品，一边对他说：你自己心里肯定是想去，想去那就去试试看吧。

望着通情达理的妻子，李光敏心里其实一点都不好受。当初，他们自由恋爱，曾经惊动县里的妇联主任。他也的确向她承诺过，一定会让她和孩子们过上好日子。但一晃结婚十多年了，生了两个孩子，老大都已经上小学了，他却像穿上了旋转的红舞鞋，再也停不下来了，从生产队会计到生产队长再到大队书记，现在又要去镇乳胶厂任厂长了。

官职越大，他身上的责任就越重，留给照顾家里的精力和时间自然就越少。父母、儿子，还有这个家，就只能全部丢给身后这个善良的女人了。

1987年5月30日，李光敏在镇党委副书记的陪同下，到乳胶厂走马上任了。考虑到乳胶厂刚刚成立，所有的业务都需要从零开始，镇党委又安排了党委、工委主任陶立才到乳胶厂任党委书记，和厂长李光敏一起工作。此外，厂里的管理层还有两个年龄稍大一些的村支部书记，协助李光敏和陶书记一起工作。

"当时建这个厂子的时候，用了人民银行的二十万元贷款。二十万规模的工厂在1987年的时候，还算比较大的了。再说了，有二十万贷款压在头上，我们也感觉到身上的担子很重。"

李光敏说："压力虽然很大，但镇领导给当时的乳胶厂配备的领导班子特别好，尤其是党委书记陶立才，他是老三届的高中毕业生，年长我几岁，又在企业做过多年领导，既有理论水平，又有实践经验。而且这个人还很谦虚随和，可以说在各个方面都是我的老师，从化工方面的基础知识到企业的管理经验，我都从他那里学到了很多。"

"化工厂不像粮食加工厂，这里的产品需要严格按照科学配方生产，销售主要靠外销，这些对我来说都是新的，我需要从头学起。可以说，从1987年5月30日到厂子报到以后，我就一头扎进了化工厂，基本上是一边学，一边实践，重新招聘工人，培训业务员。大概用了半年时间，才把乳胶厂的各项工作理顺了。理顺之后，就好办了，一年以后，乳胶厂就正式盈利了，当年就实现了年销售额一百二十五万元，纯利润二十多万元。"

当财务人员把二十万元利润公布出来的时候，工人们欢呼雀跃，全厂上下一片沸腾，谁也没想到一个土生土长的农村支部书记，能把一个新建的乳胶厂经营到这样的规模。要知道，当时一个技术工人的月工资是四十元，厂长李光敏的月工资是六十元。

"我从一个泥腿子农村支部书记，成长为一个化工企业的厂长，是党和政府培养的结果，企业盈利，也不是我一个人的功劳，是同志们齐心协力共同奋斗的结果。"

就这样，在他们共同的努力下，乳胶厂拥有了固定的客户，有了大额订单，从1989年开始，乳胶厂开始扩大生产规模，推出新的产品，正式注册了新的商标"塔泉白乳"。

由于产品质量过硬，价格合理，相官乳胶厂的"塔泉白乳"走出安徽，销往全国二十多个省市，销售额更是突飞猛涨，实现了年销售额四百多万元，纯利润五十多万元，相官乳胶厂也一跃成了来安县乡镇企业中的明星企业。

干一行就爱一行，钻研一行，在乳胶厂摸爬滚打了几年，从对乳胶一无所知的门外汉到说起乳胶头头是道，李光敏用了大约两年时间。

为了促进乡镇企业发展，奖励优秀企业干部，来安县政府经过研究决定，出台了一项地方政策：凡是上缴利税十万元以上的企业，厂长可以由农业户口转为非农业户口；凡是上缴利税超过三十万元的企业，厂长可以转为干部身份。因为乳胶厂上缴利税超过了三十万元的标准要求，1991年，李光敏被任命为相官镇党委副书记，农业户口也转成了吃商品粮的"非农业户口"。这在当时可以说是改变一个人命运的大事。

成功研制高速卷烟胶

乳胶厂进入正轨开始良性循环，镇里领导对他认可信任，这一些给了李光敏前所未有的信心，他摩拳擦掌准备大干一场。

1991年下半年，一个偶然的机会，他从一个朋友那里得知，中国的烟草市场将会有大变化，卷烟厂要从国外进口一批先进的卷烟机。因为当时中国的卷烟技术，与国外相比还有一定的差距，国外卷烟已经完全是生产机械化、连续化、自动化。

李光敏说："当时，国外的卷烟机每分钟卷制和接嘴的速度高达七千支，而我们只有几百支；人家的包装机每分钟可产四百包，而我们只有几十包。"

得知这一消息之后，李光敏第一时间将这个信息向分管乡镇企业的镇领导做了汇报，他感觉这对乳胶厂来说是一个难得的发展机遇。

20世纪八九十年代，来安县的多家乡镇企业在经历了最初的轰轰烈烈之后，纷纷开始陷入困境。按照经济学的原理，当某种商品存在着市场短缺的时候，该市场就存在着获取暴利的基础。之前，中国实行了几十年的计划经济，每个行业、每个产品都短缺，生产资料的获取需要批件，消费品的获取需要票证，国家每年都在力图消除短缺，却依然短缺，所以，1992年之前的中国市场，各种需求都在进行着数量级的疯狂扩张，只要能提供满足消费者基本需要的产品，就有不错的利润空间。

但1992年以后，中国的市场发生了巨大的变化：经过经营者们的不懈努力，市场的全线短缺已经基本结束，随着商品的日益丰富，消费品市场全面进入买方市场，经营各种商品的利润开始下降，整个市场进入微利时代，市场需求向精细转化。如果不能提供更高质量的供给，就有可能被逼出市场。

"事实上，1991年以后，我就渐渐能感觉到一些变化了，虽然乳胶产品还是能够销售出去，但货款收回来的时间越来越长了。资金回收周期变长说明乳胶市场已经起了变化。如果产品不能更新换代，很有可能会被淘汰。"

李光敏说："有了进口的卷烟机，肯定就需要有配套的高速卷烟胶啊。我了解到南京林业大学化工研究所当时正在研制高速卷烟胶，就想和人家合作。我去南京和人家联系，化工研究所希望我们能提供前期的研究经费一万元。"

"那时候，我回来向主管镇领导汇报的时候，那个镇领导当场就一口回绝了。他说，我们一个月才拿几十块工资，张口就要一万块钱，李光敏你也太大方了吧？"

20世纪八十年代，中国出现了一个特殊的名词"万元户"，指的是家庭年收入超过一万元的农户，在那个允许一部分人先富起来的年代，"万元户"就成了全国经济发展的排头兵。因为每个地方的"万元户"并不是很多，因此"万元户"就成了当时富裕户的代名词。

要说，一万元在当时确实不算是小数目，之前，李光敏在乡里任职的时候月工资是六十五元，一万元就是一百五十四个月的工资，大概需要上十三年班。而且这笔钱需要提前支付，无论实验最后成功与否，这笔钱都是必须要预先付给研究所的。

"那时候，我做梦都想挣到一万块钱。家里最困难的时候，我往南京卖过鱼、卖过虾。有时候，一夜不睡觉，捕捞一夜，第二天到南京也只能卖到十几块钱。"

相官乳胶厂属于乡镇企业，有很多事情并不能由厂长决定，虽然被镇领导拒绝，但李光敏还是觉得这是一个机会，尤其是对于产品线比较单一的相官乳胶厂来说，这是一个要么让工厂上一个新台阶，要么被迫退出市场的选择。

李光敏不想轻易放弃。"其实，那时候市场已经在变化了，这种变化只有天天和市场打交道的人才能感受得到。镇里的领导他们不管实际业务，对市场的感受没有那么直接。但我不一样啊，市场的一点点变化都能从我们的销售情况中反映出来，只是有人能注意到有人注意不到，注意不到就忽略了，忽略过了这个机会就不会再有了。好的机会永远不会在你身边出现两次，错过了就永远错过了。"

"我当时和厂里的几位负责人，反复开会研究这个问题。我把我自己最真实的感受和想法一点一点分析给他们听，最后我的想法得到了当时乳胶厂党委书记陶书记的支持，最后，我们自己决定背着镇领导，私下和化工研究所签订协议，研究开发高速卷烟胶。"

"当时觉得这样做是在冒险吗？"

"现在回头想肯定是有些冒险了，当时却没有那么觉得。虽然说一万块钱确实是个大钱，但当时想的是国外卷烟技术那么先进，速度是我们的几倍甚至几十倍，我们总不能一直这样落在后面吧。再说了，科技进步是个趋势，这件事我们不做，别人也会做，谁做了，机会就是谁的。"

人的一生中难免会遇上这样两难的选择，做或者不做，都是问题。

就这样，李光敏又一次被逼到了命运的拐角，怎么办？这钱是付还是不付？钱付了，试验可能会成功也可能会失败，失败了，一万块钱谁负责？但，如果不付钱，那就意味着一点机会也不会有。

李光敏没有让自己犹豫太长时间，他知道机会不会永远在原地等着他，他相信自己的判断。如果再不更新产品，等大量同质产品充斥市场的时候，乳胶厂很快就会陷入困境。唯一的办法，就是抓住这个机会，让乳胶厂的产品迅速更新换代，走高端路线。

说做就做，他直接带着千方百计筹借来的一万块现金去找了刘教授，他告诉刘教授这只是实验的启动经费。后续，如果需要，他还会继续提供试验需要的设备、科研费用，帮助刘教授扫清一切科研上的物质障碍。

经过反复试验，高速卷烟胶终于在1992年12月试机成功，为此，安徽省科委、科技厅派出专家，在来安县召开了鉴定会。1993年高速卷烟胶获得了科技三等奖。

回想起研制高速卷烟胶的经历，李光敏说："实验失败了四十多次，最后才做出来的。"

"假如，最后实验还是没有成功呢？毕竟这种实验过程中肯定会有很多不确定因素，人力并不能完全掌控。"

"做不出来，钱就白扔了。不过，做不出来就做不出来吧，做不出来只能说明当时各项条件还不具备，那也是没办法的事情。"李光敏接着说，"其实，即使没成功，也不能说钱就白扔了，至少，证明了那四十多种办法行不通。"

虽然现在说起来无论实验成功还是失败，结果他都能接受，但当时这个过程，肯定没有现在说起来这么轻松，毕竟李光敏是冒了巨大的风险的，因为高速卷烟胶能否研制成功，几乎可以直接决定乳胶厂能否继续生存下去。

也许正因为曾经患难与共，也因为一直对刘教授心存感激，李光敏和刘教授的友谊一直维持至今。

"没事的时候，我现在还经常会和刘教授打个电话，问候一下。现在刘教授住在南京，八十多岁了，身体很好。"

李光敏为这种高速卷烟胶申请了专利，马上投入生产。后来，相官乳胶厂生产出来的卷烟胶完全满足卷烟速度从每分钟两千支上升到每分钟六千支甚至七千支的要求。

这绝对是质的飞跃。

辞职，
也是新的开始

高速卷烟胶研制成功以后，李光敏就把乳胶厂的主要生产线改成了生产高速卷烟胶。企业产销两旺，也让当地政府的个别人看到了另外一种可能：他们开始频繁找理由到乳胶厂视察参观，利用各种名目到乳胶厂报销饭费、车费等五花八门的费用，他们把乳胶厂当成了自己的"小金库"。

一回两回，李光敏热情接待，三回四回，李光敏就让会计把钱给他们报销了。但次数多了，李光敏确实感到很为难，厂子是集体的，利润是全体职工一起干出来的。他觉得作为企业的领导者，他有责任有义务保护乳胶厂的利益，保护乳胶厂全体职工的利益。

但拒绝的次数多了，慢慢地，针对李光敏的非议就有了。有人造谣说李光敏因为乳胶厂的效益好就自视甚高，目中无人，傲慢无礼，不把上级领导放在眼里。更有些人因为在李光敏那里碰过钉子，心里有气，就明里暗里给他使绊子，或者直接用行政手段干涉乳胶厂的日常生产。

李光敏无奈地发现自己的手脚被一张无形的大网给网住了，这对于一个一心只想着干点实事的人来说是最大的痛苦，他的许多想法无法顺利贯彻实施，他的生产计划被无端篡改。尤其是极个别不懂生产的领导却硬是要冒充内行，到厂子里去指手画脚，更是让他忍无可忍。

从十六岁顶替父亲上马汉河工地开始，李光敏这些年一直是满怀热情地往前冲，不管前方等待他的是冰天雪地的挖河工地，还是欠款单位挂着铁将军的大门，他都没有退缩过，更没有失望过。他一直都相信，只要他肯想，只要他肯干，办法总比困难多。

但这一回，他觉得他平日里积累的那些经验方法全都失效了。他就像一个被蒙住双眼的人，被关在了一个空屋子里，黑暗中他看不见他的对手是谁，他奋力打出去的拳头最后都落在了空气里！

前所未有的沮丧、愤懑让刚刚跨过不惑之年的李光敏沉默了，他一向开朗明亮的脸庞变得沉郁起来。妥协吗？向那些看不见的对手妥协，把乳胶厂变成他们的私房钱袋子。但真的可以向他们妥协吗？如果和他们同流合污，乳胶厂的未来在哪里？乳胶厂工人们的未来在哪里？

因为李光敏选择了不配合，调令又来了——李光敏被调离乳胶厂。名义上是对李光敏多年工作的肯定和褒奖，从行政级别上讲甚至还升了一级，但实际上那只是一个虚职，并不管具体事务，李光敏没有权力再管理乳胶厂了。

无法入眠的那些沉沉深夜，李光敏复盘过去，他想起了自己一个从来没有接触过化工行业的外行人，刚接手乳胶厂时遇到的种种困难；想起了乳胶厂就像一株稚嫩的小树苗，被他精心呵护慢慢长成了参天大树；想起了他为乳胶厂精心谋划好的未来，想起了他为壮大乳胶厂这些年所做的一切努力……现在，这一切都要水过无痕了，和他没有什么关系了。

那时候自己有多努力，现在就有多难过，就像要把自己亲手养大的孩子拱手送给别人，李光敏心里有一千个不愿意，一万个不甘心，但也无可奈何。

李光敏从十八岁做小李庄生产队会计开始，他就没考虑过自己小家的利益得失，一心一意为集体谋取福利，为了小李庄生产队的人能吃饱饭，为了能给乳胶厂的工人发工资，为了让大家的生活再富裕一点，他几乎是想尽了一切办法，倾尽了全部的精力。但现在，有些人在背后给他下套子，使绊子，他却不能确定对手是谁，不能光明正大地和人去争辩，去抗争。这对于一贯坚持为人办事一定要光明磊落的李光敏来说，才是最痛苦和最不能忍受的。

怎么办？命运或者说境遇又把李光敏挤到了十字路口，多年的努力挣得的职位，是贪恋？还是放弃？从一个没有任何家庭背景的农家孩子做到现在这个位置，每走一步，都是李光敏脚踏实地干出来的，重点是这些年，他干出来的一切成绩大家都是有目共睹的。

他愤怒，像只被困在笼子里的狮子，他觉得自己不应该被这样对待；他着急，因为他的一切想法都没有了意义，他想干点对老百姓有益的实事，却被无形中的力量捆住了手脚。

但，他又能找谁评理去呢？谁才能为他主持公道呢？

他想起了多年前和母亲、妹妹一起深夜从红星村离开的情景，他记得那时候，母亲给他说过一句话：人挪活，树挪死。

李光敏决定辞职了！他不干了！

他没有按调令要求的日子去镇政府报到，却带着自己的行李回了小李庄，回家去做一个本分地道的农民。他知道，当他走到大街上的时候，背后肯定有好多人在指指点点地议论他，当然也有好多人为他扼腕叹息。

对于祖祖辈辈都是农民的李光敏来说，身份由农民变成国家干部，这是多么荣耀的事情，又是多少人梦寐以求甚至是愿意穷尽一生去奋斗的目标。但现在，李光敏却全都不要了，仅仅因为人家派给了他一个有职无权的闲职，让他没有办法去干他真正想干的事情。

好多人都不能理解，是啊，连李光敏自己的父亲也理解不了，他和李光敏讲：你到底想干什么啊？走到今天，容易吗？怎么能说不干就卷铺盖卷回家了呢？低低头，什么样的坎儿过不去啊？俗话不是讲留得青山在，不怕没柴烧吗？等过一段时间，事情或许就会变了呢。再说了，你也不是年轻小伙子了，怎么办事还是这样地不分轻重呢？

"我说不干就不干了，然后我就回家了。我父亲不理解我，不理解就不理解吧。我那时候也不想给任何人解释我自己。"

李光敏说，他从小就是父母的骄傲，人前人后做的都是给父母长脸的事情，唯有这一次，父亲对他做的事情投了反对票。

回到家，洗把脸，来不及喝口水，拿起挂在墙上的锄头，李光敏就下自家地里干活了。正是夏天，庄稼地里热得像蒸笼，灼热的阳光一会儿就烤得李光敏汗流浃背，很多年都没有在露天被这样毒辣的阳光晒了，李光敏瞬间就觉得自己身上长满了芒刺，但他不能退却，他知道他硬着头皮也必须待在地里，他知道好多人都在看着他，看他是做做样子，还是真的准备回来做一个真真正正的农民。

"也有人说，我当时就是赌气摆谱，想让人家再把我请回去。其实，我当时还真没有那么想，我这个人就是犟，既然我选择了离开，就肯定不会再回去了。"

没有人知道李光敏心里到底在想什么。辞掉了那些行政职务，也就卸掉了身上的包袱，不惑之年的李光敏决心静下心来，好好考虑一下，再出发。或者可以这样说，以前无论干什么都是别人安排的，他能做的就是把别人安排他要做的事情全力以赴做好。

但这件事以后，他决定只做自己真正想做的事情，不用受别人辖制的事情。在没有考虑清楚出路之前，他准备暂时就做一个农夫了。

家庭联产承包责任制实行以后，李光敏一家分到了十几亩水田，还有几亩旱地，以前都是朱忠勤带着两个儿子在田地里劳作。李光敏回来了，这些地就都归李光敏管理了。

很长一段时间，李光敏好像真的就安心做一个日出而作、日落而息的农夫了，他每天戴着草帽、卷着裤腿、背着锄头在他家那几亩田地里面忙活，和村里的人一样的衣着装扮，一样地蹲在田间地头喝水、吃饭。

村里的人看见他，都会停下来给他说几句话，随便扯一些天气啊庄稼的长势啊等话题，但最后都会不约而同地加问一句：你真的不回镇上当干部了？每每这时候，李光敏就会笑着回答说：不去了，不去了。

其实，李光敏每天从地里劳作一天回到家，身体是疲惫不堪的，头脑却前所未有地清醒和活跃。老实说，在家种地，不是不可以，甚至说，即使种地李光敏也会比别人种得好，但他总是有些不甘心，不甘心自己精心策划的美好蓝图莫名被人拦腰截断，不甘心刘教授历经艰辛试验成功的高速卷烟胶就这样不被重视。

那些天，在地里劳作的间隙，他的目光时不时会越过小李庄的庄稼、树木、房子，甚至远山，望向渺远的远方。是呀，他才四十多岁，难道就要解甲归田吗？难道未来的日子，他就只能在这十几亩田地里辗转腾挪吗？

他在想，下半辈子，他去干什么？

妻子开了个小卖铺

事实上，李光敏辞职不久，县里的领导就已经关注到了他，镇上的领导也觉得李光敏贸然辞职确实有些仓促，希望他能收回自己的决定，毕竟李光敏的个人能力和品行，大家都是清楚的，但李光敏每次都婉言谢绝了。

远在南京、上海那些曾经和李光敏有过业务往来的朋友们，得知李光敏的境遇后，也纷纷向他伸出了橄榄枝，许以高薪，希望他到自己的工厂或者公司工作。他们直言不讳地对李光敏说：如果这些年，李光敏不是一直待在集体企业当厂长，而是自己开公司办企业，说不定现在早就变成大富豪了。

其实李光敏也一直在犹豫，要不要自己办一家工厂，也不单纯就是为了挣大钱，而是为了确保工厂能够按照自己的计划正常运行，不被乱七八糟的各种意外的事情掣肘。

1994年8月8日，在从相官乳胶厂离开一年以后，李光敏选择了这一天回到了来安县城，他要在这里重新出发。

某种意义上，他好像既是在和什么人赌气，也是在和自己赌气，他就想证明自己。向别人证明，也向自己证明，哪怕从做一个小小的体制外的个体户开始，他也要重新开始——他为自己注册成立了一家公司。不同的是，这一次公司登记的法人是李光敏自己，他给自己的公司取名为"滁州光威化工有限公司"，他决心让自己放手去搏一次。

这一次，李光敏带上了妻子和孩子，也是破釜沉舟的意思，潜意识里他切断了自己退回小李庄的后路。

搬家到来安县城，李光敏先是到处寻找房子，他要找到一个既能安顿下他的雄心壮志也能安顿好妻子和孩子的地方，重点是价钱他还必须能够支付得起。

不得不说，李光敏从当小李庄生产队会计开始，就一心为改善小李庄村民的生活想方设法做了各种努力。无论是科学种田粮食增产三倍，还是力挽狂澜让乡镇企业扭亏为盈，李光敏为的都是集体利益，不管是让小李庄的粮食增产还是让相官乳胶厂变成来安县的利税大户，他自己领的始终都是那份职务工资，自己的小家庭也只是水涨船高地解决了温饱问题。

要把全家老小从小李庄迁到来安县城，还要租房子住，经济方面确实有些捉襟见肘。但这一回，李光敏又一次选择了义无反顾。

"说我赌气也不完全对，我当时就是想干出点事情来，不想被那些莫名其妙的人和事情耽误时间和精力。"说起自己创办滁州光威化工有限公司的初衷，李光敏坦言他当时只是想放开手脚真正做出点成绩来，也没想那么多。

昔日的相官镇副书记李光敏，这一次变回了普通人，他得重新开始。在县城，他租下两间民房，利用其中一间为妻子朱忠勤开了一间小杂货铺。夏天卖冰棍，冬天卖炒货，也卖一些针头线脑、日用杂货。每卖掉一根冰棍，就有两分钱的利润，每卖掉一斤炒瓜子，能挣两毛钱。

两分钱、两毛钱，两毛钱、两分钱，朱忠勤就这样用辛辛苦苦赚来的微薄的利润，撑起了这个家的日常开销，买菜买米，也给小儿子交学费。

为妻子开一个小卖铺，这也是李光敏创业计划中的一部分。他虽然对自己创业提前做了很多心理准备，但商场如战场，情况瞬息万变。他一赌气，不但丢了公职变成了一个不再有任何社会职务的普通村民，也丢了按月发放的基本工资。离开了小李庄，没有了那几亩责任田，没有了那份旱涝保收的工资，也就意味着他们家没有了最基本的生活保障。

他深知，自己的妻子是一个忍辱负重勤勤恳恳的人，所以，他就想到为朱忠勤开一间小杂货店。经营杂货店虽然辛苦，但只要开张，多少都会产生些利润，细水长流，也就能保证他们家的最低生活水平，在他重新开始的事业还没有明显进展的时候，一家四口不至于失去生活最基本的保障。

朱忠勤果然没让他失望，到县城的最初几个月，甚至半年多的时间，那个家实际上是靠朱忠勤自己撑起来的。她每天都会早早打开店门，哪怕人家就是来买一根针，她也笑脸相迎。即使独自来买冰棍的小孩，连一句完整的话都说不好，她也会热情接待。街上别人家的小卖铺晚上不到八点就都关门了，朱忠勤的杂货铺却会一直开到晚上十一点。别人家的小卖铺上午不到九点不开门，朱忠勤的杂货铺却天一亮就开门。别人家开小卖铺，没人买货的时候，自己就歇着，朱忠勤在没人买货的时候也绝不闲着，她一有时间就擦擦洗洗，保证顾客不管啥时候进店，店里都亮亮堂堂的。货物架子，更是上上下下擦得干干净净，能让人一进店就感觉神清气爽。

她坚持薄利多销，价钱上，她也很是豪爽大方，卖价只要能比本钱稍高一点儿有利润她就卖。遇上生活困难的孤寡老人，没钱，她也赊给人家，小到油盐酱醋生活必需品，大到衣服床单，只要人家提出来，她就让人家先把东西拿回家。至于钱啥时候才能还上，买的人和卖的人心里都不知道。

就这样，日复一日，她靠辛辛苦苦的坚守换来一个又一个钢镚，也靠勤勤恳恳累积着自己一点一滴的口碑。后来，朱忠勤的杂货铺做成了当时那个城区生意最好的杂货铺，靠的就是货真价实、童叟无欺。

为了节约成本，进货、盘点、记账……小卖店里的所有事情她都坚持自己做，因为她不知道李光敏什么时候才能有钱往家里拿，不知道李光敏需要她独自撑多久。

"说实话，那时候，要不是她撑着，我真的坚持不下来。"李光敏说，尽管他做过化工厂厂长，真正接触过市场，但当集体企业的厂长，和自己创业完全不一样。之前，他是做了很多准备，但真正干起来，才发现实际的困难比原来预想到的多很多。

"人都有懈怠消沉的时候，尤其是遇到难处的时候。我也遇到过，遇到过很多次，但都挺过来了，和她对我的支持有很大关系。其实，我很多时候选择做的事情，如果没有她的支持，我一件也做不了。在镇上做副书记，说不做就不做了，说来县城创业就来了……要是她坚持死活不同意，我大概一样也做不成。"

对于曾经患难与关的妻子，李光敏虽然很少在外人面前表露自己的感情，但他会记得她的好，尊重她的意见，有条件的情况下，尽量让她开心快乐。

"我们这一辈人，很少像现在的年轻人一样将感情挂在嘴上，我说不出来那些话，但我会在心里记得。后来，条件好了，我尽量满足她的要求，她想干什么就让她干什么，她的亲戚朋友，我也是能帮忙的肯定尽力帮。"

这也许是他们那一代人表达夫妻之间感情的一种方式吧：凡是你想做的事情，我都尽力帮你完成。虽然看似平淡无味，却格外坚忍，完全做到了"蒲苇纫如丝，磐石无转移"。

光威也成利税大户

在妻子独自勉力撑起那个家的时候，李光敏人不在来安。从1994年8月到1995年6月，他奔波在全国各地，考察乳胶市场，寻找能够有市场前景的乳胶产品。

"近一年的时间，我基本上没干活儿，就自己在各地跑，看别人怎么做，有做得好的，也有做倒闭的，看得多了，想得多了，我就知道自己大概该怎么做了。"

多年市场中摸爬滚打磨炼出来的商业直觉，让他敏锐地意识到同类产品之间价格、质量的竞争，依然是低级阶段的竞争。要想在市场上占据有利地势，唯一的办法是用产品本身说话，别人没有的我有，别人有的我也有，但比别人的优秀。产品本身越高端，技术要求越先进，相应层面的竞争对手就越少。

如果继续生产那些传统产品，不是不行，但因为是低端产品，技术含量低，大家生产出来的产品彼此之间差异不大。产品性质雷同，价格自然就会趋于一致，最后只能导致同类产品之间竞争激烈。为了销售自己的产品，生产厂家之间彼此只能自相残杀，互相拆台压价，甚至采用给销售人员吃回扣等卑劣的手段恶意竞争。而所有这一些，恰恰是李光敏所不齿，从来都不屑去做的事情。

所以要想从低端乳胶产品的丛林中突围，杀出一条血路，必须抢占高端市场，开发新产品，这也是李光敏选择自己比较熟悉的化工领域重新开始的原因。

　　李光敏是一个热爱思考的人，从接手相官乡乳胶厂开始，他就对乳胶市场认真分析过。为什么乳胶厂刚创立的时候，效益很好，因为那时候从整体上来说，商品短缺，还属于卖方市场，无论生产什么都能卖得出去，经营什么都能赚钱。但随着生产乳胶的厂家越来越多，品种越来越丰富，市场就由卖方市场转变为买方市场，顾客的要求变成了市场的主导，所以，唯有转变经营观念，提高产品的科技含量，才能适应日益激烈的市场竞争。

　　"卷烟、烟盒，都是需要用专门的卷烟胶黏的。"每支成品烟支，看似是一个天衣无缝的密封卷筒，其实中间程序很是繁复。在卷烟生产过程中，有一个很重要的环节就是用卷烟纸将烟丝紧密包裹，而卷烟纸两侧边缘需要对接才能最终形成圆筒状，对接就需要用胶水来黏合。这一环节不能用人工，必须是在高速运转的机器上瞬间完成，对精度和黏接可靠性要求都非常高。

　　卷烟胶是一种特殊产品，不仅要求在经过燃烧后仍然保持无毒、无害，而且要求固化后不能影响卷烟的外观（如：烟支黏接处的平整度、圆度）。卷烟胶的主要技术参数包括：外观、黏度、固含量（蒸发剩余物）、pH值等。

　　黏度值是衡量卷烟胶流动性、黏结性、适机性的重要指标，但需要注意的是黏度值的高低并不能完全反映出黏结性能的好坏；固含量是衡量黏结效果的一项指标，也可间接反映卷烟胶有效成分的含量；pH值是衡量卷烟胶适机性的指标，pH值过高或过低均可能对卷烟机械造成一定的腐蚀。

　　烟支在与过滤嘴拼接时，高级卷烟胶和普通卷烟胶的区别主要在于能适应的拼接速度不同。高速卷烟胶要适应高速卷烟机的高速拼接要求，要求有良好的流动性——便于高速卷烟胶对水松纸的浸润，良好的初黏性——快速达到最高黏结强度，良好的力学性能——内聚力要大，而普通卷烟胶在这几方面都达不到要求，通常只能应用于低速卷烟机。

20世纪八九十年代国内烟草行业迅猛发展，但和烟草行业迅猛发展不相匹配的是配套的生产技术不过关，产品更新换代跟不上，比如高级卷烟胶。

当时大型卷烟厂用的高级卷烟胶全靠从国外进口，价格昂贵。从1982年到1995年，中国卷烟生产量从18八十五万箱上升到3481万箱，年均增长4.8%。从1995年开始，中国烟草开始出现总量紧缩的势头，1995年到1999年，卷烟生产总量每年平均下降1.4%，同时，消费者的审美观念开始发生变化。

在中国卷烟技术落后的时代，卷烟消费者的选择不多，人们主要考虑的是卷烟质量的稳定性，很少关注卷烟的包装。1995年以后，一些消费者由原来只注重产品质量，开始追求产品内质、口味、包装、档次，我国"高档香烟"步入历史发展最快的阶段，一时间数以百计的"高档烟"如雨后春笋，这一时期也是中国烟草包装新技术、新工艺、新材料、涌现最快、最多，最集中的变革时期。

对卷烟胶市场了解得越多，李光敏的信心就越足。重要的是，在这个熟悉市场的过程中，他结交了很多朋友，有的就是大型卷烟厂的采购员，他们给李光敏提供了很多有价值的信息，比如有人就告诉他：采购员们平日里最不喜欢产品单一的厂家。实际上，一只完整的烟支，需要用到包装胶、铝箔胶、热熔胶、涂色胶等四十多种胶，每种胶都有自己特殊的质量指标。如果一家工厂只能生产四十多种胶其中的一两种，那么这一两种胶就会很不好卖，因为业务员大多喜欢"一站买齐"，如果你只能生产其中的一两种，反正也需要从别的地方再买剩余的，不如在别的地方一次性买全了。

这一次，李光敏决定与合肥中国科技大学的烟草研究所合作，研究超高速卷烟胶，在金闻博和查正根两位教授的指导下，1997年，超高速卷烟胶研制成功。之后，漆片胶、咀棒胶、铝箔复合胶，热熔胶相继研制成功。在教授们的帮助下，滁州光威化工有限公司四十多种胶都能生产，成为烟草行业卷烟胶最齐全的化工厂之一，而且质量可以做到和国外进口的一样好，价格却低很多。卷烟厂的采购员可以在李光敏这里"一站买齐"，省去了很多精力和成本。

某种程度上，超高速卷烟胶的研制成功，让李光敏的滁州光威化工有限公司彻彻底底打了个漂亮的翻身仗。

既然涉足了这个行业，就要在这个行业中尽量做到最好!这是李光敏自己创办企业以来一直的追求。经过大家的努力，到1998年，滁州光威化工有限公司，一跃成为来安县明星企业、纳税大户、滁州市20强、安徽省明星企业。

因为李光敏的滁州光威化工有限公司生产的超高速卷烟胶，品种多，质量好，但价格只有德国进口价格的三分之一。一时间，原来和来安县有机化工厂中断了业务来往的卷烟厂纷纷前来订货，恢复往来。鼎盛时期，全国各地十几家卷烟厂和李光敏的光威化工公司合作，其中不乏当时很著名的卷烟品牌。

李光敏自己也从一个卷烟胶的门外汉变成了"卷烟胶通"，谈起那些拗口的专业名词头头是道。一时间，李光敏和光威化工厂一起名声大振。当然经济效益也是打着滚儿地往上翻，当时市场上普通的白乳胶是两块钱一公斤，普通的卷烟胶十多块钱一公斤，而进口高速卷烟胶一吨要卖四万五千元，差不多是普通卷烟胶的五倍。

"其实那时候，我完全可以把超高速卷烟胶的价格定得再高一点，毕竟，这技术是我们自己独家所有，现在想想还是保守了一点儿。"李光敏笑着这么说。

话虽然是这样说，但却丝毫看不出他有懊恼或者后悔的意思。也许对于他来说，抬高价钱之类的话，现在就只是随便说说而已。他创办的光威化工公司现在还在正常运营，依然是来安县的名牌企业，靠的就是不争一时之利，走的是长远发展的路线。

而和滁州光威化工有限公司同期创办的很多企业，也有曾经辉煌过的，却多是昙花一现。除去市场的客观因素，和企业的急功近利也不无关系。利润永远不是一个优秀企业家唯一的追求，更不是无论何时，都是利润越高越好。

应该说，进入20世纪九十年代中后期，买方市场的形成，微利时代的到来，对中国的企业确实起到了一个大浪淘沙的作用，等喧嚣散尽，人们发现留下的还是那些有核心竞争力的优秀企业。

如果要分析乡镇企业的成功或失败，始终绕不开的一个因素就是人的因素，尤其是核心人物的因素。

第一代农民企业家的创业是"闯"出来的，是由市场在长期的实践中选择和认定的，企业家的价值观和经营思想是企业的大脑和灵魂，企业家的创新能力是企业的"第一推动力"，只有具备前瞻眼光的农民企业家，利用高科技，创新策略，才能使企业在发展中生存，在生存中发展。

1995年的时候，赶上卷烟胶原料价格大涨，一吨原材料涨到一万二千元。为了保证工厂全力运转，那一年，李光敏被迫借了七十万元高利贷去北京有机原料厂购买原料，因为当时滁州光威化工有限公司的规模、资质还不足以让银行提供那么大额的贷款。但到了1996年，滁州光威化工有限公司的高速卷烟胶就热销到厂商需要带着现款支票来提货。而且之后的几年，滁州光威化工有限公司的销售额逐步攀升到上千万，每年的利润就有两百多万。从1998年开始，受到政府重点扶持后的滁州光威化工有限公司走上良性发展道路。

"现在我们生产的卷烟胶，比那时候进步多了，现在是每分钟达到一万六千支。而且完全无公害，更环保。"李光敏自豪地说。

如果一个人仅仅想到自己，
那么他一生里，
伤心的事情一定比快乐的事情来得多。

——马明·西比利亚克

大门贴了拍卖公告

李光敏的滁州光威化工有限公司生意兴隆，远近闻名的时候，相隔不远的相官乳胶厂却又一次陷入了困境，产品集压在仓库卖不出去，不能按时领到工资的工人们人心惶惶议论纷纷，大家开始想念李光敏担任厂长时乳胶厂的辉煌。如今，两个化工厂的境遇可谓对比鲜明，一个天上一个地下。

如果能让李光敏再回来当厂长，那该多好啊！以前相熟的工人不断有人和李光敏联系，希望他能回去接管乳胶厂。

没有丝毫悬念，李光敏一口就回绝了。

是啊，如今滁州光威化工有限公司被李光敏经营管理得风生水起，超高速卷烟胶申请了专利。此外，他公司生产的不干胶，聚氨酯胶等产品全部通过了ISO 9001国际质量体系认证，填补了安徽省空白，"光威"成了安徽省著名商标，李光敏本人也获得了全国创业之星、安徽省优秀党员等荣誉称号。

到了这时候，李光敏才真正有了如鱼得水的感觉，体验到了自己创办企业的乐趣，是那种只要自己付出了努力，倾注了心血就能有所收获的欣慰和喜悦。苦点、累点，怕什么？他怕的是在工作中被误解和自己正确的意见不被尊重。

李光敏说："高速卷烟胶做出了名声，许多人说我这个人很神奇，两次让濒临倒闭的厂子起死回生，其实，不是我这个人有啥神奇本领，只是我比别人更善于学习，从小就这样。"

因为李光敏的光威化工有限公司成了县里的利税大户，也因为李光敏曾经把相官乳胶厂经营得红红火火，时任相官乡党委书记的黄书记找李光敏谈了几次，希望他能接手经营不景气的相官乡乳胶厂。

李光敏带着黄书记参观了自己的公司，并委婉地告诉他说，现在光威的业务很忙，效益很好，自己实在没有精力再接管一家厂子了。

李光敏以为这件事就这么应付过去了，却不料，一天早晨他打开家门，却发现他家大门上赫然贴了一张"拍卖相官乳胶厂"的公告。

猛一看，李光敏吓了一大跳，但他瞬间就明白了，黄书记用这一招是要"逼"他接手乳胶厂啊。

但这时候，李光敏真的有些犹豫了，要不要再次接手乳胶厂呢？虽然只是短暂离开了两年，但乳胶厂因为一直生产低端的白乳胶，价格低廉，产品更新换代跟不上，再加上后来接任的厂长经营管理不善，整个乳胶厂除了几间破败的厂房，几乎再没有能算得上值钱的东西了，整个就是一个没人愿意接手的烂摊子。

事实上，相官乡贴出公开拍卖乳胶厂的公告之后，很多天也没有一个人来咨询这件事。黄书记把乳胶厂的标价从八十五万降到了五十万，依然无人问津。情急之下，他决定用公开贴公告的方式将李光敏"逼上梁山"。

黄书记仅凭着和李光敏见过几次面，谈了几次话，他认定李光敏是一个值得信赖的人，他决定赌上一把，直接派人将拍卖乳胶厂的公告贴在了李光敏家的大门上。

在他看来，李光敏是来安县有能力、有财力接管乳胶厂的唯一人选。以他阅人无数的眼光来看，他觉得李光敏不管怎么样百般推辞，不愿意接手乳胶厂，但骨子里还是一个重情重义的人，不像普通的商人，只把经济利益看得重于一切，所有的选择都是权衡利弊的结果，唯一的目标就是追求利益最大化。

拍卖公告是贴在了自家大门上，黄书记的用意也很明显，但到底要不要接手呢？毕竟他李光敏现在已经是一个响当当的大企业家，滁州光威化工有限公司最鼎盛的时候曾给全国十几家卷烟厂提供各种中高档卷烟胶。此时，如果再腾出一部分精力，接管乳胶厂，会不会影响到"光威"的经济效益？

再说了，在度过了创业最初的艰辛之后，李光敏终于在来安县城买了房子，将妻儿老小一家人安顿了下来。儿子们也都长大了，并且在"光威"干得很好，成了李光敏工作上得力的左膀右臂。这时候，有必要再转回相官乡接手一个破烂不堪的乳胶厂吗？

何况，李光敏自己真的能忘了自己是怎么样从乳胶厂离开的吗？别人可能只看到了李光敏光鲜的外表和辉煌的业绩，只有陪着李光敏一起走过来的身边至亲的家人，才会理解李光敏在成功之前的那段黑暗隧道里面的沮丧、焦灼、彷徨、无助。只要想想无端被人从乳胶厂排挤出来时的落魄和辛酸，还能回去吗？

"好马不吃回头草。你有本事，想做大事，就好好地把自己家的生意做大做强啊，管人家什么闲事？人家赔不赔钱和你有什么关系？工人们能不能领到工资关你什么事？"自从李光敏结婚成家之后，就很少再对他的事情指手画脚的老父亲，这一回也坚定地投了反对票。

在老人家看来，儿子李光敏这些年过得很不容易，每天都忙忙碌碌的，没有享受过片刻的清闲和舒适，他虽然不十分清楚具体情况，但听别人议论，他猜儿子这些年想必也是挣了些钱的。但李光敏前几年挣的那些钱都姓"公"，属于集体财产，只有创办了"光威"以后挣的这些钱才真正姓了"李"，一家人也才刚刚过上了安稳的日子。

父亲担心李光敏又要瞎折腾了，如果回相官接手那个快要倒闭的乳胶厂，让乳胶厂起死回生，谈何容易？很明显，首先需要的就是一大笔钱，要不人家写拍卖公告干什么？不是烫手的山芋为什么要扔给他？接手乳胶厂不就等于白白向外扔钱吗？明知道前边是个烂泥坑，还要闭着眼睛往里跳，这不就是傻吗？

老人真的气急了，他指着李光敏的鼻子大骂：摔种！

"摔种"是安徽方言，是说这个人傻，办事极不靠谱。这些年，李光敏一直是父亲的骄傲，被他这样指着鼻子骂，还是人生第一次。

"我们这些20世纪五十年代出生、八十年代从无序到有序走过来的企业家有泛政治化的倾向，有实业强国的情怀。"一位成功的企业家曾经这样说过。其实，对于父亲和妻子的担心和反对，李光敏都能理解，也知道他们是心疼自己，这也是至亲的亲人才有的态度。但李光敏心里还有另一团火在燃烧，就是那份实业强国的情怀，他始终认为一个人不能仅代表一个小的个体，任何人对国家对集体都要有一份责任或者义务。

"我觉得，人活着总得干点有意义的事情吧。事情有没有意义，取决于两个标准，一是看做这件事会不会产生利润，再一个就是看生产出来的产品是不是对大家的生活有帮助，有没有价值和意义。"

另外他也还惦记着那些曾经和他在一起朝夕相处过六七年的工人们，他们都是老实本分的人，一旦厂子倒闭了，他们就得下岗，没有活干，没有收入，甚至面临全家老小生活无着的窘境。不为别的，单单想想他们，李光敏就觉得自己有责任有义务在这个时候伸手拉他们一把。至于，自己小家的利益得失，李光敏觉得完全都可以放在后面再考虑，甚至不考虑。

在把全家安顿到县城两年之后，李光敏又一次选择回相官乡。这一回，他全资八十五万元买下了濒临破产的乳胶厂，他甚至都没有和黄书记讨价还价，就直接按乡党委最初定的价格接手了这家乳胶厂，并且接纳保留了全部的员工，注册成立了"来安县永超化工厂"。

得知李光敏按"原价买回"了相官乳胶厂，有人敬佩地说：李光敏还像以前一样仗义。也有人叹息说：李光敏这回是铁定吃了大亏，至少也要和黄书记讨价还价嘛，再说明明拍卖公告上已经降到了五十万，他却非要坚持付八十五万，这不是傻吗？

但李光敏并没有觉得自己吃了亏，他知道多付的那些钱最后都会进入相官乡财政系统，最终都会用在改善老百姓民生方面，这是他对黄书记的信任，是两个人的惺惺相惜。

"以前是锅里有了碗里才会有，现在碗里有了，也可以放回一些到锅里嘛。"

李光敏注册成立了来安县永超化工厂之后，开始对原乳胶厂进行输血、整顿，重新设计规划，在产品品种安排上和"光威"形成互补。为此，他又投资了二百六十万元重新上了新的生产线，经过一番努力，永超化工厂又逐渐好转，慢慢有了利润，开始步入良性发展的轨道。

为了适应市场新形势的发展要求，2000年，永超化工厂开始生产乳胶漆。2015年，为了让产品质量更上一层楼，无污染，更环保，李光敏又投资一千多万元上了切割漆生产线。

又接管一家轮窑厂

相官乳胶厂被李光敏接手整顿之后，再一次扭亏为盈。这时候，又有一件事找上了李光敏。

原来早在1996年，一个祖籍安徽的商人愈九皋回乡投资办厂。改革开放以后，渐渐富裕起来的农民纷纷开始修房盖屋，改善居住条件，所以20世纪八九十年代农村建筑业发展很是迅猛，各种建材非常紧俏。

愈九皋经过一番考察之后，就在相官乡投资建了家轮窑厂[1]。这本来是件好事，但到了2002年的时候，因为销售方面做得不好，再加上愈九皋经营其他方面的漏洞，轮窑厂濒临破产。

一方面是刚刚富裕起来的农民急需大量物美价廉的建筑材料，改善农村居住环境；另一方面是愈九皋因为资金方面的问题，一时无法从别处腾挪出更多的钱，导致轮窑厂产品滞销、流动资金链断裂，被迫停产。

李光敏想，如果单单考虑自己的利益得失，那么这个轮窑厂停工不

---

1 轮窑也称为环窑，是公元1858年由德国人富里多利、霍夫曼设计的一种连续式窑炉，因此也称霍夫曼窑，其外形为一椭圆形，其屋顶通常都做成八个角，与民间盛行之八卦图形相似，因此在台湾也被称为"八卦窑"；这种连续生产的焙烧设备，曾经是我国砖瓦工业生产中广泛使用的一种窑型，因为轮窑所需配套的机械设备及钢材用量都少，投资省，易上马。在改革开放初期的中国广大农村实施新的农业经济政策时，不少地方筹建乡镇企业的小型砖瓦厂，绝大多数选择轮窑这一窑型，与土窑相比，采用轮窑焙烧砖瓦制品，既符合节约能源的要求，也与早期农村乡镇企业的财力和技术管理水平相适应。

停工对他来说一点儿影响和关系都没有，他只需要一心一意在自己的化工领域精耕细作，两家化工厂获得可观的利润就是自然而然的事情。

但是，如果轮窑厂真的停工倒闭的话，对于来安县财政，对于愈九皋本人以及来安当地的老百姓，都是损失。李光敏做过镇里的领导，他知道，如果一个地方没有几家效益很好的企业，地方的财政就会有困难，老百姓的日子就会很不好过。而且轮窑厂一旦倒闭，不只愈九皋的投资收不回来，当地的老百姓需要修盖房屋的时候，就不得不到外地购买红砖，凭空就又多出了一笔开支和许多不必要的麻烦。

除了这些，李光敏隐隐担心的还有一个问题，就是这个轮窑厂一旦转给别人承包的话，相官的土地就会受到大面积的损害。因为当时大部分轮窑厂烧砖用的都是黏土，这样可以最大限度降低成本。李光敏自己烧过砖，他深知烧砖的用土量是非常大的，即使是烧废了的砖，也不可能再还原成适合耕种的土壤。而且土地是不可再生资源，用完了，子孙后代就没有能用的了。

李光敏综合考虑了各种因素以后，决定自己接手轮窑厂，追加投资，改用煤矸石烧砖。

煤矸石是采煤和洗煤过程中产生的一种固体废料，在一些大型煤矿堆积如山，占用农田。李光敏决定变废为宝，用这种煤矿废料生产空心砖。当然为了生产空心砖，原来轮窑厂的生产线就需要重新购买。对于李光敏来说，就需要再追加一笔投资，但尽管这样，他也要坚持上煤矸石空心砖的生产线，而不再用原来的黏土烧砖生产线。

李光敏说："中国的土地资源就那么多，用完了就没有了，而大量的煤矸石留在那里，既污染环境又占用空间，所以，我坚持开始设计投产的时候，即使多花点钱，也要一步到位走环保节能的路线。"

不得不说，李光敏这一次又走在了其他人前面，在许多人还在片面追求经济效益的道路上一路狂奔的时候，李光敏已经颇具前瞻性地意识到，发展经济的同时要注意环保问题，不能寅吃卯粮，要给子孙后代留足土地。

从2002年至今，十六年来李光敏的轮窑厂一直生产的都是以煤矸石为主要原料（煤矸石占70%）的空心砖，剩余30%的土，李光敏用的还是塘泥。不过，现在李光敏不再需要动用人力去挖塘泥了，他在每年冬初的时候会专门雇用挖掘机，为小李庄周围的当家塘清挖塘泥。

用塘泥制砖，现在已经变成小李庄循环农业的一部分。清理过塘泥的水塘，蓄水能力增强，可以解决小李庄蔬菜大棚和大部分水田的灌溉问题，而且清挖塘泥扩充了塘体存水面积，一定程度上又可以缓解夏季汛期的危险。尤其"小李庄农家乐"开办之后，八面当家塘里养殖的鱼、虾、鸭、鹅为客人们提供了源源不断的新鲜食材，成为小李庄乡村游的一大特色。

"这些年，我做所有事情，始终坚持两个原则，一是要符合国家政策，二是要保证能给老百姓生活带来实际的好处，从来不做没意义的事情。"

从最初接手相官乡乳胶厂到重新注册成立永超化工厂，李光敏在小李庄画了一个圆圈，最终他又回到了起点，只是这中间经历过的辛酸和困苦只有李光敏自己知道。但从另外一个角度也证明了当时他的那些朋友们说的话是对的：李光敏如果给自己干，绝对早就已经是个超级大富豪了。

其实，这句话只说对了一半，如果仅从经济效益的角度来说，那就是自从他自己创业以来，李光敏确实成了一个名副其实的大富豪，两家经营状况良好、产品线配置互补的化工厂和一家生意兴隆的轮窑厂，年销售额两千多万元，纳税一百二十万左右。这些年，往少了说，他累积的固定资产也在千万元以上了，单从家庭或者个人资产的角度来说，李光敏无疑是成功的。

1987年社会学家费孝通在乡镇企业座谈会上将乡镇企业称为"草根工业"："这种工业是农民从农业里通过集体经济积累的基金办起来的，所以我说它是在土地上自己长出来的，是从农业里面出来的……从江苏看，乡镇企业领导已进入了第三代，第一代是公社书记或派一个人来办这些工厂，大概在1984年前后形成了第二代，请懂点经济管理的人来办企业；到1986年出现了第三代农民企业家，他们注重市场，注重信息，注重科学，注重乡镇工业产品更新换代。"

费老先生的话，客观地概括总结了乡镇企业和农民企业家的生长史，从这个意义上来讲，李光敏无疑是从第二代企业家成功突围为第三代企业家的佼佼者，这个时期，只有具备前瞻眼光的农民企业家，能够利用高科技、利用创新策略，才能在知识经济之前取得成功。无数具备了这样优秀素质的农民企业家在激烈的市场竞争中取得了成功，李光敏就是其中之一。

"办化工厂那些年，我确实是挣了些钱，但我这个人和别人不一样。挣钱了，我既没有给自己家买豪宅、换豪车，也没有出国旅游，更不要说买什么名牌奢侈品，我还是过着和以前一样简单的生活。也不是我不舍得花钱，一心只想着攒钱，我就是觉得把钱那样挥霍出去一点意义也没有。"

　　李光敏不但自己生活简朴，对自己家的孩子也一样严格要求，孙子李再峰从小就和普通人家的孩子吃穿一样，他甚至都不知道他爷爷李光敏是个超级有钱的人，为此，小的时候他还和同学们打过赌：他赌那个大老板李光敏和他自己的爷爷只是偶然同名同姓而已，直到他升入高中，直到他确认电视上看到的那个"李光敏"就是自己的爷爷，他才相信，他爷爷真的很有钱，但这个有钱的爷爷却和别的有钱爷爷的想法完全不一样，刚刚平静不久的家里，又被他掀起了滔天巨浪——他说，他要回小李庄修路了。

终于腾出精力修小李庄的路了

自从经营化工厂以后，李光敏确实成有钱人了，只是这个有钱人和别的有钱人有太多的不同，他考虑问题的角度总是出其不意。比如，自家化工生意做得好好的，他没有想着如何去进一步扩大规模，却要回小李庄修路了。

原来，2002年李光敏承包下相官轮窑厂之后，因为生产的空心砖质优价廉，三乡五里的老百姓盖房子需要用砖的时候，一般都要到李光敏的窑厂去买。如果人家来买砖的时候，碰巧李光敏也在厂子里就会给人家拉拉家常，问问人家的家庭情况。

他仿佛有天然的吸引力，很多人都愿意和他聊天，只要有时间他也愿意和别人聊，聊着聊着，话题就会自然地转移到乡间的土路上。

在中央全面实行村村通工程之前，相官乡这一带的乡级路、村级路还都是土路，尤其是家庭联产承包责任制实行以后，公共区域的路面就没有专人负责维修养护了。

村民们也大多都是各扫门前雪，导致那些村级路，基本上是晴天一身土，雨天一身泥。平常的时候还仅仅是路面的坑洼不平，遇上糟糕的天气，更加苦不堪言。刮风就尘土飞扬，风中夹杂着废弃的塑料袋或者生活垃圾；下雨、下雪更是泥泞不堪，寸步难行。不管是步行还是开车，都很不方便。老百姓平日里尽管怨声载道，但也没有办法。

有人告诉李光敏说："土路就这样，去年好不容易刚修平整了，过一个夏天，就又被洪水冲得坑坑洼洼的了。现在种地过日子都是各家顾各家，谁家愿意牵头修路呢？还不都是一边骂着娘一边走着旧路？遇到下雨下雪，车陷在泥坑里走不了的情况也不是没有发生过。但也是陷就陷了，记得下回长记性，记住绕过不走那段路就好了。"

其实，关于路的问题，早在李光敏回相官乡接手乳胶厂的时候他就已经注意到了。因为路不好走，他没少听来拉货或者送货的司机们抱怨。但这些年他也真的无暇顾及路的问题。化工市场复杂多变，自家厂子里每天都有许多问题需要他做决定，很多问题需要他出面去解决，他不敢有丝毫懈怠。现在，随着化工厂渐渐走上正轨，最重要的是，随着两个儿子渐渐长大，已经能够独当一面了，李光敏觉得他终于可以腾出时间精力做些一直想做的事情了。

李光敏想起的第一件事就是修路！

一旦想清楚了，决定要做了，马上着手就去做，是李光敏做事的一贯风格。他是那种必然性思维模式的人，一般人遇到问题首先会想这件事能不能做，可能会遇到哪些阻力。李光敏不是这样，他考虑问题的时候，首先考虑的是这件事有没有价值，应该不应该做。应该做，怎么做？在别人还在犹豫做不做的事情，他已经开始着手做了，所以他的决策总是先人一步。至于那些阻力因素，等出现的时候，再去想办法解决。

他自己开着车，绕着小李庄周边的大路小路转了两三天。他痛心疾首地发现几年前他离开的时候，路况是什么样子的现在还是那个样子，因为没有专人负责维修养护，有些路况甚至比他离开时更糟糕了。

"要想富，先修路"，他开着车转的地方越多，心里的不安就越强烈。因为相官乡地处皖东丘陵地区，连接村子和村子之间的那些村级路、乡级路，谁也说不清楚原来是怎么形成的，有的地方崎岖不平，有的地方窄得简直就只能算作羊肠小道。再有，就是当地那些随处可见的不规则的大大小小的水塘子，有的水塘子就紧挨在道路的旁边，有的水塘子甚至霸道地把好好的路拦腰斩断，逼得人们不得不在它的旁边再踩出一条小道了。

李光敏说："小李庄这一带的地形特点就是水塘子多，还是小塘子多。地势不平，降水集中，一下大雨，低洼的地方很容易积水，时间长了积水就变成了一个个小水塘子。"

其实这样的小塘子如果不能统一规划治理的话，潜在的危险因素还是很多的。首先就是不安全，因为这些小塘子基本上都是自然形成的，时间长了，人们也就忘了哪些塘子水浅哪些塘子水深。如果碰上下雨下雪天，掉进去几个鸡鸭鹅的是常事，大人从旁边走都得小心翼翼，更不要说老人和小孩子。所以这里的小孩，从小不断被家长们耳提面命的就是：不要到水塘子边玩耍，不要到水塘子边玩耍。还有就是这些水塘子非常不卫生，农村人过日子没那么多讲究，平日里水里随便淹死只鸡呀鸭呀的，淹死就淹死了，没人去捞也没人去管，任凭它发酵腐烂臭味四溢。水塘子边沿常年长满杂草，也没人清理。更有极个别人图省事，把自家的生活垃圾直接倾倒在水塘里，离得老远就有一股刺鼻难闻的味道。

李光敏以前做过相官村大队书记，熟悉这里周边的地形地势。他把小李庄周边的十几个村子转了一遍，哪里有水塘子，哪里的路弯道比较多，哪里的路比较狭窄需要拓宽，哪里的路崎岖不平，哪里需要垫石子，哪里需要整修旁边的水塘子……李光敏心里基本有了谱。

规划清楚需要做的事情之后，剩下的就是和水泥厂、石砂厂联系，敲定送货的数量和时间。等一切准备事宜都做好了，李光敏开始在周边村子雇工人干活了，讲好了工钱是每天20元，这在当时已经算比较高的了。

半个月之后，装满水泥和石砂子的大卡车就陆续开进了小李庄周边的村子，李光敏开着自己的车在后面跟着，每到一个地方，李光敏就下车指挥卸货，协调安排相关人员推石子、铺路。有时候看见个别没干过农活的年轻人干起活来实在不像个样子，还忍不住自己亲自动手示范一下。

看着李光敏在修路现场事事亲力亲为的样子，那些被雇来修路的村民都以为李光敏是承包了这里修路任务的包工头，是来赚钱的！有几个爱开玩笑的村民就直接调侃李光敏："李老板，承包了这段路，你又能赚不少钱吧？听说你在城里发了大财？"还有人插话说："李老板，别只顾着自己发财，我们可都还穷着呢。"

对这些不知内情的村民，李光敏只是笑笑不做解释，他做这些事，本来就是不图名不贪利，与其浪费时间给这些人解释，不如用这个时间去做别的更有意义的事情，所以他宁肯花时间精力和一些有见识的村民商量如何修路能让老百姓的生活更便捷，也不愿意浪费口舌给人解释这一车一车的水泥、石砂子都是他自己花钱买来的，包括付给这些工人每天的工资——为修这路，他不但一分钱不赚，反倒大把大把往里倒贴自己辛辛苦苦挣来的钱。

"给人解释清楚了又能怎么样呢？当时，他们根本不会相信这个世界上还会有我这样的傻子，用自己苦来的辛苦钱修别人的路。"李光敏说，"再说了，我的钱是我自己苦出来的，不是拿别人的。我只管做我认为该做的事情，不用给其他人解释。"

"苦钱"是安徽当地的方言，就是挣钱的意思，形象生动地说明了"钱"是受苦受累干出来的。

李光敏这些年办企业确实是挣到钱了，这些钱也真的是他一斤一斤卖卷烟胶"苦"出来的，但他现在把这些钱用在给当地老百姓修路上，一点也不心疼。民间曾经有个形象的说法，修路实际上就等于把钱铺在地上，铺多大面积的钱，就能修多大面积的路。

带着特殊气味的柏油路在村和村之间慢慢推进，一米、两米……新修的路面延展到哪里，哪里的村民就像过节一样热闹和兴奋。大家在家里吃了饭没事的时候都喜欢到修路工地上闲聊，这是自实行家庭联产承包责任制之后少有的集体劳动场面，也是大家可以欢聚在一起的机会。大家还是喜欢一边干体力活一边天南地北地扯闲篇开玩笑，这是一种重体力劳动之余的消遣也是一种情绪释放。

李光敏虽然已是身家千万的大老板，但因为他平日里为人忠厚，一点老板的架子也没有，大家和他说话时也就没啥顾虑，该开玩笑就开玩笑。

有人调侃李光敏：李老板，你都是大老板了，咋还穿的和我们差不多，天天也是一身泥一身土的？也有人好奇地问：李老板，你们有钱人每天到底都吃些啥啊？

很多的时候，李光敏对这些善意的玩笑就是一笑了之。"钱就应该花在该花的地方，花在有意义的地方。"李光敏说。那些年他是挣了些钱，但他既没有给自己换辆好车，也没有为自己和家人置办名牌衣服和奢侈品，家里的吃穿用度还是原来的老样子，唯一的区别是他们后来终于买了自己的房子，不用租房了。

邻村有个人还当场讲了这样一件趣事：他们村有个因为承包工程发了财的大老板，有一次开车回家，下雪天，汽车陷在冰天雪地的泥坑里，动不了了。因为这个人平日里就是眼睛长在脑袋顶上，回家不是拿着手机装腔作势就是披着皮大衣恨不得横着走的那种人，大家看他汽车窝在雪地里动不了了，也不去帮忙，就站在旁边围着看热闹。那个人后来实在没办法了，就说：我出钱，你们谁能帮我把汽车推出来？大家谁也不动，就站在一边笑：看你到底有多大能耐？给钱也不帮你推。

"要是小李庄李光敏的车，我们抬也要给他抬出去，不给钱也抬。"因为只听说过李光敏的名字却不认识李光敏本人，那个人说这话

的时候根本不知道站在他身边的，那个穿着普通的中年男人就是大名鼎鼎的李光敏。

"后来，路修好了，安徽电视台来采访的时候，那个人对着摄像头把这些话又原样说了一遍，电视台的编导也没删减，直接就播出来了，这样，大家也就都知道了。"

提起这件小插曲，李光敏还是很开心地笑了起来，他觉得这是大家对他的信任和认可。不过，他还是觉得邻村那个人说话太直了点儿，他做任何事情，本来也不是为了图什么名声，或者想和哪个人比较。他只遵从自己的内心，觉得小李庄周围的路需要修，恰好他也有能力有条件修，就替大家修了，就这么简单！

往往大家天南地北乱开一通玩笑之后，最后还都会落脚到一旦路修好了以后，生活会发生怎样变化的畅想中，崭新宽阔的新路总让他们按捺不住地有些兴奋。

大家七嘴八舌地议论着：有人说路修好了，以后赶集就方便多了。有从别的村子嫁过来的年轻媳妇说，路修好了，回娘家或者去亲戚家，如果能骑自行车就快多了。有的人甚至想着一旦路修好以后，或许也可以把自家责任田里的蔬菜或者粮食拿到县城的市集去卖，这样还可以为家庭增加点收入。

村民们闲聊天，李光敏一般是不参与的，但他看着修路能给大家带来实实在在的好处，他心里还是很高兴的，比自己挣了钱都高兴。唯一感到遗憾的就是，如果自己有条件能再早点来修路就更好了。

一车石砂子两百元，工人每人每天工钱二十元，规划中的小李庄周围十个村子的村路都修好了以后，会计结完最后一笔账，告诉李光敏，一共付修路款八十万元。李光敏点点头说知道了。

会计也记不清这是他第几次办这样的事情了，反正，他的这个老板有些奇怪，自己舍不得吃好的舍不得穿贵的，却偏偏喜欢帮助别人。几十万元说花就花出去了，李光敏连眼睛都不眨一下，轻轻松松说一句话就决定了，他自己却十几年了一直开的都是刚创业时买的汽车，从来没换过。

李光敏自己掏钱给小李庄修路，原是和妻子朱忠勤商量过的。朱忠勤也认为这些年他们家苦到钱了，回去给大家修修路也是正常的，给大家提供一下便利嘛。再说了，修桥铺路，修桥铺路，不都是老辈人常说的积德行善的好事吗。

为了不惹父亲生气，他们一开始是瞒着父亲的，因为父亲是从那个年代过来的人，他受过苦，挨过饿，非常珍惜这来之不易的温饱生活。虽然李光敏这些年办企业挣了点钱，但让李光敏把自己这些年辛辛苦苦挣来的钱，就这样平白无故地给别人修了路，他还是有些心疼的，心疼钱，更心疼儿子。但纸总归包不住火，渐渐地，不但周围的村民都知道修路是李光敏自己贴的钱，这消息最终也传到了老父亲的耳朵里了。

不知道是想开了，还是觉得自己真的管不住自己这个儿子了，老父亲这次没有再骂李光敏"摔种"，只是提醒他出风头的事情，以后要尽量少做，或许他内心也觉得李光敏能给大家修路是件好事吧。

只是他们全家谁也没有料到，修路只是李光敏庞大计划中的一小部分。在修路的那段日子里，一个更宏伟的计划开始在李光敏的心里慢慢酝酿，只等合适的机会就会蓬勃而出。

把别人的幸福当作自己的幸福，
把鲜花奉献给别人，
把棘刺留给自己。

——巴尔德斯

夫妻吵架也为钱

路，终于全部修好了。

不单是通往小李庄的路修好了，连带着周边村子的路也修好了，全都是平平整整的柏油路，人们出门再也不用晴天一身土，雨天一身泥了。

开车行驶在崭新的柏油路上，从来安县城回小李庄的时候，朱忠勤还是很高兴的，路况好了，也就再也不用受颠簸过来颠簸过去的苦了，也算是自己家为村里做了件好事吧。再说了，周围村子里那些认识或者不认识的村民们发自内心对李光敏的感激，也让她隐隐有些骄傲，自己的丈夫果然是个一直要出风头的人啊。

老父亲也很开心，偶尔回小李庄或者红星村看望一下亲戚朋友，那些一起长大的老哥儿们对他很是羡慕，对李光敏更是满口称赞，称他养了个好儿子，不但有本事，还仁义，造福一方，给乡亲们办了许许多多的好事。甚至还有人提及李光敏小时候就喜欢帮助别人，曾给谁家挑过水给谁家推过磨的旧事。

老父亲表面上笑着应和别人说：他呀，就是个摔种。对儿子李光敏这些年做的这些事情，大体上他还是很满意的。俗话讲：人过留名，雁过留声，好汉护三村。一个人有能力了，能帮大家做些自己能力范围之内的好事，为大家提供点生活便利，改善一下生活，也是应该的。

虽然原来只想着给小李庄修修路，最后是将周边村子的路都一起修了，预算多出来不止十倍，但看到村民们都享受到了实实在在的便利，尤其是老人、孩子再也不会因为路况不好，想去的地方不能去，李光敏一家人甚至还有点小小的骄傲和自豪。

来到小李庄这么多年，他们家终于也有能力能帮助到别人了。

但李光敏却比修路之前还显得心事重重。路修好了，宽阔崭新的石砂子路，铺了沥青，在太阳光下闪着特有的黝黑的亮光。路修得很漂亮，但看起来却没有想象中的赏心悦目，因为和周围的环境有点不太一致了，就像一颗明亮的珍珠落在了泥土里。

杂乱丛生的灌木、野草，街上散养乱跑的鸡、鸭、鹅，低矮破旧的泥坯房，到处堆砌的煤渣、生活垃圾，臭气四溢的水塘子……再说了，一到天黑，所有的地方就全黑黢黢的。没有路灯，人们走夜路时还必须带上手电筒。

还有一件事也是压在李光敏心头多年的一块大石头，或者说扎在心里的一根刺，从他们全家搬到来安县城，从他创办"光威"，甚至更早一些的时候，就不断有亲戚、朋友、邻居、熟悉不熟悉的村民上门找他借钱。借钱的理由五花八门，有的是因为家里人生病住院了，有的是因为孩子考上大学凑不够学费了，有的是因为儿子要娶媳妇需要翻盖房子了……每每有人找上门，李光敏从来都是二话不说，借！你急用多少？

这些人千恩万谢地拿着借到的钱走了，他们棘手的问题也解决了。至于借出去的那些钱，有的后来还上了，有的从此就杳无音讯了。那些钱，李光敏从来都没有挂在心上过。

"不到万不得已，谁愿意上门开口求人借钱啊，只要能帮忙的时候我都是尽力去帮忙的。"

那些年，他到底借出去了多少钱，帮助了多少人，李光敏已经完全记不清了。但是，等他几年后回村子里一看，这些人过的还是和原来一样的生活：住着原来的旧房子；家里有人生病了，还是拿不出医疗费；孩子考上大学了，学费还是没有着落，孩子长大要娶媳妇了，还是没钱翻盖房子……真到走投无路的时候，唯一剩下的似乎还真的是只能再去借钱这一条路了。

李光敏说："这里的老百姓穷，当然也不能全怨大家，不是村子里的人不愿意出力，而是找不到挣钱的门路。做生意，没信息，没本钱，没生意头脑。种几亩地虽然能让家里人吃饱饭，但也仅能解决基本温饱，靠种粮食是挣不到什么钱的"。

小李庄地处皖东圩后丘陵地区，全年降水不均匀，降水集中在夏季汛期，粮食广种薄收。全村21户村民，有承包地二百四十亩，人均2.76亩，每亩地年种粮收入约330元，村里的年轻人好多都到外地打工挣钱补贴家用，即便如此，收入也是很可怜，全村人均年收入2000元左右。

路修好了，如果没有配套的路灯，修得再好的路也像极了一个人的锦衣夜行。当时，村子里没有安装自来水，饮用水还是靠村头的那口浅井；村庄环境脏乱差；孩子们上学需要绕很远的路才能到学校；老人们没有活动空间，冬天只能挤在某个墙角晒太阳；年轻人没地方活动，闲下来的时候就只能聚在一起打打麻将、玩玩扑克……在村子里待的时间越长，李光敏就感觉急需解决的问题、需要改善的地方越多。

"贫穷，肯定还会是一个恶性循环。没钱，人往往就容易急功近利，只看重眼前的蝇头小利，看不到长远。看不到长远，就永远无法解决根本问题。比如为了省下买煤的钱，乱泛滥伐树木；比如为了让粮食增产，想方设法多施化肥、农药。我们现在都已经知道了，那样做只能加剧环境污染。但老百姓的想法就是很简单，他们就只想着怎么样能为自己家节省点儿钱。"

其实，小李庄像当时的很多安徽农村一样存在着比较严重的面源污染[1]，环境问题急待解决和改善。人无远虑必有近忧，走南闯北在商海里历练了十多年的李光敏，面对依旧贫穷的小李庄，心里很不是个滋味。

这些情况让一贯睡眠状况极好的李光敏辗转反侧，他有些睡不着觉了。也许他并不是第一个觉察到这个问题的人，但他肯定是第一个真正想要解决这个问题的人。

知夫莫如妻，看到李光敏辗转反侧，朱忠勤觉得他有心事，但等李光敏真的把心事说出来了，朱忠勤反倒有点着急了："管那么多事干什么？你一个人管得过来吗？"

一向甘做默默无闻的绿叶，一贯支持李光敏工作的妻子朱忠勤，第一回真生李光敏的气了。

最早从当小李庄生产队会计开始，李光敏就把小李庄二十一户人家一百多口人的吃喝拉撒睡，全当成了自己家的事情记在心里，扛在肩上。为了让全村老小能吃饱饭不饿肚子，他挨过批斗，受过处分；搞科学种田实验时，双手被生石灰烧得没有一块好皮肤；去外地推销白乳胶的时候，和业务员骑自行车一天跑上百公里……关键是，这些年一家老老小小也一起跟着他吃苦受累，现在好不容易才过上几天安稳的好日

1　所谓面源污染，就是指在农村生产生活中，各类固体或溶解的污染物，比如农田中土粒、氮素、磷素、农药、重金属、农村禽畜粪便与生活垃圾等污染物质，从非特定的地域、在降水和径流冲刷下通过农田地表径流，农田排水和地下渗漏的方式，渗入到受纳水体（河流、琥珀、水库，海湾）所引起的污染。

子，能不折腾了吗？能不出风头了吗？儿子们都长大了，不是该首先考虑给儿子买房子娶媳妇吗？

再说了，家里现在的那些资产全都是李光敏一个人苦来的吗？是全家人苦了这些年一起苦来的。先不说，朱忠勤自己前些年卖冰棍一分钱一分钱地积攒。就是两个儿子，也是一直被当作牛马一样使唤啊。为了从北京拉回那些卷烟胶原料，小儿子那时候开长途大货车，一个星期就得跑一趟北京，一来一回就是两千多公里啊。大儿子本来安安稳稳地在中学做个老师，风吹不着雨淋不着，却被李光敏愣是拉到化工厂做了技术员……孩子们这些年跟着他，吃的苦受的累还算少吗？

别的人家苦上钱了，就买大房子，换好车，就能过自己的安稳日子，我们家为什么就不能？别人来借钱，我们二话不说就借了。人家说还钱有困难，我们也就不让人家还了。小李庄的路修了，路灯装了，还想怎么样？难道你能给每一家盖一栋别墅，管人家一辈子吗？

面对朱忠勤一连串的诘问，李光敏一句话也回答不出来，他知道妻子说的这些都是事实。他也知道妻子和孩子们这些年跟着他，是吃了不少苦，受了不少累。当然，如果他不是这种脾气，有些现实中的苦，孩子们也不是必须要吃的，在家里经济条件好转以后，他们完全可以过一种相对舒服宽松的日子，有些累也完全可以避免。

假如他只是一心一意经营管理他的"光威"，一心想着把自己的工厂做大做强，不回相官村接手乳胶厂、轮窑厂，不去管那些村子的路好不好走，不管村子里那些人生活得好不好。真要能那样的话，他们自己家的小日子肯定会比现在过得更惬意，生活水准明显会比现在高几个档次，他和妻子孩子们也会活得更轻松。

但人，能只想着自己吗？

自己有饭吃了，有房住了，有钱花了，就可以了吗？

真的不用管别人吃不吃得饱饭，有没有房子住，有没有钱花，也可以吗？

当然可以！但那是别人可以，搁他李光敏身上就行不通，他从来就不是那种只顾自己的人。

"我一个人富了不算富，一家人富了也不算富，我的目标就是要带领全村人一起富，走共同富裕的道路。"李光敏说。说他宅心仁厚也好，说他秉持传统观念也好，反正他一辈子最大的梦想就是让大家都能过上幸福富裕的好日子。

"再说了，我受党培养教育这么多年，没有国家政策的支持，没有政府搭建的平台，我能苦到那些钱吗？从这个意义上说，那些钱也不能全算是我李光敏自己家的钱啊。"

他耐心地和妻子做工作，期望得到她的理解和支持。毕竟，他们相识于微时，这一路走来，他在前面受了多少苦，妻子在后方也就跟着受了多少苦，甚至，因为女性的天然弱势，她吃的苦比他还要多。

朱忠勤知道自己说不过他，也犟不过他，李光敏就是那种自己认定了的事情，十头牛也拉不回来的人。但如果让李光敏把自己家的钱白白地扔出去，她还是有些舍不得，那是李光敏的血汗钱，也是她和孩子们的血汗钱。

她退一步和李光敏商量：别人家日子过得不好，你心里难受，我们也都能理解。实在不行，我们给每家每户送几万块钱行吗？具体几万，你自己说了算，这样可以了吗？

李光敏说："不行！输血不能替代造血，我们以前也不是没有借给过别人家钱，但借的钱花完了，找不到挣钱的门路，最后的结果就是他们还是穷。现在，我不是要送给他们钱，我是想带着他们一起去挣钱。"

"一起挣钱？有那么容易吗？带领一个村子去挣钱，本钱呢？门路呢？我们已经帮过很多人了。这些年，钱，我们借过，找上门来的人，我们能安排的也尽量就安排在我们厂子里上班了。我们都是普通人，就做普通人的事情好了，什么带领全村人一起致富，那是国家的事，是县里乡里领导的事。我们就过我们自己的安稳日子行不行？别人家穷或者不穷和我们到底有什么关系呢？"

朱忠勤实在不能理解李光敏了。

这一次，她无论如何也要拦着李光敏，她觉得之前都是她把李光敏"惯"成这样的，她以后不能由着他想干什么就干什么了。

她没有想到的是，李光敏这些年虽然人离开了小李庄，但却把小李庄装在了自己心里。他一直在等待时机，等待时机成熟实现他年轻时未能实现的梦想——让小李庄的百姓都过上丰衣足食的好日子。天时地利人和，和以往相比，他觉得现在不但国家政策好，而且他自己也已经具备了一定的工作能力和经济实力，他雄心勃勃，蓄势待发。

他已经是一个沉稳睿智的中年人了，心里自有天和地，为了他正在谋划的这件大事，他愿意投入自己后半辈子所有的时间和精力。

"土地流转"搭平台

军事理论家、《战争论》的作者克劳塞维茨说过："……对于统帅人物来说，理性比激情更重要，激情是士兵们的事，统帅的职责，是在战争开始之前提出一个克敌制胜的总体思路，这就要对对方的优势和弱点有一个正确的把握和判断，就像找到阿喀琉斯的'脚踵'。这比什么都重要。"

越是感觉这件事意义重大，越是不敢贸然行事。多年的生活历练，让李光敏意识到，他此时必须放缓脚步，全盘衡量，统筹规划。因为这件事会牵涉很多人，一旦决定要做，就必须得做好，而要做好这件事，前期的各项准备工作必须足够充分，一点儿都不能少。

压力越大头脑越需要冷静，这是在外闯荡多年之后的李光敏已经具备的能力，他要在繁杂的头绪中找到解决问题的关键，像点燃火药的引擎。只要找到了解决的办法，焦躁不安的心情自然就平静了，剩下的就是给所有事情排出轻重缓急，列个时间顺序表，然后一件件去实施就好，这也是必然性思维的人处理事情的优势，他们常常目标明确，很少会被无关的事情打扰。

李光敏紧锁的眉头慢慢舒展了，每天早早出门，然后到该吃饭的时间就回家吃饭，到该睡觉的时间就回家睡觉，每天早出晚归。看似一切正常。其实，这段时间，他根本就没去过自己家的公司。

他每天到底都去哪里了？去干什么了？还是细心的妻子朱忠勤最先发现了李光敏寻常行为中的"异常"表现，从那年辞去副书记职务以后，李光敏就很少再和地方政府打交道了，他原本只想做一个纯粹的商人。但现在，李光敏开始频繁地被邀请去参加一些会议，回到家里也是报纸不离手，从《人民日报》到《安徽日报》。每天的报纸，他都要认真研读很久，琢磨很久，有时候自己看完了，还会拿去和别人讨论。

他发现，在他专心创业这几年，农村的土地政策已经发生了变化。《国务院"国发〔1995〕7号"文件》明确指出：农村集体土地承包经营权的流转，是家庭联产承包责任制的延续和发展，应纳入农业承包合同管理的范围。在坚持土地集体所有和不改变土地农业用途的前提下，经发包方同意，允许承包方在承包期内对承包标的依法转包、转让、互换、入股，其合法权益受法律保护，但严禁擅自将耕地转为非耕地。土地承包经营权流转的形式、经济补偿，应由双方协商，签订书面合同，并报发包方和农业承包合同管理机关备案。在承包经营权转让时，必须保护实际耕地者的权益，各地要制定土地承包经营权转让费最高限额。债务人不得以土地抵顶债款。

按照有关政策规定，滁州市委、市政府也召开了全市农村土地承包制度改革工作会议，全面布置第二轮土地承包工作。1999年夏天，全市开展发放农村土地承包经营权证工作，市政府统一印制八十万份农村土地承包经营权证，发放由乡村基层填写到户，作为政府确认农民土地承包经营权的依据。到2000年年末，全市农村土地承包经营权证发放到户率接近90%。二轮承包中，市委、市政府把建立土地流转制度作为重要工作方向。二轮承包结束后，各地对"四荒"拍卖、小型农田水利设施产权制度改革、林权制度改革等做了积极探索，市政府先后出台小型农田水利设施产权制度改革的指导意见和林权制度改革的指导意见，召开全市"四荒"地拍卖工作现场会等，在全市掀起土地流转的热潮。

和来安县相邻的天长市，"土地流转"一度达到一万六千多亩，形成一批种、养大户，他们或从事规模种养业，或从事农副产品加工，雇用了大批农民。便益乡农民周琪云成立了花木公司，一年四季种植花木，年均用工三千多个；坝田乡农民陶学山建立了天长榨菜厂，与附近农民订单生产了五千多亩榨菜，并从当地招工四百多人；天长市成立了三十六个反租倒包基地，占地面积一万多亩，年雇用劳动力一千多人；高庙镇多年来长期坚持种植杨树，总数在百万棵以上，丰富的木材资源吸引了当地与外地许多农民办起了板材加工厂，消化剩余劳动力一千多人，仅天森木业公司就解决了两百三十人就业。

李光敏决定紧紧抓住机会，在"土地流转"上做大文章。他觉得，这或许是能够让小李庄脱贫致富的一个好的机会或者好的办法。

以妻子朱忠勤对李光敏的了解，她能感觉到李光敏已经下定了决心，而且一旦他决定了，那这件事也就箭在弦上非干不可了。直到后来，她才知道，李光敏当时被邀请参加的那些会议，是县、乡两级政府正在贯彻学习安徽省委组织部的"双培双带"指示精神[1]。

1　从2002年开始，安徽省全面实施"把农村党员、干部培养成发展能手，把农村发展能手培养成党员、干部，带头致富，带领群众共同致富"的先锋工程，通过对农村党员、干部和非党员发展能手状况的摸底，安徽省各地确定"双培双带"对象，采取集中办班，观摩学习，"菜单"培训等方法，充分利用县乡党校、农广校、党员电教点等阵地开展培训。"自己不会富，不能当干部""只管自己富，不是好干部"，通过培训，安徽农村党员干部、发展能手纷纷"当大户，带头富，带领群众共同致富"。各地党员、发展能手采取一帮一结对子，举办发展项目带，建设示范基地带，成立农民专业协会等多种方式带领群众致富。据统计，安徽省"双带"基金总额超过1.9亿元。参加"双带"党员干部47万多人，带动农户128万户，涌现出16.47万户示范户，2万多个示范基地。

有了"土地流转"这个平台，李光敏觉得他完全可以带着小李庄百姓一起致富了，他的一些计划和想法得到了地方各级领导的大力支持。然后，他就出门"旅游"去了，不是和家里人一起，而是在村子里找了几个致富能手，用他自己的话说就是头脑灵活的、有能力的人。他要带着他们走出小李庄去外面的世界看看，看看别人是怎么做的。

他们一行几人到苏州、无锡、常州等发达地区的农村参观考察，甚至还先后去了山东寿光、广东三门等地，考察那里的农民生活状况，希望给小李庄找出一条通往富裕的道路，或者是致富良方，其中山东寿光三元朱村的冬暖式蔬菜大棚让他们眼前一亮。

三元朱村位于山东寿光近郊，史传中国第一部农学著作《齐民要术》的作者贾思勰曾在村子周边生活，那里历来有种植蔬菜的传统。1989年，当时的党支部书记王乐义冒着极大的风险，砍掉了将要成熟的三十五亩玉米，对寿光的"土温室"进行了科学改造，建起了十七个冬暖式蔬菜大棚。通过加强蔬菜种植技术指导，寒冬时节，大棚生产出了顶花带刺的黄瓜。从元旦到春节，每公斤二十元的开秤价也阻挡不住人们抢购的热潮，一茬黄瓜收下来，每个大棚收入都在两万多元。一夜之间，三元朱村里多了十七个万元户，一场反季节栽培蔬菜的技术革命迅速展开。

至此，寿光蔬菜开始由季节性露天栽培向"四季常青，四季有菜"大跨度发展，1990年冬暖式大棚发展到五千个，1991年猛增到两万五千个，1992年达到七万五千个，2004年全市蔬菜面积发展到八十万亩，其中冬暖式大棚近三十万个，蔬菜年产量四十亿公斤，仅此一项农民人均增收三千多元，农民人均纯收入达到五千五百六十六元。2005年，三元朱村被评为全国社会主义新农村典型示范村，也是山东省唯一的省部共建示范点。

这些翔实的数据深深地"刺激"了李光敏，为什么寿光的农民可以人均年收入五千五百六十六元，而小李庄农民的人均年收入就只能是人家的三分之一？

李光敏详细分析了三元朱村种植蔬菜的优势：第一，寿光地处中纬度带，北濒渤海，属暖温带季风区大陆性气候，受冷暖气流的交替影响，形成了"春季干旱少雨，夏季高温多雨，秋季日照充足，冬季干冷少雪"的气候特点。关键的一点是寿光日照长，平原地形，土壤肥沃，地下水源丰沛，非常有利于蔬菜种植。第二，这里的农民自古就以种菜为生，积累了大量的种菜经验。第三，寿光三元朱村紧靠济青高速公路，处于环渤海经济圈内，紧邻京津塘经济走廊，交通便利，便于蔬菜运输。

对比山东寿光的三元朱村，李光敏认为安徽小李庄同样也有自己的优势：小李庄地处江淮之间，属北亚热带向暖温带过渡区，季风明显，四季分明，气候温和，光照充足，年平均日照2097小时，年太阳辐射总量120千卡/平方厘米，年平均气温15度，无霜期长达220天，年降雨量1000毫米以上，气候条件十分适宜蔬菜生长。相官乡素有"大蒜之乡"的美誉，土壤腐熟成熟度高，土层厚，土壤有机质含量高，有利于各种农作物生长。

小李庄所在的来安县汊河镇位于安徽省来安县东南部，濒临长江，东与江苏南京、扬州、淮安接壤，西与淮南、合肥毗邻，北与蚌埠交界。作为安徽东部的门户，地理位置极其优越，与南京江北新市区、南京高新区相连，104国道穿境而过，312国道横贯东西，宁洛、宁淮、宁连高速公路傍境而过，境内来河直通长江，水陆运输非常便捷，基础设施较好，基本形成了以滁州市为中心，连接铁路、沟通水路，贯通高速公路，四通八达的综合交通运输网，距南京长江大桥15公里，距南京地铁3号线和过江隧道江北连接口仅6公里，处于南京1小时经济圈核心层[2]。

相对于南京，来安的地缘优势明显，从南京发往来安县城的班车，当时每天是七十四辆，比每天发往滁州市的班车还要多近十辆。最重要的是，相官乡多年没有发展重工业，没有工业污染和环境污染，十分有利于农业的综合开发，具有发展生态农业的优越条件。

李光敏在考察过程中结识了寿光三元朱村的党支部书记王乐义，那是另外一个极具个人魅力的新时代致富带头人。与李光敏中途曾离开小李庄近十年，到来安县城创办经营化工企业不同，王乐义一直待在自己的村子里，当了十几年的党支部书记，硬是把一个种菜不长，种粮不收，农民连肚子也吃不饱的三元朱村，变成了"东岭苹果西岭桃，南岭山楂带葡萄"的花果山、聚宝盆，更因为发展冬暖式蔬菜大棚，把寿光绿色蔬菜做成了一个品牌，闻名全国。山东寿光也成了全国闻名的"蔬菜学校"，2005年前后有三十万人到寿光取"蔬菜经"，最多的一天近四千人次，一点五公里长的村路上挤满了车辆，还不包括蔬菜博览会期

---

2 南京都市圈建设的主要目标是，形成以超特大城市南京为核心，以扬州、镇江、淮安、马鞍山、巢湖、滁州、芜湖7个大城市为主体，以27个中等城市和一大批小城市为基础，分工合理、持续快速协调发展的都市圈城市体系，实现南京都市圈在长三角西部区域崛起的态势。

间参观的人数。

经过一番认真考察、对比分析之后，李光敏获得了三个非常有价值的信息：第一，种蔬菜比种粮食挣钱。民间早有俗语"一亩菜十亩粮"。一般情况下，种蔬菜的收益能达到种粮食的十倍左右，三元朱村的成功经验很好地证明了这一点。第二，和山东寿光相比，小李庄的优势也很明显，气候条件、地理位置非常适合发展生态农业。第三，要想彻底改变小李庄的面貌，必须建立生态蔬菜基地，带动全体村民走共同富裕之路。要把一家一户种养业整合起来，积少成多，化零为整，形成规模生产，取得规模效益。要想带领全村人致富，依靠单家独户、单打独斗，分散种植，常规经营是不可能实现的。

在充分对比分析了三元朱村和小李庄的自然资源和客观条件之后，李光敏信心满满，山东寿光的王乐义能做到的，安徽小李庄的李光敏也完全能够做得到。

他决心学习借鉴山东寿光的蔬菜经验，充分利用好小李庄的地理位置优势，瞄准南京市民的餐桌，做好南京餐饮市场的后厨房，生产绿色无公害蔬菜，建立生态有机蔬菜基地。

"当时粮价太低，小李庄土地贫瘠，水利条件差，即使深挖水塘解决了干旱问题也增加不了多少收入。2002年全国蔬菜产量头一次超过了粮食产量，蔬菜种植的利润是粮食的十倍，于是我就想到了在我们这儿种蔬菜。"李光敏谈到种菜的初衷时说。

王乐义当时是动员了村里的十七个党员，每家投资一万元，建了十七个冬暖式蔬菜大棚，这十七万元，是寿光蔬菜走向全国的起点。小李庄规模小，人少，当时也没有哪一家能拿得出建蔬菜大棚的钱。

　　修建蔬菜大棚的钱，他决定全部由他自己出，这样就可以节省大家集资筹款的时间。

　　农户没钱投资，这在李光敏看来，根本不是问题。他生于斯，长于斯，熟悉这里的土壤地形，对在小李庄发展有机蔬菜产业充满信心。重点是，他无比真诚地热爱着这片土地，愿意全身心地投入建设这片土地，愿意为生活在这片土地上的人们能够过上幸福的好日子而全力以赴。

一比四，
又怎么样

2004年年初，中共中央、国务院发布中央1号文件《中共中央 国务院关于促进农民增加收入若干政策的意见》：集中力量支持粮食主产区发展粮食产业，促进种粮农民增加收入；推进农业结构调整，挖掘农业内部增收潜力；发展农村二、三产业，拓宽农民增收渠道；改善农民进城就业环境，增加外出务工收入；发挥市场机制作用，搞活农产品流通；加强农村基础设施建设，为农民增收创造条件；深化农村改革，为农民增收减负提供体制保障等。实施一系列惠农政策，如全面取消农业税，加大对农民的补贴，免除义务教育阶段的学杂费等，把增加农民收入作为事关全局的大事，作为衡量工作成效的一个重要标准。

中央1号文件指出，农业和农村发展中存在着许多矛盾和问题，突出的是农民增收困难。所以，各级党委和政府要认真贯彻党的十六大和十六届三中全会精神，牢固树立科学发展观，按照统筹城乡经济社会发展的要求，坚持"多予、少取、放活"的方针，调整农业结构，扩大农民就业，加快科技进步，深化农村改革，增加农业投入，强化对农业支持保护，力争实现农民收入较快增长，尽快扭转城乡居民收入差距不断扩大的趋势。

来安县委、县政府的重视和支持，坚定了李光敏带领小李庄群众一起致富的决心和信心。作为一个在小李庄生活了四十多年，从一开始就把自己的心血全部融于这块土地的李光敏，没有谁比他对小李庄的贫困更忧心如焚，也没有谁盼富思变的愿望比他更强烈。

有了中央1号文件，有了"土地流转"政策，李光敏开始在心里谋划一幅宏伟的蓝图——在小李庄，充分利用自然条件和资源，改善农村生态环境、创造良好的居住、娱乐环境，给广大村民建设一个集休闲娱乐为一体，人与自然和谐相处的安居乐业的美丽新农村，提高村民生活质量，构建社会主义和谐社会。

但这幅宏伟的画卷到底能不能绘画成功，除了李光敏的决心和毅力，还取决于国家政策的支持，取决于村民的支持，甚至也取决于家庭的支持。但这一回，一向支持他、始终作为他稳固大后方的妻子朱忠勤率先撂挑子不干了。

虽然李光敏之前已经给她做了非常必要的铺垫，告诉她这是一件需要长期投入培育的大事情，也是一件有优厚回报率的事情。但她听完了李光敏庞大的计划之后，还是只有一个感觉：那就是李光敏想把这些年他们辛辛苦苦赚来的钱都扔到小李庄，不仅如此，他还要把化工厂未来若干年的利润也要投入到他那疯狂的梦想里去。

不是吗？每家建一栋现代化别墅，还要挖井修路，平整土地，基础设施配套建设……这些全都是她以前听都没有听说过的大工程，每一项都需要投入大笔的资金。而且这些资金，将来有可能都由李光敏支付，至少要李光敏先垫付。

起家犹如针挑土，散去犹如水推沙。那段日子，不管李光敏给她讲什么，她都完全听不进去了。因为李光敏的那些计划，在她看来简直就是疯子的计划。几十万，几百万，甚至上千万资金扔进去可能连个影儿都看不见，岂不就等于要把他们全部家当掏空，而且还不止掏空，很有可能还会背上巨额的债务。

因为工程一旦启动就不再以个人意志为转移了，那些工程就像张大嘴的狮子，需要源源不断地往里面投钱，投钱，投钱……至于收益？尽管李光敏信誓旦旦地说了，这些钱将来肯定都能收回来。但什么时候才能收回来呢？

朱忠勤自己是在农村种过地的人，她知道从土里刨钱到底有多么不容易。同时，她也隐隐地为李光敏担心，这件事太大了，涉及面太广了，万一，万一做不成功怎么办？那可是关系全村人利益的大事情啊。

"你想帮他们，想让村里人都生活得好一点，我们不反对。我们就每家每户送几万块钱，行不行？现在，路已经帮他们修好了，房子就让他们自己盖，地也还让他们自己种，行吗？"朱忠勤一直想办法说服李光敏，想让他放弃这个在她看来很疯狂的计划。

不得不说，朱忠勤的担忧还是有一定道理的，她和李光敏是一起从贫穷走过来的人，管自己家的事情好说，管全村的事情，千头万绪，哪儿能那么容易？再说了，十年前，李光敏说不当乡镇副书记就不当了，那时候他四十多岁，完全可以从头开始，但这一次，万一失败了，就不仅仅是这些年辛辛苦苦赚来的钱打了水漂，对于李光敏，他还会有东山再起的机会吗？

她想不通，也不敢往下想。

老父亲也听说了李光敏想做的事情，他气得大骂李光敏："瘁种啊，瘁种"。自己这个儿子怎么这么傻啊？自己受苦受累苦来的钱，却要一而再，再而三白白地为了别人花出去，还把摊子铺得那么大。

素日和谐温馨的家庭氛围一时变得剑拔弩张，这一次，父亲、妻子和孩子们选择站在一起反对李光敏："过好自己的日子就行了，管别人家那么多事干什么？再说了，滁州比你有钱的人有的是，人家谁像你一样了？"两个儿子也不同意李光敏的想法，某种程度上，他们也觉得李光敏这个计划太冒险了。

不行！开弓没有回头箭！

一比四，又能怎么样？

尽管顶着巨大的压力，李光敏还是感觉这件事无论如何不能停下来！

这里的老百姓一直生活在贫困线以下，他们不是不想生活得更好一点，他们不是不能出力不能吃苦，之前就是因为没有人能够带领他们一起把日子过得好起来，是苦于没有翻身的资金，是寻找不到挣钱的门路，所以，国家才号召要"先富带后富"，所以，安徽省才要实施"双培双带"工程，每一个先富起来的人都有责任有义务带领其他的人一起走上共同富裕的道路。

"承包制的时候，每家分几亩地，既要种粮食又要种菜，琐琐碎碎的，一家人一年辛辛苦苦，也就基本能解决温饱问题。如果再想进一步发展，必须走'土地流转'这条道。像山东寿光，像邻近来安的天长市，都是成功的例子。有成功的经验，我们就要学。别人已经试验成功的，我们就要敢于拿过来用。"

李光敏几乎是一边继续和家里人商量，争取他们能同意支持他的想法，一边就开始紧锣密鼓地着手筹备小李庄的新农村建设计划了。

"不能把时间都浪费在犹豫不决上，我只能一边干，一边给他们解释。我这边如果干好了，他们自然也就理解了，干不好，说得再好也没有用。再说了，我做任何事情都不是凭着一时的兴趣，我做过调查，咨询过专家，我也有自己的判断。相信自己的判断很重要，我相信自己的判断。生产有机绿色蔬菜是一个发展趋势，是朝阳产业，做得好的话，是很有发展前途的。"

"虽然我认定了在小李庄发展绿色有机蔬菜是个很有前途的产业，或者说，用他们的话说是很有'钱'景的产业。但这一次，我打定主意要带领小李庄村民一起干，不自己干，不为自己家挣钱。普通人也好，企业家也好，都要有责任感，只是企业家比普通人有钱，需要承担的社会责任更多，科学发展观教会我们如何科学地赚钱和持续地尽社会责任，一个成功的企业家，他是必须具备社会责任感的。"

在和李光敏的对话中，他频繁地提到了责任感，责任感是一种自觉主动地做好分内分外一切有益事情的精神状态，荀子说："良农不为水旱不耕，良贾不为折阅不市，士君子不为贫穷怠忽道。"

人有了强烈的责任感，才能有足够的内在动力驱动自己勇往直前，才能感到许许多多有意义的事情需要自己去做，才能感受到自我存在的价值和意义。当一个人勇于承担起一份责任或者使命的时候，自然会得到人们的尊重。当一个人用毕生的时间和生命把之前所承担的责任或使命，化为行动一步一步走出来的时候，这个人将会让所有人对他肃然起敬，真正得到人们的信任和尊重。

农业的要素也就是构成宇宙的要素：水、土、空气和阳光。

——瓦罗

不种粮食改种菜

随着现代人对食品安全的要求越来越高，无污染、无化肥农药残留的有机蔬菜受到人们的喜爱，有机食品产业被誉为"朝阳产业"，有着广阔的发展前景。

李光敏给小李庄的定位是种菜，种植绿色无公害蔬菜。

大方向确定了，下一步的关键是怎么种？具体在小李庄怎么种？

李光敏到处请教农业专家，不断和村子里的种田把式们聊天，就是为了找到问题的症结，给小李庄开出一张药到病除的良方。多年前，李光敏就曾带领社员们搞过科学种田，基本解决了村民们当时的温饱问题。

李光敏说："那时候搞科学种田，还是初级阶段，需要解决的问题虽然困难，但每个问题都是独立的，比如育种这一个问题解决了，粮食产量就可以翻一番。现在不一样了，性质不一样了。原来是追求产量，只要产量上去了，问题就算解决了。现在是追求质量，讲究品质，需要解决的问题更全面，更细致，所有问题都要综合起来考虑，因为摊子铺得越大，每一个独立的问题牵涉别的问题的可能性就会越大，所以这一次，需要顾及的方方面面更多，前期的准备工作做得越详尽充分，后边的工作才能越顺利进行。"

种植有机蔬菜，除了种菜技术以外，还离不开天气、水、土壤等客观条件。唯有这些客观条件达标了，种出的蔬菜才能达标，李光敏像一个运筹帷幄的将军，小李庄的土地，水塘，全成了他的士兵，无声无息中，他已经在头脑中模拟完成了一次调兵遣将，同时士兵的强弱，装备是否短缺，他也都了然于胸。

第一是土地。小李庄虽然土地很多，但因为地处丘陵地区，局部地区高低不平，许多地块的边边角角不适合耕种，沟沟沿沿常年杂草丛生。

第二是水源。小李庄水网密布，但80%的耕地属于涝渍型低产田。水资源丰富，但用水比较困难，因为绝大多数土地与渠系不配套，灌溉渠系少，灌溉站设备老化，开机率低。由于现有灌溉渠系不配套，只开挖了部分干支渠，且均建于20世纪六七十年代，全为土渠，淤积渗透严重，造成水资源严重浪费。现有的抗旱站都是村队自筹资金兴建的流动灌溉站，灌溉时架机提水，灌溉结束后再拆卸下来由村民组保管，设备多已运行超过三十年，不是损毁就是丢失，机台损坏严重。农忙灌溉时，村民只能用柴油机临时提水，出流量小，远不能满足抗旱要求。水系混乱，配套建筑物少。由于缺少配套建筑物，造成部分沟渠被毁，灌排渠系混乱，串灌、漫灌现象严重[1]，水量损失大，灌溉水利用系数低，骨干工程不能发挥灌溉效益。排涝沟开挖少，标准低，局部涝灾与渍害严重。

因为小李庄虽处于丘陵区，但冲地较为平坦，且土壤渗透系数小，

---

1 农民们在浇灌自己的田地时，往往不注意节约用水，而是采用传统的方法，灌溉土地时，把整个田块都放满水，这种用大量的水浇灌田地，使水漫满整个田地的灌溉方式叫作"漫灌"或"大水漫灌"。如果田间土地不平整，高高低低，要使地块都漫上水，所用水量就要更大。喷灌用水量是漫灌的十分之一，滴管又是喷灌用水的十分之一。

由于排涝沟渠开挖少且标准低，且两侧岗地坡降陡、汇流快，洪水迅速汇集至狭窄的冲田内，排水不及时，极易造成局部的涝灾。冲田内排水沟开挖少且沟浅，地下水降不下去，容易造成局部渍害。

第三是道路。道路设施较差，除了主路，剩下的多为土路，雨后泥泞难行，农忙季节，严重影响农产品运输。

如果能采取工程、农艺、生物等措施对中低产田进行改造，耕地质量将会大幅度提升，农作物增产潜力巨大，耕地质量提高潜力巨大。

最后是自然灾害。根据来安县气象部门记载，危害来安县农业生产的灾害性天气主要有旱、涝和干热风，按照年降水量区分旱、涝，正常年份为4.2%，大涝和大旱都是24年一遇，偏涝4年一遇。由于降水分布情况不同，一年中形成的旱涝情况也就不同了，一般春旱频率75%，初夏旱频率46%，伏旱21%，夏旱频率29%，秋涝频率17%；干热风一般出现在5月中旬至6月中旬之间，平均每年出现干热风7.7次。

归根结底，重点还是农业基础条件差，农民投入强度不大，产业自我积累过慢，农业技术创新率、转化率、普及率低。传统的农业生产方式仍然占相当比重。农业生产水平较为落后，各类农业机械拥有和使用率较低，劳动强度大，产出效益低。

只要找到问题的关键，就想方设法去解决，逢山开路，遇水搭桥，坚忍不拔是李光敏骨子里本来就有的。换言之，此时的小李庄，如果是一辆车，那么这辆车很显然已经年久失修，零件残缺不全，需要进厂大修；如果是一个人，那么这个人因为长期营养不良，体质羸弱，需要及时补充营养，输入新鲜血液。一句话，如果要想让小李庄的面貌彻底改变，必须加大投资，实施整体改造。

按照意大利经济学家巴莱多的"二八定律"：在一组事物中，只要找出20%的长处和优势，集中时间和精力加以发挥，就可取得出其不意的效果，各显异彩，获得80%的成功。对于小李庄而言，这个20%就是发展大棚蔬菜，用大棚蔬菜带动整个小李庄的脱贫致富大业，走上良性发展的道路。

和山东寿光三元朱村这样的富裕农村相比，小李庄无疑是落后和贫穷的，多年拉开的距离、积累的问题导致的被动局面，长期养成的与经济发展不相适应的惯性思维，就像那些年久失修的沟沟渠渠，如果不及时修整，与别的富裕村庄的距离只能越拉越大，因为已经不在一个起跑线，更因为跑在前面的人也在努力奔跑。

要想追赶别人，唯一办法就是弯道超车，抓住新农村建设的大好时机，高效快速地解决小李庄经济发展的瓶颈问题，加大资金投入，改善农业基础条件，调整产业结构，提高小李庄农产品闯市场的能力和品牌影响力。

而这一些靠任何一个农户的单打独斗都不解决问题，必须将小李庄作为一个有机整体全盘考虑，走股份合作的道路。

为提高广大群众的知情权和共同参与意识，李光敏向村民们详细介绍了小李庄股份制合作的规划方案和思路，广泛征集群众的意见和愿望。他向农户们解释，为了规模生产，取得规模效益，需要把分散的农户组织起来，采用股份合作制的形式。农户以自家承包地入股，由李光敏牵头成立"来安县绿色威光生态农业公司"，将小李庄所有耕地集中起来统一规划，加强农田基本建设，然后按用途分类划分，再由各农户自愿选择承包。计划是十六户承包蔬菜生产、三户从事规模粮油生产、两户负责养猪一千头。

农户表面上将土地入股了，实际上仍由这些人原地承包，只不过要统一规划，重新分配使用权，村民既是产业工人，也是股东，身份还是农民，在法律意义上，土地权益仍属农民。

为了加快小李庄产业转型的速度，防止大家意见不一，浪费时间。李光敏决定先期所有的资金投入全部由他自己的公司出，实施"五步走"战略：

第一步，他个人出资成立了"滁州市威光绿园有机蔬菜公司"，并申请注册了"威光牌蔬菜"商标。后来又追加注册了"小李庄"商标。

有趣的是，多年前，小李庄生产队没有一家人姓"李"，因为李光敏一家迁入，小李庄成了名副其实的"李家庄"。多年后，李光敏为蔬菜注册了"小李庄"商标，因"小李庄"三个字名头太响，大家口口相传，"小李庄"慢慢代替了"小李庄"，既是商标也成了新的地名。

李光敏说："我们这村原来叫小李庄，是一个生产组，后来因为我注册了'小李庄'作为蔬菜商标，大家慢慢就把我们这儿叫成了小李庄。"

第二步：将全村二百四十亩低产田以每亩每年三百元的价格全部租赁过来，进行集中整合改造。由李光敏的蔬菜公司负责租来四台推土机，将原来大小不一，高低不平，极不规则的低产田改造成高产稳产的标准田块。

第三步：公司统一购买镀锌管棚架，按照统一规格、统一模式、统一标准，首批建成了四十五个塑料大棚、一百多亩露天无公害蔬菜生产基地，免费给小李庄村民使用，主要种植市场上的精细蔬菜西红柿、辣椒等。

第四步：提供技术支持，实行六个统一：统一供种，统一供水，统一供肥、统一防病治虫，统一技术指导，然后蔬菜由公司统一销售。

此外，李光敏还高薪聘请了两名从东北来的专门从事蔬菜生产的夫妻俩担任常驻农民技术员，对种菜的农户全程进行技术指导，示范种植，实地讲解，手把手地传授蔬菜种植技术。同时，他还经常邀请县农技推广中心、镇农技站技术员到小李庄开展培训，播放电教片，尽可能快速帮助农户掌握蔬菜生产技术。

根据农户的实际需求，公司统一采购蔬菜良种等物资，使蔬菜品质从源头得到控制，为创立无公害有机蔬菜品牌奠定良好基础。此外，公司还出资购买了草镰机等农业机械无偿为农户服务。为解决农户后顾之忧，公司还高薪派出两名管理人员帮助农户建立账户，销售产品，实行保护价收购。

第五步：做好配套服务。公司出资修建了日供水一百吨的水塔，保证灌溉用水，包括水利各项基础设施、包括一些生产性和基础性的投入都由公司承担，村民只要出力，认真种菜就能保证旱涝保收，而且经济收益要远远大于家庭个人经营。修建三百立方米的沼气池，3排现代化猪舍，为发展生态农业、循环农业做准备。

在塑料大棚里种蔬菜，对小李庄的村民来说还是开天辟地头一回，但因为修建塑料大棚不用自己投资，生产出来的蔬菜卖了钱却都归自家所有，村民基本上是零分险，所以，村民们种菜的积极性很高，都以能够被李光敏挑选出来承包塑料大棚为荣。

在全体村民的共同努力下，被寄予厚望的蔬菜大棚当年就初见成效。尤其是快到年底的时候，大棚外面天寒地冻，寒风瑟瑟，大棚里面却温暖如春，一片丰收场景。西红柿、辣椒长势喜人，红彤彤的是西红柿、绿油油的是辣椒。最令人振奋的是，从市场反馈回来的信息显示，小李庄的无公害绿色蔬菜很受南京市民的欢迎。

蔬菜大棚当年就让小李庄人看到了实实在在的收益。那一年，仅卖菜一项收入，全村超过三万元收益的有五家，四万元以上收益的有两家，收入最高的那户人家人均年收入突破万元大关，小李庄2005年的人均收入达到了八千元，比同时期的山东寿光的三元朱村还高，确实达到了后来者居上的目的。

这是滁州市、来安县、小李庄开展社会主义新农村建设前后（以2004年为分界年份）农民人均纯收入表[2]：

地区/年份	2000	2001	2002	2003	2004	2005
滁州市（元）	2240	2114	2228	1967	2620	2840
来安县（元）	2260	2262	2341	2113	2851	3015
小李庄（元）	2156	2190	2240	2080	2670	8000

没有比较就没有发言权，百闻不如一见，实实在在的经济收益让小李庄的村民再一次对李光敏佩服得五体投地："承包一个蔬菜大棚一年几乎就能净挣一万块，如果再勤快点，承包两个大棚的话，就是两万块啊，这是之前种差不多十年粮食的总收入啊。"

---

2 刘兵：《资本引入农业基础设施的困境于路径选择——安徽省来安县小李庄的实践》，《山东省农业管理干部学院学报》2008年第1期。

年终的时候，头一回鼓了钱包的小李庄村民们，看到了未来，他们兴奋地聚在一起讨论着自家来年的规划。只要能让他们看到生活的希望，有了盼头，这些之前一直挣扎在贫困线以下、日子过得苦哈哈的村民，就会以饱满的热情信心，投入到辛勤的劳作中，淌下无怨无悔的汗水，努力耕耘。

他们唯一担心的就是下一年，李光敏还会把蔬菜大棚交给他们种吗？

蔬菜质量是种出来的

蔬菜大棚初战告捷，李光敏带领小李庄群众致富的信心更足了，他觉得在小李庄种植绿色无公害蔬菜这个大方向算是找对了，同时也让他看到了蔬菜市场的巨大潜力，如何进一步做大做强呢？

其实，在村民们纷纷担心蔬菜大棚能否正常续约的时候，李光敏也在认真思考这个问题。只是他考虑问题的角度和别人完全不一样。别人担心的是，李光敏看到种蔬菜那么赚钱会不会收回大棚，自己种或者雇人种，毕竟把蔬菜大棚承包给小李庄的村民，受益比较多的一方是村民们，而不是李光敏的蔬菜公司。

李光敏担心的却是蔬菜的质量、品牌。因为，李光敏很快就发现了把蔬菜大棚承包给农户的问题：尽管他一再重申，绿色蔬菜，无公害蔬菜，就是一定不能打农药，不能施化肥。绝大多数的村民也都能严格遵守约定，但却不能完全杜绝极个别村民偷偷打一点点儿农药，或者悄悄在农家绿肥里稍微加一丁点儿化肥。

他们也许只是想节省点时间精力，或者纯粹只想增加一些蔬菜产量。多生产出一斤蔬菜就能多卖一斤蔬菜的钱啊，毕竟人和钱没有仇啊。再说了，这些年，他们已经习惯用化肥和农药了，他们认为稍微用一点，从蔬菜品相上是看不出来的，甚至施用过化肥的蔬菜更有卖相。但李光敏却坚决不干，他生气地问大家：这样做，不等于就是砸自己家的牌子吗？

他想起了在山东寿光考察参观时王乐义说过的话："蔬菜产业最重要的是质量，吃得放心，吃得健康，产业才能长兴不衰。"三元朱村蔬菜种植主要采用"公司＋基地＋农户"的种植形式，每个基地都配备检测设备，蔬菜进入公司后再检测一遍，只有合格的才能进入市场。但王乐义同时强调："蔬菜质量不是检测出来的，归根到底是种出来的，只有严格按照标准化模式生产，才能避免出现农药残留超标等质量问题。"

仓廪实而知礼节，李光敏觉得不能埋怨极个别村民在蔬菜种植过程中，做一些小手脚，道德谴责并不是所有情况下都能起决定作用，关键是要找到解决问题的办法，让村民们没有机会在蔬菜种植中再搞小动作，影响小李庄蔬菜的品质。

如何保证蔬菜质量，如何让小李庄的蔬菜品牌长兴不衰，如何占领南京市场，甚至走向更遥远更广阔的地方，为了小李庄蔬菜的良性发展，这些都是需要用制度和标准来保证的。

后来有经济学者总结小李庄的成功经验时写道："小李庄之所以能够比周围的村庄行动得早，发展得快，很大程度上取决农业产业化龙头企业威光——绿园公司的资本投入。几年来，威光——绿园公司先后在小李庄投入了将近三百万元，用于生产资料的准备，生产结构的调整、居民生活的改善、公共设施的建设等，其中最主要的是蔬菜大棚建设资金的投入，解决了农民资金困难和风险承担问题，把农民从小农经济状态拽进了市场状态。仅一年时间，二十一户人家的人均收入就攀上了八千元，较实施农业产业化经营前增加了三倍以上，最高人家的人均收入竟突破了万元。"

中国的基本国情是人多耕地少，按照"确保十八亿亩耕地红线"的说法，九亿农民人均两亩耕地，如果单靠种粮食，已经没有增收的余地了，靠出外打工，增收余地也不大，所有粮食大省，经济发展都相对滞后。

有农业专家指出：既让农民达小康，到2020年前人均年收入八千元，又能保证国家粮食安全，最好的办法就是发展劳动密集、资金密集，技术密集的高效设施农业加规模集约的机械化粮油生产。具体说，就是拿出三分之一的耕地从事高效农业，余下的三分之二耕地承包给少数种田能手从事规模集约的粮油生产，不论是搞特色种植养殖的，还是从事粮油生产，都能达小康，生产出的粮食也不会比过去少。

安徽省人民政府参事室何参事是从一开始就密切关注小李庄新农村建设发展的。他认为，根据来安县小李庄的经验证明，发展高效设施农业加规模集约的机械化粮油生产在全国是可行的，全国十八亿亩耕地，拿出6亿亩发展高效设施农业，可保两亿户农民人均收入八千元以上，余下的12亿耕地由其余农户承包种植粮油作物，即便亩产粮食1000斤，也能保证每年产1.2万亿斤粮食，既能让8亿多农民奔小康，也能够保证国家的粮食安全。

发展生态农业向来是投入高，周转期长。李光敏说，最初几年差不多都是用他自己企业赚来的钱来"养"着小李庄的蔬菜大棚。

2004年，李光敏自己投资建起了塑料大棚，无偿地给村民们使用，但因为"农民家庭大棚很难控制所有人不使用化肥，农药，生态产品品质难以保证。"从2007年起，李光敏成立了小李庄蔬菜专业经济合作社，采取"公司＋基地＋农户"的方式，以优势农产品基地建设为突破口，推进农产品区域化布局、规模化生产、产业化经营，把小李庄全部土地流转承包，按每亩每年付给农户五百元租金，农民全部在合作社上班，让全村一百多人在小李庄实行充分就业，2007年，小李庄全队人均

收入上升到一万一千元。[1]

之后，随着早王等村的村民也搬到了别墅区，土地全部承包流转，2011年无公害蔬菜大棚不断扩增到220亩，露天蔬菜种植扩增到300余亩，全年实现产值1200万元，利润320万元，合作社人均年收入2.1万元。截止到2015年，小李庄无公害蔬菜基地已经发展到1100亩，其中蔬菜大棚500亩，露天蔬菜600亩，年产20多种各类蔬菜650万公斤，其中12个品种蔬菜经国家中国农业农村部认证为无公害品种。

改革开放以来，中国农村经济的发展实现了两次质的飞跃，第一次

1　何开荫 樊美珍 姚志刚 余恕诚：《纪念改革开放30周年，安徽亟应推出新一轮农村重大改革》《政府参事建议》，2008年第13期。

飞跃是突破人民公社"三级所有，队为基础"的体制，实行包干到户的家庭联产承包责任制；第二次质的飞跃则是突破一家一户分散经营的家庭联产承包责任制，按照经济发展的规律，把农民重新组织起来。比如小李庄就是把分散的农户用股份合作制的办法重新组织起来，创办农业产业化公司和合作社，构成了完整的生态链，实现规模化生产和集约经营。

伴随着小李庄生态农业的蓬勃发展，小李庄的畜禽养殖已渐成规模，年养殖草鸡3500只，鸭子3000只，鹅1500只，黑猪2500头。精养垂钓鱼池120亩。

绿化林果基地160亩，葡萄、桃、李、冬枣等品种8600株，香樟、银杏等树种10万多棵。[2]

因为小李庄不具备依山傍水的自然条件，也不是名人雅士或者历史事件发生地，唯有"发展生态农业，创建优质品牌"这一条路，事实证明，通过调整产业结构，发展农村二、三产业，小李庄已然成为汉河镇"美丽乡村"建设的一个大亮点。

李光敏说："现在的人和过去的人不一样了，现在的人讲究吃得好，吃得健康。小李庄的优势就是位置好，离南京就隔一条河，没有工业污染，合适发展生态农业。只要菜种得好，不愁卖不出去。"

事实上，因为李光敏严把质量关，小李庄的蔬菜获得了南京市民的认可，扩大了品牌的影响力。

2　岔河镇先锋网：《打造美好乡村，共建幸福家园—汉河镇相官村小李庄美好乡村建设情况简介》，2015年05月29日。

　　"我从来没请人做过广告，小李庄的蔬菜，靠的就是质量，绿色就是绿色，随便检查，没有一回不合格。再说了，入口的东西，大家一吃，就能吃出来，只要大家吃得好，下一回准保还买你的。"李光敏说，做生意，信誉永远是第一位的，来不得半点虚假。

生活不是苦难，也不是享乐，而是我们应当为之奋斗并坚持到底的事业。

——**托克维尔**

安得广厦千万间

"安得广厦千万间，大庇天下寒士俱欢颜"是中国诗圣杜甫《茅屋为秋风所破歌》中的名句，李光敏把这伟大的梦想由唐诗变成了小李庄的现实。

2004年对于小李庄的村民来说，注定是不平凡的一年。

蔬菜大棚让小李庄村民家家户户有了存款，对于他们来说，还有一件让他们虽然不敢相信，但只要想想夜里睡梦中都会笑醒的大事，那就是规划中的小李庄的集体别墅群，开始破土动工。

早在春节期间，趁着外出打工的年轻人纷纷回家过年的大好时机，相官镇党委书记和李光敏一起在小李庄召开全体村民会议，把党的方针政策和李光敏关于新农村建设的计划和设想给村民们做了详细的解释：李光敏这回要带领小李庄全体村民调整产业结构，大力发展有机蔬菜产业，把小李庄变成具有持续发展力的美丽的生态宜居新农村。

让村民们既兴奋又迷惑不解的是，除了要修建蔬菜大棚，不种粮食改种菜，李光敏频频提到的另外一个词就是改善居住环境，建设美丽新农村。

李光敏手里拿了图纸，逐项给村民们解释，那些原来只是趴在纸上的文字和图片，经李光敏一说，才和小李庄的每个人息息相关。

具体说，李光敏准备把原来的旧小李庄完全推倒重来，就像电影特效里演得那样：将旧房子全部拆掉，换个地方再建一片新房子。拆掉旧房的原址和小李庄所有土地重新规划，统一平整，再划分出若干区域，有建蔬菜大棚的地方，有种果树的地方，有养殖水产的区域……竟然还划分出了一块娱乐区，这是村民们之前没想到的。对于一个传统意义上的普通农民来说，就他们日常生活经验而言，平日里，他们很少有娱乐的时间，更不会奢侈到专门修建一个娱乐的场所。

总之，经过一番这样的"挪移"之后，原来的小李庄将彻底"消失"，取而代之的生态宜居的现代化小李庄，甚至有年轻人戏言：这简直就要在小李庄玩"乾坤大转移"啊！

好不容易把李光敏的计划全部弄明白之后，大家心里也就只剩一个念头：李光敏是真敢想，真敢说啊！真是心有多大，舞台就有多大。

正如一个参会的村民当时说的：这事，也就李光敏一个人敢想敢说！除了他，别人绝对不敢！这得花多少钱啊？

安居乐业，对于当时的小李庄村民来说，完全就是一个美丽的梦想，他们能想到的最好的情景也就是先"乐业"后"安居"，先建蔬菜大棚种植绿色有机蔬菜，挣到钱，摆脱贫困；等大家手里有了余钱，然后再修房盖屋，改善自家的居住条件；最后再完善基础设施，优化全村的居住环境。

其实，纵观全国，绝大多数的富裕村镇都是这样分几步走过来的，毕竟罗马不是一天就能建成的。但李光敏一心想的是先"安居"后"乐业"，或者既要"安居"又要"乐业"，二者同时进行。

"其实，这样一步到位的计划，也是我反复考虑过的，虽然前期会增大投资，但后面会减少很多重复浪费的环节，对小李庄长久的发展有好处。"李光敏说，"只是这样，前期的花费就会很大。"

"凡事预则立，不预则废。言前定，则不跲；事前定，则不困；行前定，则不疚；道前定，则不穷。"从发展的角度讲，之前规划做得越合理越科学，后面重复浪费的环节就会越少。所以，李光敏认为一开始就必须做好顶层设计，给未来的小李庄做好科学定位，设计规划好未来蓝图。

为什么要做规划？因为传统的农村都是生产和生活混在一起的，这在自给自足阶段还是可以的，如果想进一步发展，生产、生活、商业、工业、养殖等活动继续混在一起，就会出现很多问题。假如一个家庭要搞养殖，周围邻居的生活就会受影响；此外，传统庭院经济也有很大弊端，种点蔬菜瓜果供自己家庭使用还可以，但很难做大做强。所以，新的乡村规划，最重要的一点就是要做到功能分区，把生产、生活、商业、工业、养殖等区域分开，避免相互影响。

为此，李光敏一方面是带人到江浙一带富裕的农村进行考察，借鉴人家的先进经验；另一方面是广泛征求有关专家的意见，坚持规划为先，以生态为先、景观为先、公建为先为准则，高标准、高起点制订小李庄建设规划。

在充分参考了专家的意见之后，几经讨论，大家最终确定给小李庄的定位是："宜居·宜业·宜游"，将人与自然，人与乡村、人与人的感受放在第一位，以"源于自然、融于自然、和谐自然农家乐"为主题，坚持以人为本的经济生态性原则，文化性、可持续性的原则并重，为广大村民建设一个集休闲、娱乐、放松于一体，与自然和谐相处，拥有现代生态环境的美好家园。重点是这个家园自身还要有健康的造血功能，能够长久持续地创造出经济价值和社会价值。

为了做好小李庄的建设规划，在县、乡两级政府的支持和安排下，李光敏聘请了江苏省规划设计院和安徽师范大学、安徽科技院和市县专家现场指导，探讨规划设计思路，因地制宜，制订了生态农业发展规划、村庄规划和产业规划，使农业种植示范区、畜牧业养殖区，水果苗木养殖区、水面养殖区、水上休闲游乐区、农民健身活动区、旅游休闲生活区，七大功能区域相互映衬、连贯一体。

同时利用紧邻南京，处于南京半小时都市圈，交通便利的优势，重点发展无公害蔬菜产业和乡村休闲旅游产业，主打生态旅游观光、蔬菜林果采摘、农家生活体验三大产业，增大农民收入。

关于村民居住区，李光敏当时提出的计划是，全村统一规格，每户一幢别墅，上下两层，面积二百四十平方米。而且将来拆旧房，建新房的钱，全部由李光敏的公司出，老百姓不用花自己的钱就能住上崭新宽敞的房子。

别墅？免费？楼上楼下？

怎么可能？大家第一个反应就是"不可能！绝对不可能！天底下哪里有那么傻的人？"虽然大家都知道，李光敏是好人，大好人，但好人并不意味就是傻子吧。听说，他这些年在城里办工厂确实是挣了些钱，他也无偿把钱拿出来给大家修路了、建蔬菜大棚了。再帮大家建别墅？这得花他多少钱啊？

对于祖祖辈辈住泥坯房的小李庄村民来说，印象里别墅哪里是他们这些农村人住的，那不是城里有钱的大老板们才住得起的吗？再说了，人家李光敏离开小李庄快十年了，早在来安县城里买了房子安了家，人家自己都不来小李庄住，凭什么花钱给我们盖别墅？

村民们的心情可以说是一时间五味杂陈，既盼望又不敢盼望，同时也不敢相信：天底下竟然还有这样的好事，而这样的好事竟然还让他们遇上了，他们有如此好运气的原因，仅仅因为他们和李光敏都是同一村子的村民吗？

但同时，他们内心又极其渴望这件事能是真的，又有谁不愿意住新房子呢？

有人感慨地说：没想到自己这辈子还能住上那么好的房子；有的人则有些担忧地说，李光敏这么做，不会是想等我们住进去以后，再管我们要钱吧？马上就有人反驳说：要钱？那我们也得有钱啊，我们谁有钱？再说了，我们有没有钱，李光敏又不是不知道，他如果想坑我们，根本用不着这样做。

在农村，修房盖屋对任何一个人来说，都绝对算得上一件人生大事。对于当时年均收入刚过两千元的小李庄村民来说，攒钱盖房，动则需要几万元，几乎需要集全家之力攒上一二十年的时间，有的人家甚至单靠一代人的力量都完不成修房盖屋的任务，所以，年久失修的房子比比皆是。

有人劝李光敏：你那些钱，都是你自己这些年苦来的，你就把那些钱给自己的儿子们留着吧，不想留，分给他们兄弟俩一些，剩下的也学学电视里演的那些有钱人，满世界旅旅游，苦了大半辈子的人了，也该享受享受了。

李光敏说："旅游？干吗花冤枉钱去别的地方旅游，我的目标是让他们都花钱来小李庄旅游！我要把小李庄建设成五星级旅游景区。"

至于把钱留给儿子们，李光敏说，他从来就没有想过。

"钱，只有花在该花的地方才叫钱，存在银行里，就是个数字，放在家里，就是张纸片。再说了，儿子们应该有他们自己的生活，我已经给他们打下了基础，剩下的能不能过好日子就看他们自己的本事了。只有自己苦来的钱，他们才会珍惜，平白无故地留给他们太多钱，实际上等于害了他们。"

话虽然可以这么说，但李光敏觉得大家的顾虑和观望也都是正常的，放眼相官乡、来安县，甚至滁州市，先富起来的人也有一些，但从来也没听说过有人会拿出自己家那么大一笔钱给村民们盖房子。

既然大家都不相信天上会掉馅饼，那就先盖起来再说吧，毕竟眼见才为实嘛。

当代版愚公移山

小李庄整体改建计划得到全体村民的一致拥护和支持以后，李光敏又拿着设计规划图，找专家反复论证具体选址的科学性和可行性。

李光敏说，他向专家提出的唯一要求就是做规划一定要有超前意识，一定预先把十年二十年以后的因素尽量考虑到，比如环保，比如节能等，一定不能寅吃卯粮，抢占子孙后代的资源，也就是说规划要以科学、环保、可持续发展为原则，不以节约省钱为原则。尽管那些钱，最后都由李光敏公司出。李光敏也要坚持以环保、节能、可循环为最重要的考虑前提，这也是之后预算一再超支的主要原因。

李光敏说："当时计划的是，所有的钱都由我公司出，但后来还是返还给了我一些，比如建房子的钱，当时我建每幢房子大概是花了十六万元左右，最后每户返还了两万元。"

其实，小李庄原来的旧址，并不在104国道公路旁边，二十一户村民分散居住在离公路二三公里的地方。因为小李庄原本就处在丘陵地带，村子里的地形也是高低不平，中间还有低洼的地方因为蓄积了雨水，变成了不规则的水塘子，旁边长满了杂草。因为以前没有大型机械，所有的老房子当初建的时候都是依照着山势地形，因陋就简，绝大多数人家的房子和院子都不是很规则的。

虽然小李庄是一个只有二十一户村民的小村子，但以前从村头走到村尾，比走到国道公路还费时间，就是因为大家住得都很分散，邻里之间彼此关系也很疏远。当然邻里之间，也有挤在一起的，这家房子的屋墙就是那家邻居的院墙，或者这家的院子也不知道什么原因就向邻居家伸出一个犄角，或者莫名其妙地就往里凹进去了一块，反正因为这些说不清道不明的历史原因，邻里之间为此产生的龃龉也不在少数。

再有就是那些老房子，大多数面积不大，最大的也不过五十多个平方米，一家几代人住在一起，院子里还喂着鸡、鸭、鹅之类的家禽，墙角旮旯里再随便搭个鸡舍、鸭棚的，甚至还有个别人在自家院子里喂猪，一到夏天，院子里蚊子苍蝇到处乱飞。

最初讨论建筑规划的时候，主要有两种意见，一种是原址重建，另一种是将村民的居住区整体搬迁，另外择址。考虑到要最大限度保护耕地和将来的交通问题，新地址选择在紧挨国道的地方，但那个地方原本有一座小山丘。要推平那座小山丘，整理出二十五点五公顷的建筑用地，预算大概需要一百万元。

如果把这笔钱均摊给村民，每户差不多要承担五万多元，对他们来说将是一笔不小的负担，就他们当时的经济实力来说，也是一个不可能完成的任务，唯一的可能是李光敏个人出资。如果单靠李光敏个人出资，会不会负担过重？

当专家把两个设计方案给李光敏选的时候，李光敏几乎是毫不犹豫地就选择了第二种。李光敏想，如果居住区远离公路，肯定会给村民以后的日常生活带来不便。更重要的是，如果那样的话，建筑用地就会占用小李庄有限的耕地，而不占用耕地是李光敏必须坚持的一个原则。

再说，对于老百姓来说，修房盖屋并不是一件小事情，一座房子，少说也要住几十年甚至上百年，绝不能仅仅为了现在省钱，就随便找个地方凑合一下，等以后有钱了，又觉得房子选址不好，或者重新选址或者接受遗憾。

李光敏坚持要建就按最科学最合理的规划去建，古有愚公移山，现有李光敏"移山"。只是由于现代生产技术的发展，他不再需要"率子孙荷担者三夫，叩石垦壤，箕畚运于渤海之尾"了。但推平一座小山丘，却也不是一个小工程，他自己花钱雇来大型挖掘机和推土机，先把小山丘推平，挖出来的石头和土，运出来，正好用来垫高路基。

原来连接小李庄和104国道之间的土路和周围的稻田经过平整以后基本是在一个水平线上，李光敏觉得将来的公路肯定要高于平整后的土地，这些挖出来的山石和土，正好可以用来修路。路基高于周围的田地，遇上下雨下雪，路面的积水可以直接流到周围的田地里。如果单从经济的角度来看，这样还可以节省公路的维修养护费，延长公路的使用年限，所以，不该省钱的地方，一定不能省。

推平那座小山丘，包括租用挖掘机、推土机、运输卡车，支付人员工资等，李光敏为此多支付了一百多万元，当然这些钱，最后都是从"光威"的账上转出去的。

李光敏说："我这个人最大的特点就是不小气，小时候，和小伙伴们一起挖野菜、捡柴火、放牛，我从来不自己吃独食，都会和大家一起分享。后来，做企业办工厂，这个秉性也没改。我一直主张有钱大家一起赚，总要给人家留出合理的利润空间，人家才会和你长期合作，用现在的话说，就是合作共赢。在村民大会上，我承诺要给村民改善居住环境，就不会再在钱上斤斤计较，要盖房子，就按最好的方案来。还好，现在因为有了大型机械，不需要事事都动用人工了，推倒小山盖房子才变成了可能，否则，光有钱也没用。所以，一个人的力量到底是有限的。"

　　直到大型挖掘机和推土机轰隆隆开进了小李庄，横亘在小李庄和104国道之间的那座不知道存在了多少年的小山丘慢慢变成了一片平地，一条笔直宽阔的大道渐见雏形，有些村民还不敢相信自己的眼睛，他们说：天上掉馅饼的好事还真的被他们碰到了。

小李庄变成大工地

沉寂了很多年的小李庄突然变成了一个热火朝天的工地，挖掘机、推土机、大型运输卡车……这些现代机械轰隆隆开进了小李庄，让新的小李庄一天变一个样子。

除了在蔬菜大棚里忙得腾不出多余精力的人，小李庄和周围村子的其他村民都成了工地上的工人，不仅因为每天都可以领到工资，还因为这件事让所有人都莫名地兴奋，忍不住也参与其中，变成这汪洋大海中的一分子。

周围村子的村民很是羡慕小李庄的人："你们村的人真有福气啊，有人掏钱给你们免费盖房，盖房的时候，你们自己还挣钱？""这世上还真有这样的好事，不出钱就能住上新房子，还能挣工资？"

很多人都羡慕地想，要是自己也出生在小李庄该多好！小李庄的人也觉得自己很幸运，谁也没有料到仅仅因为同住在一个村子里，和李光敏家也只是做了几十年的邻居，甚至有的孩子是李光敏去了来安县城以后出生的，连李光敏的面都没见过几回，这一回也都成了实实在在的受益者。

本着"先拆先住"的原则，第一批6户村民的名单确定了下来。按照事先计划，推土机终于在一个晴朗的日子，开进了原来的小李庄。

在这极具纪念意义的日子里，全村的老老少少都出来了，在大家的注视下，推土机慢慢将一座房子推倒了，然后是下一座……

虽然事先已经有了足够的心理准备，可等到真要拆了，才发现他们原先的房子状况比之前想象的还要糟糕。李光敏多年前自己烧砖盖的那座砖房在当时是小李庄的第一座全砖房，谁曾想，十多年过去了那座房子还是小李庄最好的房子。

所有的老房子还都是泥坯房，条件稍好的人家，泥坯房子的屋顶会铺一层瓦，不漏雨。但条件不太好的人家，就是各式各样的了。有的屋瓦年久失修，瓦破了坏了，也没钱换新的；有的人家屋顶压根就从来没铺过瓦，只有稻草和泥土；有勤快的人家隔三岔五还会修修补补；有的人家就只在屋顶铺了一层雨布，漏雨就变成了经常的事情，常常是大雨大漏，小雨小漏。

长期看不到希望的贫穷困顿把人过日子的心劲都快磨没了，凑凑合合活着成了普遍的心态。

原来人在房子里面住着，大家只能看见外墙，并不觉得怎么破旧，但等推土机一来，掀了房顶一看，现实的状况更让人触目惊心。

有的人家真的是很破很旧，屋子的房梁早已朽烂，即使现在不拆，过一段时间也会自然倒塌。有的人家，房子也说不清楚到底盖了多少年了，也不知道是祖上哪一代的人盖的；房子的材料可算是五花八门，有的竟然整体找不到一块砖，全是土坯。多年的烟熏火燎无论是墙体还是屋顶，一旦拆了就变成了一堆黑土。有人说，这些土如果拿去作为肥料，绝对是上好的。还有的人家，虽然从外面看是三间砖瓦房，但属于外面看着像点样子，其实里面很简易，中间就是一层简易的隔板做个样子。所以，村民们都说真是不拆不知道，拆了，家里的光景到底过得怎么样，全都一清二楚了。

房子破旧是一方面，最主要的问题还是面积窄小，比如有一家四口，两个儿子都已经成年，因为没钱盖房，儿子的婚姻问题一直是夫妻俩的心病，又着急又没有办法。如今看到自己家的老房子被拆了，马上就能不花钱住上新房了，两口子激动得都快哭出来了。

村民朱孝龙也在第一批拆迁的名单里，他原来一家六口，下面两个孩子，上面还有两个老人，当时全家只住了两间平房，一到下雨天就漏水，外面下大雨，里面下小雨。没有厨房，就在院子里搭了个简易的小棚子做饭。

朱孝龙曾在江苏镇江码头打过十几年工，每年累弯了腰，也没存下几个钱，如果要靠自己攒足钱再盖房子，真不知道要等到什么时候了。他说："不是我们不想翻盖房子，我们做梦都想。实在是这些年，辛苦一年，除了顾了嘴，再留不下多余的钱了，否则也不会让孩子们都这么大了，还挤在一起住。"

俗话讲，穷家值万贯。拆了房子，村民们才发现原来那么小的房子竟然被他们长年累月地塞进去了那么多的零碎。虽然为了暂时安置拆房的人家，李光敏在平整出来的土地上盖了简易房。因为简易房只用来做一个短暂的过渡，所以，李光敏和村民们事先约定好，一些实在旧的破的东西就不要再往简易房里拿了。

拆房子的具体日期是之前定好的，但真到临近那几天，却不断有人悄悄回到老屋，往简易房里搬东西，今天拿一点儿，明天取一点儿，家具，农具，甚至缺腿的桌子、椅子，村民们哪一个也舍不得扔。李光敏理解这些过日子节省惯了的人，也就睁一只眼闭一只眼了。

终于到了拆房子那天，李光敏一大早就派人拉出了警戒线，严格要求任何人都不可以跨过那条线，尤其再三重申各家大人必须看护好自己家不懂事的小孩子，就担心忙乱中会出什么差错。

"好像看见有人进去了！"围观的人群中突然有人说话了。

"谁进去了？"一听有人穿过了警戒线，李光敏突然就很生气，马上让人用大喇叭向正在拆的房子里喊话，就见腾起的烟雾中，突然快速跑出了一个中年妇女，怀里抱着一个黑黢黢的木箱子。

"你不要命了？"李光敏忍不住朝她大吼。

"我，我……"那个中年妇女，虽然被吓得一句话都说不出来了，但怀里还是紧紧抱着那个木箱子不撒手。

"谁也不许再进去了，要住新房了，那些旧家具就不要再搬了吧。"李光敏再一次强调说。

"虽然我知道住新房子不用花钱，但家具还是要花钱的吧，能用就凑合着用吧。我们家没那么多钱买家具啊。"那个中年妇女为自己辩解。

"不行！再也不能有人进去了。"李光敏突然说："家具我也管，大家就都不要再进去了，好不好？"

还管置办家具？村民们怀疑自己的耳朵出了问题。但紧接着就有人站出来说：不用，不用，光给大家盖房就花你那么多钱了，自己家的家具什么的，他们就自己看着置办吧。

"既然我当着全村人的面说了，我管，我就肯定会管的。大家以后还是要注意安全，不要再进去抢东西了，多危险啊。"李光敏向大家保证说。

其实，置办电器、家具并不在李光敏最初的预算里面，因为一旦破土动工，就发现需要花钱的地方实在太多了，他原本也只是想给大家盖了房子，等大家以后有了钱再慢慢添置家具，毕竟对蔬菜大棚的收益和小李庄的未来，李光敏是绝对有信心的。但他又确实担心有些村民会不舍得那些旧家具，总是惦记着回去拿，一着急就临时起意说：家具我也管了。

等晚上回到家静下心来一想，全村二十一户，如果再算上家电，往少了说，每家怎么也需要增加一万到两万块钱的投入吧。这么一来，几十万就又出去了，自己是不是有些草率了？

李光敏转念又一想，就小李庄村民当时的经济条件，绝大多数人家会把旧家具直接搬进新房子。好马配好鞍，既然盖房子的钱自己都出了，就不差那些换家具的钱了吧，新房子还是要用新家具比较搭配。

其实，这也是当初妻子朱忠勤反对李光敏回小李庄进行"新农村建设"的主要原因。因为就李光敏的性格而言，一旦帮人他就会帮到底。对待别人，他永远在追求更好，相应地，钱就会源源不断地投进去。

李光敏就是这样的性格，路修好了，他发现小李庄的房子显得太破旧了，盖好房子了，他又发现，原来的那些旧家具旧家电，搁在新家里太不好看了，全部换成新的。房子盖好了，家电家具也买了，以后还需不需要再往里面投钱，说实话，不但朱忠勤心里没谱，连李光敏心里都没谱。毕竟，美是没止境的。需要投多少钱进去，也是没有上限的。

这边拆房子的工作在按计划按部就班地进行，那边新房子也在紧锣密鼓地施工。为了保证房子的质量，李光敏让每家每户出一个人，组成监工队，负责监督检查工程质量。同时，也为了能最大程度保护村民的合法权益，在李光敏的坚持下，和建筑商签了十年保修合约。就是说十年之内，房屋一旦出现了任何问题，都可以直接找建筑商维修。

按照行规，一般的房屋保修合同是三年，但建筑商还是同意了李光敏提出的要求，正像建筑商说的那样："这房子都是您出钱给村民们盖的，和您比，我们还有啥好说的。您说十年就十年，绝对保质保量。"

对于一个普通的农村人来说，一生中一般要完成三件大事：一是给父母养老送终，二是让儿女结婚成人，再一个就是修房盖屋。这一次，李光敏要给全村人盖二十一栋别墅，每座上下两层面积二百四十平方米。与十年前自己那时候盖房子相比，虽然条件好了，不需要辛辛苦苦地自己烧砖，但李光敏觉得这一次比给自己家盖房子操的心还多，需要承担的责任更大。

"那些日子，就怕好心最后办不成好事嘛。"李光敏说。至于当时自己承担了多大压力，既然事情都已经过去了，他不愿再提。他觉得一

个人不管他的出发点有多好，只有最后的结果是好的，才算真正办了件好事。"总的来说，那些房子的质量还是可以的，十年过去了，基本上没出过啥大问题。"

半年之后，六座崭新的一模一样的两层别墅，拔地而起，第一批村民欢天喜地地搬入了新居。李光敏的预算却像开了闸的洪水，他不但为每家每户配备了统一的家电、家具，还装了太阳能热水器。之后不久，沼气池建好后，又把沼气管道直接通到了每家的厨房，并且全部通上了自来水。自此，小李庄全部用上了清洁能源，家庭主妇在宽敞明亮的厨房为家人烹制一日三餐，再不用灰头土脸地承受柴灰和煤烟的困扰了。

一年以后，小李庄全部村民如期搬进了新居，除了李光敏。那二十一幢别墅里没有一平方米属于他，他把办公室和家临时安置在他那辆旧帕萨特里。

既然我已经踏上这条道路，
那么任何东西都不应妨碍我沿着这条路走下去。

——康德

家家有产业

伴随着新年的鞭炮声，小李庄最后一批村民也搬进了新居。

看着小李庄崭新明亮的别墅，周围村子的村民渐渐地也开始有想法了。本来大家都在相官村朝夕相处地住着，原来的家庭条件彼此也都差不多，现在小李庄的村民都住上别墅了，他们却还继续住在原来的泥坯房子里。

也有人说，这样一来，周围村子条件再好的小伙子也要被小李庄的小伙子比下去了，他们全都成香饽饽了。是呀，谁家能靠自己的力量建一座两百多平方米的新房子？就当时的经济条件来说，达到这样水平的人家不能说完全没有，但肯定也是凤毛麟角。

周围村子的人都想搭上小李庄这列快车，先是紧挨着小李庄的早王村，提出可以给小李庄协调修路的土地，前提条件是路修好了，早王村的村民也要住到统一的别墅区里。

因为没有现成的范例可以做参照，早王村的房子建筑分配方案比小李庄的还难。首先，每家的人口就不一样，有一家三口人、五口人的，也有八口人的，而且每家的房产情况也都不一样。所以，房子盖多大面积？盖多少座？针对这些问题，李光敏和早王村的村干部反复开会协商，就为了制定出一个能让大多数人满意的分配方案。

因为李光敏白天还要忙着处理小李庄工地上的很多事情，所以早王村包括后来下徐村、尤楼村的房子分配方案都只能在晚上开会协调，有时候甚至需要开到凌晨一两点。

　　"因为谁都想为自己的村民争取更多的权益，双方意见不统一的时候，只能开会反复协商，寻找中间的平衡点。"李光敏说。

　　在密集的会议中，有不同意见的交流，也有思想火花的碰撞。最后达成的协议是，由李光敏牵头组织再建三十三座和小李庄一样面积的别墅，从早王村划出十二亩土地用来修路。

　　由于建材涨价及其他原因，当时房子的成本价已经突破九万，建房协议上写的是每家每户交房款五万，结果到最后只收了每家三万，等于给每家贴补了六万多房款。再加上平整土地、硬化路面、绿化等，这样一算，李光敏又补贴出去三百多万。

　　那些年，李光敏一直在拿自家化工厂的利润，源源不断地投资小李庄的基础建设。结果是小李庄的别墅区的规模越来越大，规划也越来越趋于完善科学。截至2007年，三个村民组，北面的早王村、南面的尤楼村、东面的下徐村的全体村民也都住进了统一的别墅区。

　　当然3个村的村民的待遇还是有一些区别的，尤楼和下徐，是统一规划，自己出钱建房，自己付土地平整的费用，由李光敏的轮窑厂用成本价提供建房所需的空心砖，但铺设管道、架设路灯、硬化地面、栽种绿植等公共设施费用，都由李光敏出，加上李光敏轮窑厂的利润损失，李光敏又贴出去了两百多万。

　　由于住宅区渐渐超出了原先的规划，由最初的二十一户增加到最后入住的一百八十二户。最初为了保证房屋质量，一家一户出一个人组成的监督组，最后变成了一个常设机构，除了在房屋建设的过程中需要监督质量，以后凡是涉及房子的事情，都由监督组负责协调解决。这样做，其实也是为了发挥每个村民的积极作用，群策群力，让所有人都变成责任人，都要对房子负责，对居住区的公共设施负责。因为房子是大家共同的事情，无形中也增强了村民之间的凝聚力，大家虽然来自不同的自然村，但既然住在了一起，自然就要互帮互助，和谐相处。

当时房屋监督组经过协商后决定：房子的分配工作要在房子完全建成，建筑商交房之后再进行抓阄，所以在抓阄之前，谁也不知道自己家将来会住哪一幢，每一幢都有可能是自己家的，所以监工的时候，一旦发现问题，不管是谁，都不会包庇，而是积极报告，因为一旦隐瞒不报，有可能就把隐患留给了自己。

当时按照整体规划，居住区域的设计是这样的：中间是一条大路，村民们的别墅对称排在大路的两侧，中间留出一定的绿化面积，种植草坪和花树。所有的公共区域，全部由李光敏负责硬化平整，房屋面积、屋内设施也都一模一样，唯一的区别就是前排和后排的位置。

考虑到大家都愿意住到前排，所以，在最初设计规划时，专门在别墅附带的小院上做了区分，前排的别墅带八平方米的小院，后排的别墅带十平方米的小院。这样，村民选择了前排的别墅，院子就小一点，如果选择了后排，院子就稍大一点。同时约定，任何人的院子都不可以私搭乱盖。这样就在最大限度上，保证了村民利益的均衡和公平。

当然，这个分配方案也是监督小组集体讨论出来的，李光敏觉得这个办法可行，这个制度就一直延续了下去，所有人都是经过抓阄确定的房屋位置。

"当时为什么以一家一户为单位？中间有没有产生过矛盾？"

"矛盾肯定有啊，其实以户为单位，也是大家当时多次开会研讨后的结果，虽然建房子的钱是我出的，但我也不能自己想怎么分就怎么

分。再说了，掏钱给村民盖房，我是没有半点私心的，就是想着让大家过上好日子，所以，首先从我这里就是一碗水端平了，不管是我的亲戚还是朋友，也不管是普通村民还是别的生产队的村民，甚至是以前和我或者我们家有过小龃龉的村民，都是一视同仁。首先，我这里的水端平了，其余的问题就好解决了。假如我存有私心，大家就很容易产生矛盾。"

"以户为单位，主要是考虑到这样是最容易操作的，比如最初虽然只有二十一户，但每家每户的情况都不一样，像原来的旧房子，有的人家五十多平方米，有的人家六十多平方米，有的人家条件好点，有的人家条件差点，怎么算？最后达成的统一意见是，无论房子面积大小，无论房况如何，反正拆完了就是一堆肥料，所以当时大家定的标准就是每拆一户补贴一万元。"

"再就是人口，人口其实是一个变量，有的人家刚出嫁了女儿，有的人家刚娶了媳妇，有人刚订婚，有人正在筹备婚礼，有的人家刚生了孩子，也有的人家孩子过几个月才出生……怎么算？没法统一算！但分房又必须有一个标准，没标准，事情就没办法往下进行啊，所以经过反复讨论之后，最后决定以户为单位。只要户口在这个村子，不管家里有几口人，原来的房况怎么样，都一个标准，一户一套。标准有了，全体村民也签字同意了，那就按标准执行，事情就变得简单化了。"

人人有就业

从2004年到2007年，仅仅用了三年时间，包括小李庄的全部村民在内的四个村民组一共一百八十二户人家，五百八十余口人全部住上了环境优美的花园式别墅，紧接着村民的生活也发生了翻天覆地的变化。

"要不是李总为我们盖了新房，我家的俩儿子咋能这么快就娶上媳妇啊。"村民王家明谈起自己家这些年生活的变化，首先谈到的就是儿子的婚事。

原来，王家明家两个儿子，却只有四五十平方米的两间土坯房。因为家庭条件不占优势，所以，老两口最操心的事情还是儿子们的婚事。

家里没有梧桐树，怎么能引来金凤凰？虽然村子里总有热心人为他家儿子牵线搭桥，但女方父母一打听，孩子条件倒是还可以，只是家里连结婚的婚房都没有准备，担心自己家的闺女嫁过去会吃苦，所以大多数的牵线结果都是只有开头，没有后续。久而久之，连媒人也很少上门了。

"那些年，我可没有现在这么精神，整天蔫蔫的，提不起过日子的心气。"自家孩子因为家庭条件不好找不到媳妇，作为父母肯定也觉得脸上无光，在村子里腰杆都直不起来，觉着自己活得很没意思。现在，房子有了，周围村子的人家都觉得能把自家闺女嫁到小李庄，是件很有面子的事情。他们都说，能嫁到小李庄是自己家孩子的福气。房子问题解决了，儿子们也都很快找到了心仪的姑娘，相继结婚成家了。

"我们家现在什么负担都没有，不像城里人还要还房贷，我们连房贷都不用还。现在我们俩身体还行，所以就在李总的合作社上班，上一天班领一天的钱，感觉现在的生活都是托了李总的福啊。"王家明的妻子说。

对于王家明一家来说，解决了房子问题就是解决了家里最关键最大最难的问题。其实，在小李庄，像王家明这样的人家还有很多，他们本身也都是勤劳本分的庄稼人，只是以前生活基础太差，单靠他们自己的力量很难摆脱贫困，现在，李光敏伸出了援手，他们也就被扶着走上了生活的正常轨道。

"在我们小李庄，现在，大的，小的，没有一个光蛋。"李光敏充满自豪地说。"光蛋"是安徽方言，就是光棍的意思。从李光敏回到小李庄，十几年时间，小李庄所有的适龄青年，都已经成家立业，过着幸福美满的生活。

"我们这里，每家十几亩地，每亩地每年补贴五百元，只这一项每年就能拿到七八千块钱，补贴再拿到两千多，如果家里再有两个人在合作社上班，一年差不多能拿到三万多，这样一来，收入已经远远超过全省平均水平了。"

2004年小李庄开始建别墅的时候，家庭用小汽车还很稀少。就拿经济比较发达的邻省江苏省来说，据调查，2004年，农民家庭用于交通和通讯方面的消费支出人均已达到643元，比2003年增长19.5%，占农民生活消费支出的比重达到11.8%。截至2004年底，苏州农村住户中每百户摩托车的拥有量已经到100辆，平均每户就有一辆，在一些富裕起来的家庭中还拥有了家庭用汽车，2004年年末，平均每百户农户拥有家庭用汽车两辆。

虽然当时江苏省家庭小汽车的拥有率只有2%，但李光敏认为，随着经济的发展，家家都有小汽车绝对是未来的发展趋势，所以在二百四十平方米的别墅设计图中，当时连摩托车都很少有的小李庄却家家户户留出了标准车库的位置和面积！

李光敏说："房子不是只用一时的事情，连国家的房产证都规定了七十年，所以，需要考虑的因素一定要提前考虑到，不能建了拆，拆了建，宁可超前，不能落后。我那时候就坚信小李庄十年后，家家户户肯定都能买得起小汽车。"

事实上，根本就没有等到十年，小李庄的二十一户村民中就已经有十三户村民拥有了自己的私家车了，有的人家还不止一辆。有车的人家占小李庄总体的百分之八十。而一百八十二户别墅区里保守统计也已经停了好几十辆私家车。当然，也有人家认为自己家纯粹就是不需要买辆车，而不是买不起。

这时候，大家对李光敏又增添了几分敬佩。要想做好农村致富带头人，尤其处在现在这个高速发展的时代，就必须提高预见能力，增强工作的预见性，不但要知晓昨天和今天，还应该把握好明天和后天，从而下好先手棋，打好主动仗。没有超前思维，就没有预见性，就不可能掌握工作的主动权。被动应付是很难开创事业新局面的。必须想在人先，做在人前，对可能遇到的困难和问题提前考虑、超前谋划，努力抢占先机、掌握主动、赢得优势。"明者防祸于未萌，智者图患于将来。"只有善于登高望远、见微知著，才能在"风起青萍"时未雨绸缪，在"山雨欲来"前抢得先机。

一路走来，李光敏也总是靠着比别人快"半拍"，赢得了主动。超前性是对未来的洞察和远见，"善除患者，理于未生；善胜敌者，胜于无形"。凡事预则立，不预则废。废立之间看预见、见水平。预见精准，事半功倍；谋划失当，事倍功半。作为小李庄的"总规划师"，李光敏的前瞻性也大致决定了小李庄的格局和未来的走向。

为了把小李庄的未来设计得尽可能地尽善尽美，不留遗憾，李光敏为此专门自费到外地考察，并和有关专家进行多次沟通。其实，在规划小李庄新农村建设规划过程中，除了提供大量资金，李光敏还要提供思路和想法，因为没有人比他更了解小李庄。要做到科学、节能，环保，还要外表美观大方，因为一家一户盖房，考虑自己就可以了，但要为整个村子做整体规划，就要方方面面都要考虑到照顾到。

为此，在县镇两级政府的支持下，小李庄先后进行了电力保障、水渠塘坝流通，主干道的建设，环境整治，绿化等工程，作为中国农业农村部首批农村清洁工程示范村项目建设点，依托禽畜养殖建设沼气池，使住宅区一百八十二户村民全部使用上了清洁能源、自来水、太阳能热水器。

当时为了能够相对公平公正地把房子分配出去，李光敏采纳了大家提出的以"一家一户"为单位的分房原则。只是十多年过去了，这种分配方式产生的"遗留问题"出现了——比如当初分房的时候，孩子二十多岁还没有结婚，父母五十岁左右。十多年过去了，父母已经六七十岁了，孩子也结婚生子了，孩子的孩子慢慢长大了，一家三代同堂，甚至四代同堂，家里人口增多了，原来宽敞的别墅就显得有些局促了。

为了解决这些人家实际的"住房困难"，2015年，李光敏又出资扩建了居住区，加盖了三十三套小别墅。这些别墅上下两层，里面设施齐全，只是面积没有原来的大，全部用来给村里的老人住。不但房子全部是李光敏自己出钱建，家具家电也是李光敏统一配置的，连老人们的日常水电费，也由李光敏的公司统一支付，彻底解决了这些老年人的后顾之忧。

虽然居住区域有别墅两百多栋，但无论大小，都没有一间属于李光敏。也因为原来那座自建的砖房凝聚了李光敏太多的感情，在小李庄拆旧房建新居的时候，那座砖房被保留了下来，现在成了小李庄旧居展览馆。

小李庄村民旧居

20世纪八十年代，小李庄村民居住在这样的瓦房，按照传统的方式耕作，近年来，随着小李庄的建设发展，这样的旧居都变成了新的两层农民庭院式别墅，农民生活日益富裕。这幢旧居成为小李庄历史的见证。

也因为别墅区里没有属于自己的房子，李光敏和妻子朱忠勤就住在小李庄别墅式宾馆住宿登记处的楼上，两个小房间，一间做卧室，一间做厨房兼客厅、餐厅，楼下是登记处，凡是来小李庄住宿的客人住宿登记等手续都在这里完成。

如果，单从住房条件来讲，李光敏夫妇两个人才是小李庄居住条件最简陋的，最不达标的。

眼睛看不到的地方，

钱更不能省

农民居住环境建设，涉及农村住宅建设模式、农民居住条件和生活环境质量、资源与能源利用等，只有积极创造适合农民生活安全、方便、卫生、舒适、美观的宜居环境，才能真正地改善和提高农民的生活质量。

为进一步适应居民日益增长的物质和精神需要，完善休闲服务设施是必不可少的，配置齐全的服务设施和完善的休憩设施、儿童的娱乐设施，为农民生活提供极大的便利，也扩大了公共活动空间，增强邻里间的交流和沟通。

走进小李庄，就像走进一幅山水田园画，沿着一条宽阔笔直的柏油路进入村里，视野逐渐开阔，标准的篮球场和广场上的健身器材，在洁净的阳光下闪着特有的光泽。

"晚上，有人在这里跳舞。"李光敏指着广场说。

"广场舞？"

"应该是吧，我也不太懂那些。"

笔直的柏油路两边是整齐划一的别墅区，别墅区中间是草坪，花树。再往前走，远处，白色的是蔬菜大棚，绿色的是农田、绿化树林。二十多座白色的别墅式小宾馆，环绕着一大一小两面水塘，几只白色的胖鹅正悠闲自得地在水面上觅食嬉戏。

李光敏说："来我们这里住宿有多种选择，无论是一家人来还是和朋友们一起来，都很方便。游客可以选择在那边的别墅式宾馆住宿，到前面我们的农家乐吃饭，也可以自己动手做饭，蔬菜都是随吃随摘的；可以在周末来放松一下，也可以短期在这里住上一段时间。我们这里食材新鲜，空气也好，有兴趣的话还可以到前面的水塘垂钓，想怎么玩就怎么玩。"

这些宾馆的产权都属于小李庄的全体村民，经营权归公司，由公司统一经营，统一管理，聘请附近村民做服务员，年终按股权比例分红。

距离别墅区不远是小李庄的果树种植区，八月末正是桃子快要上市的季节，空气里满是桃子香甜的气息。

"再过些日子，这些桃子就能上市了，在南京大超市，十八块钱一斤，已经全部预定完了。"

"比市场上的普通桃子价格贵一些，也能卖得掉吗？"

"没问题。因为我们这里的桃子全部是有机桃，而且保证全部树上熟，不打催熟剂，不打农药，味道完全不一样。"

不知从何时起，"像小时候吃过的味道"成了有机绿色食品的另一种说法，小李庄的桃子咬一口真能唤起人们童年的记忆。

李光敏说，小李庄的桃子2017年的产量不是最好，是因为春天桃树开花的时候，正赶上天旱，好多桃花没来得及结果就落了。

"如果树上结的桃子少了，会不会采取别的措施来保证收益？比如想办法增加单个桃子的重量？"

"绝对不会！因为桃树是种在露天的，受天气影响比较大。但绝对不会人为地喷洒一些膨大剂之类的东西，也不会施用化肥。我们这里一共有七百多棵桃树，用的肥料全是芝麻饼，就是用芝麻榨油后留下的那个残渣。"

"如何能确保农户不会私自施用化肥呢？"

"一是靠多讲，只要有机会，我就给大家讲：无公害有机蔬菜，就是不能用农药不能用化肥。这件事只要有机会，我就反复说，反复说，大家也就重视起来了。二是制定相关制度，从源头上彻底消灭这种可能性。管理桃树的农户，是按月领工资的，一个月两千块钱。桃子的产量、销量和他个人收入不直接挂钩，所以，他一般不会私自去使用化肥农药。再说了，这些桃子上市的时候，还要经过层层检测，一旦发现有农药残留之类的，公司还有相应的处罚措施。一件事，如果只能给自己带来坏处带不来任何好处，一般人都不会选择去做。"

2004年到2005年，小李庄的蔬菜大棚是承包给农户的，2006年成立新农村合作社，蔬菜大棚全部归合作社管理。合作社成立以后，管理人员和技术人员就只负责生产、管理，不负责销售。村民们每干一个小时的活儿，领二十块钱，中午，公司还管一顿饭。

大家各司其责，这样分工最有可能保证产品的品质，也能最直接追踪到责任人。万一有什么问题，问题出在哪儿，谁负责，一查就知道。人叫人千声不语，货叫人点首自来。入口的东西，人们尝一口，品质高低就全知道了。这几年，小李庄的桃子运到南京根本就不愁卖，也说明桃子的质量是完全信得过的。

李光敏介绍说，小李庄除了有机桃子每年供不应求以外，还有奶油草莓。"现在草莓不在季节，要等到快过年的时候。等草莓上市，别人家的草莓每斤十五元，我们的草莓卖每斤三十元，就这样都不愁卖。为什么？因为我们这里生产的是真正的奶油草莓，不是炒作概念，而是真的给草莓喷洒牛奶，是真正的高品质草莓。"

"现在的人呢，和以前已经完全不一样了，以前的人想的是如何能吃饱，现在的人想的是如何能吃好，如何吃得更健康，所以只要产品品质好，还是有市场的。"

"投入这么多资金做生态农庄，比起做企业，就经济回报来说哪一个更合算？"

"当然是投资企业见效快。做生态农庄，最初几年根本没办法收回成本，投入大，产出少，但从长远来看，农业的生态效益、经济效益、社会效益肯定会比工业大。作为一名老共产党员，带领村民一起致富，是责无旁贷的。"李光敏回答说。

蔬菜大棚的效益越来越好，李光敏又把目光投向小李庄的全面可持续发展上面，他从南京东南大学请来有关专家，按照生态型新农村的建设标准，对农业生产、住房、道路、给排水、能源等各方面进行精细设计，并从基地设施配套工程建设、村庄基础设施投入、壮大基地规模和延伸产业链等方面，制定并落实新农村发展规划。

"除了要发展经济，重要的还是要注意不能破坏环境，要生活幸福。除了地面上的这些建筑、设施，地表下面我们眼睛看不到的地方，其实更费钱。因为不管是道路还是水塘，都不能像拉链一样频繁地拉开、合上，所以，如果有可能，尽量要一次性建设到位，铺设地下这些设施时更不能省钱。"

这些年，李光敏用在小李庄基础设施建设方面，数得出来的投资就有这么多项：

为消除安全隐患，投资18万元，进行供电线路地埋工程，把入户电缆全部地埋。

清理整修10多面当家塘[1]，水塘周围地埋了电缆电线，方便农户干旱的时候抽水用电，保证水田和蔬菜大棚的灌溉用水。

请专业打井队，打了一口300米深的机井，保证村民饮用水干净卫生。

修建了日供水100吨的水塔。后又为水塔除锈出新，更换不锈钢储水

1　当家塘目的是为了蓄水救田，可以靠存储天然水进行农业生产灌溉，雨水顺利地汇入到大塘中，到了旱季，再从塘口引渠或用机井抽水，灌溉用水不再发愁。这样的塘，被村民称为当家塘。

槽，全部铺设自来水管道到各家各户，让村民全部用上自来水。

投入30万元，迁移合作社的养殖场，修建发酵床生态养猪场。充分利用农业废弃有机资源，利用木粉、稻壳、花生壳、玉米秸秆等作为原料，降低饲养成本，提高养殖效益。新养殖场可节省饲料10%～15%，减少用药40%，节约用水80%～90%，节约人工50%以上，缩短育肥周期10～15天。省去排污管道和猪粪尿及污水处理的投资，出栏一头肥猪可增收40～60元，垫料还可作为有机肥进行蔬菜生产。

投入15万元，拆除老式农厕，建冲水式新式公厕两座。

投入200万元，新建为民服务中心并进行了广场的水泥硬化和绿化工作。

投入50万元，安装微动力污水处理设施，新建污水管道500米。现在小李庄已经做到雨污分离。

卫生间的下水也分两种管道，一种是抽水马桶的下水直接进入沼气池，沼气渣会转变成有机肥料；洗涤用水则进入专门的污水处理管道，最后达标排放，为此，安徽省环保厅特意奖励小李庄一台"微动力太阳能污水处理器"。

建设200平方米停车场，带遮阳棚，方便游客停车。

投资40万元，建了两座容积为150立方米的沼气池，设在存栏1000头的养猪场前面，沼气管道通到各家厨房。除了农户的厨房，现在连蔬菜大棚都通上了沼气。

建设农业灌溉水塔2座和节水农业滴灌设施10台（套）。

对居住区别墅群42000平方米房外墙刷色美化，对村庄旁边进行绿化及补栽苗木，实施了整体绿化工程，绿化率达到65%。合理配置乔灌木、藤本植物、地被植物、芳香植物，做到四季常绿、四季有花。

"别看地面上什么也看不到，但这地表下面，我们各种管道加起来的长度，至少有3万米，以后还会视具体情况随时增加。"李光敏指着不远处正在铺设管道的工人说。

之所以花大本钱铺设地下管道，一是要绝对保证村民的安全，二是发展生态循环农业的需要。

农村必须美

生态循环农业，简单地说，就是在良好的生态条件下所从事的高产量、高质量、高效益农业，不单纯追求当年的产量、当年的经济效益，而是追求经济效益、社会效益、生态效益的高度统一，使整个农业步入可持续发展的良性循环轨道。为此，必须调整农业生产的产业结构，合理安排粮食作物、经济作物、养殖业、加工业、能源和肥料等生产，以便在有限的土地上，提高农业的综合效益，增加农民的收入和国家财政收入。

李光敏说："老百姓信任我，我更不能只为追求经济利益破坏糟蹋土地。从一开始回到小李庄，我就打定主意，一定要保护好小李庄的二百四十亩土地，发展生态农业。"

小李庄生态农业的发展带动了旅游、餐饮、第三产业的发展，吸引周边五个村组八百多农户和一千多个劳动力，专门从事无公害蔬菜种植、生态养殖和餐饮业；为此，李光敏还专门聘请了南京农业大学、安徽农业大学、滁州市农技推广中心的教授、专家对农户进行技术培训工作，印发各类技术资料，培养科技能手、乡土化专业技术人员。

这些年，小李庄在环保节能方面，主要是通过科学合理利用太阳能、风能，修建沼气池，垃圾无害化处理等措施，减少农村能源消耗，提高农村生存环境和生活质量。

李光敏说，从2004年小李庄的道路两旁就已经全部安装了太阳能路灯，别墅区建成之后，又为全村村民配备了太阳能热水器。

为了很好地利用风能，小李庄的当家塘旁边建有一大一小两个风车，这两个风车可不仅仅是摆设，它其实是和小李庄的两个水塔联系在一起的。风车的原理其实很简单，类似一个大的打气筒，随着金属风叶的不停转动，压缩空气，空气就被压进细细的特制的橡皮管，那细细的通有压缩空气的橡皮管连接着池塘或者地下井的水车，将风能转化成机械能，水便乖乖地被压进了水塔。

一个风车的成本大约是两万元，大风车的功率相当于十一千瓦的电机，小风车的功率相当于四千瓦的电机，在风力资源比较发达的小李庄，这两个风车，每天不用任何投入，只要有风，就能将低处的水抽上水塔，保证大棚蔬菜的用水，保证附近居民生活用水。夏季的时候，风车还可以将地下的凉水抽上来，给猪圈降温，冬天的时候，风车从地下抽上来的水比地表水温度高，可以给蔬菜大棚升温。

沼气作为一种清洁能源，对改善农村人居环境，降低污染，发展循环经济具有重要意义，李光敏在小李庄前后修建了两个一百五十立方米的沼气池，全面铺设沼气管道，家家通沼气。沼气可以直接作为生活燃料，供人们烧饭、烧水、照明等，代替柴、煤等传统的农村能源，还把农村妇女从烟熏火燎中解放出来，降低劳动强度。

沼气和蔬菜大棚结合起来作用更大。沼液、沼渣都是有机肥，没有污染，可以用作大棚蔬菜的肥料，生产有机蔬菜。沼渣做肥料，可以使蔬菜茎秆粗壮，叶片青绿，平均亩产比不是沼渣肥的蔬菜量增产百分之二十，另外用沼渣作肥料，还有改良土壤的作用。

沼气灯也有很多作用，冬天不仅可以用来照明补光，还能释放氮气，起到喷施叶面肥的作用。沼气灯还能天然灭虫。沼气灯是呈蓝色的荧光灯，沼气灯光存在少量紫外光。实验证明，许多害虫都对三百七十毫米到四百毫米波长的紫外光有最大的趋光性。夏秋两季，既是沼气池产气的高峰时期，也是各种害虫猖獗的季节，利用沼气灯灭蛾，可以有效杀死金龟子，食心虫、星毛虫等大部分害虫，而且沼气灯诱下的害虫，又能为鸡鸭鹅提供优质蛋白质，形成了"养殖——沼气——绿色种植"良性循环，既能节省农药化肥，又能促进蔬菜增产，可谓一举多赢。

小李庄主抓道路两侧及居民区这两个重点区域的环境卫生，完成了九十多个分类式垃圾箱等公共设施的配备，新建一座污水处理池、两个田间垃圾收集池，五个生活垃圾池。配备两名专职卫生保洁员，配备专用垃圾收集清运车，家家户户门前都摆放了统一定制的垃圾桶，村里的垃圾做到日清、日运、日消灭，实施常态化的保洁机制，彻底改善了村容村貌，提高了农村环境质量。

现在，小李庄已经实行垃圾全部无害化处理，高温堆肥，既卫生又省钱，无须资金投入，还能获得腐熟厩肥，促进有机农产品生产增收。

环境的改变，还培养了村民健康的生活习惯和环保意识，现在小李庄的村民都已经养成自觉维护小李庄生态环境的意识，不再随意泼脏水扔垃圾，家畜不再散养，砍伐树木生火做饭的旧习惯更是因为有了沼气，彻底成为历史。

"做农业的这十几年来，我每年都投资搞基本建设，前前后后一共投了有三千多万元。从2014年开始，我们的农庄开始盈利，正好符合我'十年投资，十年见收益'的计划。以后的投资将会越来越少。"李光敏说。

"我们这里基本不产生废物。养猪从来不喂激素，不喂增肥剂，夏天连变质的饭菜都不喂，猪生病了就熬点中药喂，养出来的猪肉自然好吃；我们的蔬菜有十二个品种被认证为无公害农产品，每天源源不断地运往滁州、南京等周边城市，供不应求。鸭、鹅的粪便用来养鱼和改善水质，形成立体循环，既有利于生产，又利于环境保护。"

循环经济是一种追求更大经济效益、更少资源消耗、更低环境污染和更多劳动就业的经济形式，符合科学发展观的本质要求。要把发展循环经济与新农村建设、县域经济、扶贫开发等工作结合起来，整体推进。循环经济在工业方面，体现为节能、降耗、减本、治污、再生、就业、发展、增效；在农业方面，体现为"九节一减"，即节地、节水、节种、节肥、节药、节电、节油、节柴(节煤)、节粮，减少从事一产的农户。

原安徽省人大常委会副主任、安徽省循环经济研究会季会长曾到安徽来安县调研循环经济工作开展情况，对小李庄的循环农业进行现场指导，并把小李庄的成功经验向全省推广。他指出发展循环经济要从加快建设资源节约型社会入手，从污染治理入手，从生态修复入手，从发展循环经济型生态农业入手。

通过多年的滚雪球式发展，李光敏依靠科技，发挥优势，发展基地，创立品牌，拓展市场，使小李庄由原来的一个村民组二十一户人家扩大到现在的四个村民组一百八十多户人家，村庄面貌焕然一新，生态观光农业初具规模，由单纯依靠生产农产品向发展乡村旅游的道路转变，紧紧依托绿色无公害种养基地和省五星级农家乐，大力发展农家生活体验为主的乡村旅游。

目前小李庄已形成产业特色鲜明，人居环境优美，农民生活富足的美好乡村新景象，走上了一条前景广阔、后劲十足的良性发展之路，吸引了苏皖两省众多游客前来观光度假，年接待游客近十五万人次。

对于下一步的发展与规划，李光敏这位"庄主"早已心有蓝图、成竹在胸。"以后，我们的无公害蔬菜不仅有品牌，而且要走精品化路线。我们还要在大棚里装上摄像头，能让人在网上就可以追踪到蔬菜的生长过程。力争到2020年，人均年收入突破四万元，到那时，我们小李庄的村民不仅家家有别墅，而且户户开轿车！"

为了进一步推广小李庄的蔬菜，提升小李庄的品牌，李光敏聘用专门的技术人员，建立健全市场销售信息网络体系，及时反馈各地的市场批发价格和主要的蔬菜生产状况。此外，李光敏还计划在104国道旁建立一个面积为二十亩的蔬菜批发市场，批发市场的职能是做好市场预测，根据消费需求多样化、多元化、营养化和保健化的趋势，及时调整生产布局和品种结构，提高蔬菜种植的产业化水平和农民组织化程度，积极开发合同蔬菜和订单蔬菜，生产更加适销对路的蔬菜产品，发挥蔬菜产品的生产、加工的辐射带动作用。

小李庄的村民某种程度上早已经不能称之为传统意义上的农民，而是产业工人。成年人全部购买"新型农村社会养老保险"，每年一次体检，上班有工作服，工作餐，拿工资，分红利。不仅如此，一年还发四套衣服两双鞋，端午、中秋、春节三个传统节日，村民们还能领到公司统一发放的色拉油、大米、月饼、板鸭以及新鲜鱼虾等各种各样的慰问品和福利。

物质生活富裕了，精神生活也要跟上。为活跃群众文化生活，2010

年，李光敏又出资兴建了村宣传文化中心、水泥篮球场，健身器材及各种文化用品应有尽有，让村民在娱乐中提升思想道德水平和科学文化素养。还在一位喜欢读书的村民家里设立了图书阅览室，方便大家借阅。

"现在的小李庄还真的找不到打架斗殴、赌博玩牌等不文明的现象。而且也看不到夫妻打架、婆媳生气的。"随着村民年收入不断提升，小李庄制定了乡规民约，规范每个人的言行，进行"五好家庭""模范媳妇""孝子孝女"的评选，发扬传统美德，引导人人积极向上。

2014年元月汉河镇组织的"梦回童年"活动在小李庄举行，开展了斗鸡子、掼宝、滚铁环、踢毽子等中国传统的娱乐项目，给村民带来了喜庆和欢乐。

此外，小李庄还充分利用文化综合楼，组织村民走进文化书屋，走进文体活动室，组织村民进行丝绸舞、蚌舟等传统文化项目的训练表演，不仅丰富了村民的文化生活，也大大提高了村民的幸福感，让人们真正感受到家家富裕、人人幸福、文明和谐的美好和愉悦。

李光敏和村民们的努力最终结出了甜美的果实，种植、养殖、住宿、餐饮、垂钓……如今的小李庄，已发展成为一个门类齐全、颇具规模的综合性农家乐，成为安徽省生态农业观光旅游示范点。

从2004年回到小李庄，李光敏和他带领的小李庄先后获得以下荣誉称号。

2006年5月，李光敏被国务院战略发展中心授予"全国第七届创业之星"称号。

2006年11月，李光敏被中国农业农村部乡企局授予"全国兴村富民百佳领军人物"称号。

2006年，李光敏被安徽省组织部授予"双培双带"先锋工程十佳"双带"先锋。

2007年，李光敏被安徽省评为劳动模范、优秀共产党员。

他还是来安县"十佳农村致富带头人"。

……

2008年，小李庄被安徽省农委授予"省级美好乡村示范点""中国农业农村部卫生清洁工程示范点"。

2009年，小李庄被滁州市评为"优秀农民合作社"。

2010年，小李庄被安徽省技术监督局定为"标准化生产基地"。

2011年，小李庄农家乐被安徽省旅游局评定为"五星级农家乐"。

2012年，小李庄被评为乡村旅游示范点，省级美好乡村示范点。

2013年，小李庄被安徽省农委命名为安徽省生态农业观光旅游示范点、省级美好乡村示范点。年接待游客近15万人次，旅游收入超过500万元。

2014年，小李庄被中国农业农村部授予国家级美丽乡村示范点、市级美好乡村建设先进村称号。

2015年，小李庄被中国农业农村部定为"国家级蔬菜生产基地"。

汉河镇也依托小李庄等旅游资源被评为"安徽省最佳旅游乡镇"，安徽省的"千村百镇示范镇"。中华人民共和国住房和城乡建设部2017年公布第二批全国特色小镇名单安徽省有十个小镇上榜，其中就有"汉河镇"。根据汉河镇的地理位置，规划以城镇现代化、城镇一体化为目标，积极接受大中城市辐射，加强与南京市和滁州市的衔接，协调发展，把汉河镇建设成经济发展、设施完善、环境优美、富有水乡特色的现代化集镇。

2018年3月24日滁州桃文化旅游节盛大开幕，上万名游客与家人亲友一起，到来安观赏桃花，踏青游玩，在赏花的同时，威光绿园农业合作社的土特产再一次吸足了眼球，成为大家争相抢购的对象。

"这是农家土鸡蛋，绿壳的，可香啦""这是刚上市的奶油草莓，有机肥，环保无污染""这是我们合作社的麻油，纯手工，老工艺啦。"无论是卖货的还是买货的，都喜气洋洋。

"青山白云，桃花流水，这里真是一片世外桃源，"南京游客张先生对自己仅开车一个小时，就置身于另外一片天地，完全换了一个心情，感觉太值了。

近年来，中央、省、市、县等各级媒体对小李庄开展形式多样的宣传和报道，提升了小李庄的知名度和美誉度，扩大了农业产业和旅游业的影响，为农产品的销售和农民增收搭建了平台。通过一系列媒体宣传、节庆和专题推介活动，有效拓展了小李庄乡村旅游的客源市场，提升了乡村旅游的品牌形象。

有人总结说：小李庄的致富模式不能复制，因为：一是有的地方没有已经取得成功的经济能人（能人作为生产要素中最活跃的因素，是农业人才中的宝贵资源，发挥好他们的作用，对于发展生产至关重要）。二是有的地方能人经济实力不够强。三是能人缺乏回乡创业投资新农村建设的热情。

小李庄的发展，不仅因为李光敏这位"能人"的带动作用，也与来安县按照中央和省市要求，坚持示范引导，大胆探索实践，在全县范围推进美好乡村建设，创造性地落实中央和省市部署，提升新农村建设整体水平的努力密不可分。原来安县焦县长强调，来安县在规划编制过程中，充分尊重农民的意愿，在规划设计前，建什么、怎么建、谁来建，都广泛征求过村民意见，充分发挥农民主体作用，政府从来不搞大包大揽、代民作主。

同时，来安县根据村庄区位、人口、产业、生态等不同特色，因地制宜地编制美好乡村建设规划。在滁州市来安县，小李庄只是"美好乡村"美丽画卷的一角，张山乡桃花村、舜山镇和平村、半塔镇罗庄村、汊河镇相官村和黄牌村等美好乡村也已活力四射、峥嵘显现，和小李庄一起形成了"一枝独放不是春，百花齐放春满园"的壮美景象。

乡村振兴，需要不断开发农村新业态，不能仅仅把农村看成生产农产品的地方，也不仅仅是农民居住的地方，还应该是城市的后厨房，后花园，成为城市居民旅游观光休闲的地方，成为城市居民退休养老的地方。

小李庄人人都爱笑

农家乐作为一种乡村旅游形式，一直是生态旅游的一个重要分支，是传统农业和旅游业相结合的一种新兴旅游项目。

国外的农家乐又称乡村旅游，因起步早，发展时间长，已经发展为相当成熟的产业。我国有关农家乐最早的记载始于20世纪五十年代，为了接待外事的需要，山东省百家庄村率先开展"农家乐"旅游活动，20世纪七十年代，在北京的四季青人民公社和山西昔阳县大寨村出现了"农家乐"性质的旅游活动，20世纪八十年代，在深圳举办的荔枝节和贵州朗德上寨的民族风情旅游，则是真正意义上的现代"农家乐"，基本上都是"住农家屋、吃农家饭、干农家活、享农家乐"为内容的民俗风情游和以采摘各种农产品为主要内容的务农采摘游。

2007年，李光敏在小李庄建起了"小李庄农家乐"饭店，最初的想法也很简单，就是想让来小李庄的游客能够品尝到原汁原味的农家饭、农家菜，食材大都来自大棚的当季蔬菜，现摘现吃，绝对新鲜，无公害。

依托绿色无公害蔬菜大棚和果园，小李庄的农家乐越办越红火，现在已经成为集餐饮、住宿、娱乐、休闲为一体的有机综合体，2011年被安徽省旅游局评为五星级农家乐，2012年被安徽省农业委员会评为安徽省生态农业观光旅游示范点。

在大力改进农家乐服务品质的基础上，李光敏还同时积极开发旅游产品，土鸡蛋、麻油等土特产已经成为游客来小李庄必带的礼品。

2017年9月，重新装修扩建之后的小李庄"古锅鱼"餐厅开业了。餐厅上下两层，可一次性容纳三百八十人就餐，主打菜是灶台鱼、灶台鸡，还有一些安徽当地的特色菜。

那些菜名你也许很熟悉，但在别的地方一定吃不到，因为所有食材都来自小李庄的有机农庄，鱼虾是从鱼塘里刚捕捞来的，菜是从蔬菜大棚里新摘的，吃的就是新鲜。

"古锅鱼"餐厅的一大特色是部分餐桌是直接连着灶台的。每台大圆桌子中间是一口大铁锅，直径大概有一米多。大铁锅被垒在灶台里面，外面只露锅沿。灶台里燃烧的是果木枝。果木枝来源于小李庄生态果园，每年冬春两季，有专门的人员将修剪下来的树枝收集起来，留作燃料，燃烧过的草木灰又可作为肥料，循环利用。

虽说仅为试营业，但闻讯而来的食客，还是络绎不绝。"想吃鱼，就到小李庄"已经成为滁州及南京周边地区人们的共识。

"平日里来的比较多的还是来安、滁州、南京这些周边的人，距离近嘛，开车半个小时，四十分钟就过来了。到了节假日，客人们就说不准来自哪儿了，有上海、常州、镇江、扬州、淮安、无锡、苏州、徐州、杭州等江、浙、沪长三角地区的，也有来自安徽合肥、淮南、蚌埠、马鞍山、宿州、阜阳等周边地区的，近的来吃吃饭买买土特产，当天就可以回去。远道来的，就在这里住下来玩几天，钓鱼、采摘，都行。""古锅鱼"餐厅的王经理介绍说。

"环境好、食材好，关键是价钱还公道，特别适合一家人来。"趁着周末有时间，专门带着父母妻儿来小李庄吃鱼的张先生说，"在城里的大饭店吃饭就仅仅是吃饭，来这儿，还可以顺便带孩子亲近一下田园生活。"不远处，张先生六岁儿子的手里正抓着一只青绿色的大蚂蚱，他开心地笑着，张先生的父亲俯身给他讲着什么，大概是给孙子讲自己小时候的故事吧。

"不过，关键还是味道好。"张先生补充说，小李庄的鱼，除了烹调方式独特，选鱼的方式也很独特，叫"一网捞"[1]。这也成了来小李庄游玩的游客们一个保留性的游戏环节，一般人会选择自己动手捕捞，体验一把做"渔民"的乐趣。

游客将捕捞到的鱼虾直接交给服务员，带到厨房处理，等客人到餐

---

[1] 小李庄的水塘子里，放养了青、草、鲢鱼、虾等，游客可以自己亲自或者让工作人员用渔网在水塘里"捞一下"，捞上来什么就吃什么，既保证食材绝对新鲜又有乐趣。

厅就座的时候，收拾干净的鱼虾经过特别的烹制，已经汤汁浓郁，鱼香四溢。这时候，服务员就会沿着大铁锅沿再贴一圈杂粮饼，十五分钟之后，揭开锅盖，鱼香、杂粮的香混在腾腾的热气中，让人食欲大开。

"这里的菜真能吃出小时候的味道。不过我觉得最好吃的，还是这里的杂粮饼，蘸上炖鱼的汤汁，既有粮食的香，又有鱼虾的鲜，在别的地方绝对吃不到。"一位专程从南京来吃鱼的客人说，"因为这里的大锅直接就连着灶台，没吃之前就已经闻到了饭菜的味道，这在其他地方是想都不敢想的。"

"这里饼和馒头的做法，还是我教给他们的，我小时候就那么做，炕饼、炕馒头，好吃，还耐饿。"李光敏自豪地说。

与其他的农家乐不同，小李庄"古锅鱼"的服务员，都是附近的村民，她们穿着公司统一配备的服装，按照职业经理人的要求参加业务培训，这些人，都是干净利索的农村当家女人，手脚麻利，干起活儿来一点也不含糊。

下午两点多，"古锅鱼"餐厅静悄悄的，一位四十多岁的大姐正在擦洗桌椅，看见有人进来，笑笑，端来了茶水。

"我叫陶琴，我家原来是早王村的，后来搬到了前面（别墅区）。我家在前排，是抓阄抓的，家里水电沼气都是在搬进去之前就全部搞好了。我家孩子现在大学毕业了，在外面上班。今天是轮到我值班。如果不值班，我就可以回家，等下午四点以后再来，为来这儿吃晚餐的客人服务。离家不远，骑车也行，走着来也行。"

陶琴大姐说，她做梦也没想到这辈子还有这福气，住大房子不用花钱，还能守着家上班挣钱。

　　"像我这样的吧，四十多岁快五十岁的人了，要是去外边打工吧，人家肯定就会嫌弃我年龄大，在这里，不嫌。我们这里的服务员都是我这种年龄的，只要手脚麻利，能干活儿，就行。再说了，我们以前都是种过田干过农活的人，干厨房这些活儿，轻省，一点儿不累。再说，我们也是经过培训的，像洗碗、择菜这些活，别看我们在家经常干，在这儿可不一样，要求可严了。李总虽然说脾气好，但我们也不能砸人家牌子呀，我们每天都按培训的规定做，包括怎样给客人端水倒茶，我们都训练过的。我们当然要用心干了，其实说实话，我们这也是给自己干活呢，来这儿吃饭游玩的人多了，我们年底的分红还多呢。"

　　"对呀，您也是股东。"

　　"就算是吧。反正人来得越多，我们年底分的钱就越多。"说到这里，大姐又有些不好意思地笑了起来，是那种充满了幸福感和安定感、自豪感的笑。

　　"大姐，您这种笑，有点像小李庄的招牌，我发现你们这儿的人都这么爱笑。"

　　"是吗？你这么一说，我还真想起来了，我自己确实是比以前爱笑了。过日子没啥发愁的事，可不就爱笑了？你说，我们还愁啥？房子有了，钱也有，还不缺活儿干，可不就只剩下高兴了吗？不过，这一切都得感谢李总啊，要不是他，我们哪儿能过上现在的日子？"

　　"对了，我再给说一件事吧，可能还真的和爱不爱笑有关。有一天，我们李总走在路上，就在餐厅前面，看见一个女人，也就五十来岁吧。李总突然就上前去问人家：你怎么了？那个女人说：腿疼，走不了路。李总说，走不了路，赶紧去医院吧，我给你联系。听说李总不但给她联系了医院，还给了人家五千元钱，也不知道人家姓什么叫什么。"

后来听说那个女人去医院做了手术，还听说李总和朋友联系，让她到熟悉的医生那里做针灸理疗。我们都很奇怪，人家好好地走在路上，也没和李总说话，李总怎么知道人家有病？李总说，他看一眼就知道，那人既不是我们小李庄的人，也不是游客，估计是谁家的亲戚，一看就愁眉苦脸的，可不就是有难事吗？和你刚才说的一样，是不是小李庄的人，一眼就能看出来。小李庄的人都爱笑。"

说完，陶琴大姐又笑了起来，两眼弯弯的，很是好看。

李光敏说，他当初投资农家乐，就是看中旅游能给当地的农业带来附加值，能延长农业的产业链，并通过旅游的人气和口碑，打造和传播他的蔬菜和养殖品牌。他相信，农业和旅游结合的生态观光农业前景会越来越好。

真是环境美了，生活好了，人气旺了，腰包鼓了，老百姓人人也爱笑了。

当一个人受到公众信任时，他应该把自己看作为公众的财产。

——杰弗逊

靠近小李庄，
不是秃子也沾光

　　来安县民间有句俗语：靠近小李庄，不是秃子也沾光。之所以有这句俗语还是因为李光敏——这些年，他做了很多事帮助了很多人。

　　比如修路，当年李光敏正准备给小李庄修路的时候，附近一个叫王来一个叫黄青的两个小村子，不知道从哪里听说李光敏要给小李庄修路，就派人来和李光敏商量，能否把他们村的村路也规划在里面。

　　因为他们村没有人出面组织修路。如果李光敏能把他们村的村路也规划在里面，一来可以降低成本，节省一些原料费用。二来修路事宜由李光敏出面组织，他们各家各户只需要按比例凑钱就好，能省去很多细碎烦琐的工作。

　　当时被派来和李光敏联系的人，都是村子里公认的能说会道的有面子的"能人"，毕竟李光敏既没有义务也没有责任帮别的村子修路，所以，他们来的时候，心里面很是忐忑，不知道李光敏会不会答应，没想到的是，李光敏听明白他们的意思之后，很快就爽快地答应了。

　　不久，按照约定，李光敏安排的推土机、拉砂车就开到了王来、黄青村。路修好以后，王来、黄青村的人也没有食言，他们带着村民凑起来的修路款，再次来到小李庄，但这一回，李光敏却"拒绝"了他们，没要他们一分钱。

　　"我当时答应帮他们修路的时候，就没准备要人家钱，现在人家送钱上门，我还是不能要啊。当时之所以没和人家说清楚说，也是担心人家会误解我，以为我不想帮人家修路找理由。现在路修好了，我再说实话就没事了。"李光敏说。

李光敏觉得，给这村修了，不给那村修，乡邻之间容易产生矛盾。为了"公平"起见，李光敏索性将修路的计划扩大了十倍，小李庄周边十个村子的村路，他全修了。而且在国家实行"村村通"工程之后，他还将砂石水泥路直接延伸成了"户户通"，修到了每家每户的家门口，解决了最后几米的难题。之后，无论是家庭汽车还是摩托车再也不用担心陷到泥水里了。其实对于一个自然村而言，这"最后几米"往往也是最难的事情，曲曲折折，七绕八绕，每家的情况都不一样，各种情况加起来，最少又多修了几十公里路。

"修路原本就是为了方便群众生活，如果修得不彻底给人家留下尾巴，就等于给人家留下个难题，我多花点钱是小事，重点是不能给老百姓的生活留下麻烦。"李光敏秉持的一直是他最简单不过的处事逻辑：宁可自己多花些钱，也不能让别人不方便。

也正是这样，才慢慢有了"挨着小李庄，不是秃子也沾光"的说法。这些年，挨着小李庄的那些周边村子，李光敏帮他们修路，安装路灯，干旱时浇地……不知不觉间，他们的生活也慢慢好了起来。

也正是这样的处事风格，导致小李庄的"范围"越来越大，现在基本涵盖了原来的小李庄、早王、尤楼、下徐四个村民组，他们住在一起，也就成了一个新的整体。除了垫付最初的建房资金，每个村子最后确定盖多少栋房子，面积多大，怎么分配，都需要开五六次会议反复协商确定。

当时，李光敏为协调房子的事情日夜操劳，白天在工地上要处理各种事情，晚上还要开会。

　　一方面是担心连轴转他身体吃不消；另一方面是化工厂的利润源源不断地流进了那些建筑工地，一向对父亲的事情保持沉默的儿子也终于忍不住开口说话了：小李庄的人，都曾经是一个生产队的，房子盖了就盖了，能不能不要再管别的村子的事情了？

　　从一开始拆旧房，建新房，到最后一户村民入住别墅，李光敏前前后后投进去了上千万元的资金，而这些钱都是李光敏前些年经营化工厂赚来的。

　　他安慰妻子和孩子们说，这些钱，以后从蔬菜大棚上都可以收回来。至于什么时候才能收回来，他也没算过，但老百姓的日子确实比以前好多了。

　　"钱，只有花出去了才叫钱。"这是经常挂在李光敏嘴边的一句话，他也用这句话来安慰妻子。当然了，这些年他干的收不回成本的事情也太多了，多得他自己都记不清了。比如，这么多年，相官村每年考上大学的孩子就有两三个，只要考上大学的孩子，李光敏每年都会给人家送三千元。

　　"钱，要看花在什么地方，我苦来的钱，我自己一分钱也没乱花过。小孩子上学，老人看病，花些钱都是应该的。"李光敏说这句话的口气，坦坦荡荡。

　　因为李光敏喜欢帮助别人的名声在外，大家都喊他"大善人"。不知道从哪个渠道知道了李光敏，这些年，每年都会有二十多个人来请求"帮助"，这里面有真的生活困难的，当然也有骗子。

　　"这些年，我见过的这样的人太多了，哪些人是真困难过不下去了，哪些人是骗子，我还是能分得出来的。如果是骗子，我是不会给他钱的，如果骗子年龄大了，原来不会给，现在，我也会给几十块钱，多少不等。"李光敏说，"但绝大多数人，还是因为真有困难才来找我。找到我，我就帮人家了。"

孙年军，1983年出生于滁州乌衣镇双桥村，原本只是李光敏的一个远方亲戚，具体辈分他也不是十分清楚，只知道，李光敏的父亲管他奶奶叫表姑，他父亲管李光敏的父亲叫表哥，他唤李光敏的父亲为大伯。

2001年春天，他读高三，正准备参加高考。周末回家的时候，偶然听父母谈起，多年前迁移走的大伯回双桥村来看望奶奶了，那时候他奶奶还活着。在他们家陪着奶奶住了几天之后，因为从双桥村到来安县城没有直达的汽车，需要先到乌衣镇，再到滁州中转一下，才能回到来安县城。考虑到李光敏的父亲当时已经是七十多岁的人了，身体也不是很好，孙年军的父亲就陪着他，把他送回到了来安。临回去的时候，李光敏的父亲特意嘱咐说：以后家里有什么事，就来安县城找他儿子李光敏，如果能帮上忙的，他儿子肯定会帮忙。

当时，孙年军全家都觉得这大概就是人家的一句客套话，毕竟两家平素里也来往不多。更何况，据说大伯的儿子生意做得很大，有钱的人家能看得起他们这样的穷亲戚吗？

高考结束以后，老实木讷的父亲带着他真的去了趟来安县城，找到了李光敏。本来，去的时候，父亲还很胆怯，觉得自己穷门小户的，到了有钱人家，话都不敢多说一句。想不到的是，大老板李光敏却一点架子也没有，简单几句问清楚他们的来意，就转过头问孙年军：你不是说刚参加完高考吗？考得怎么样？

孙年军父亲插话说：考上，家里也没有钱给他念，要是你这儿有用人的地方，就让他在你这里随便打个工吧。

李光敏马上脸色一沉，说：孩子能考上，肯定是要先考虑上学的，如果考上了，学费他全包了。

看看李光敏，不像是开玩笑的样子，父子二人很是忐忑，不知道他到底是什么意思，但也只好先回家，等考试结果。想着，如果考不上，就再来一趟来安，到时候，无论如何也要让大伯帮着出面，一定要让李光敏给他找个活干。这才是他们来之前在家里商量好的真正的目的。

八月初，一张铜陵学院的通知书寄到了孙年军家，父亲拿着这张通知书又去找了一次李光敏。李光敏明确表态，一年五千元的学费、两千五百元的生活费，他全包了，条件是每年开学的时候，需要孙年军自己来小李庄取钱。

"后来呢？"

"后来，我就每年快开学的时候来这边拿一下钱就行。来了，李总也就是问问我在学校的生活、学习的一些情况。有时候，赶上他外出办事不在小李庄，我打个电话，他也会安排人把钱给我，从来没让我因为钱跑过两趟，都是一趟就能拿到钱。"

"四年吗？"

"对，四年。一次也没少过。后来，我大学毕业了以后，就来这边上班了，现在是轮窑厂的会计。"

"可以说，李总改变了你的人生吗？"

"肯定能。我父亲后来就总和我说，像我们这样人家的孩子，如果当初不好好学习，哪儿能像现在这样舒舒服服地工作？我们家有三个孩子，我还有两个姐姐，都是初中毕业以后就不上学了，到结婚年龄就结婚嫁人了。只有我上了高中，本来我父亲也没指望我能上大学，毕竟当时我们全家的年收入也就是三千多块钱，根本就交不起学费，就想着我高中毕业，打工能找个好一点的，不用受很多罪的，就已经很满意了，不敢指望太多。"

"现在，我在轮窑厂做财务会计，李总非常信任我，采购、销售，很多工作我都在做。我在铜陵上学的时候，找了个女朋友，合肥姑娘，后来毕业的时候就跟我一起过来了，现在也在李总的化工厂上班。"

"2016年我们就在滁州市买了房，一百三十多平方米，我们把父母也接到滁州和我们一起生活了，毕竟那边农村的条件还是稍差一点。"

"我来这边上班也十多年了，从来没想过跳槽离开，也有人劝过我，带着媳妇去大地方发展，也许能挣得更多。但我从来也没动过心，一来，我觉得我在这里一年纯收入五万多，也不算少了。再就是，和李总接触这么多年，我觉得一个人最重要的是不能没有感恩的心，如果李总当初没有主动为我承担学费，我现在估计也就只能在某个地方卖苦力挣钱。"

"学费的事情，是你提出来的，还是李总自己主动提出来的？"

"确实是李总主动为我承担学费的，我和父亲去的时候，根本没敢想让李总帮我们出学费，就想着在这边找个活干干，挣点钱。"

"做企业，肯定有高潮也有低谷，不能说，企业低谷了，就马上跳槽。轮窑厂，以后的方向肯定是向更环保的方向发展，做新兴材料。现在，李总也在谋划轮窑厂的转型，以后可能会更加机械化。我们都在找突破口，谋求发展。"

　　"对，我一直喊他李总，从来没喊过他大伯。我觉得李总平日里教给我的东西很多，比如做人，比如做企业，我需要学习的地方还很多。对目前的状况，我很知足。好好工作，好好善待父母，是我目前考虑的问题，毕竟他们吃过太多的苦了，我希望我能给他们提供更好的生活条件。"

　　"像你这样的，李总资助过的大学生，你还知道别人吗？"

　　"知道的不多，李总自己从来不说这些。但我听别人说过，李总资助过许多人。我知道的大牙村有一对兄弟，别的就不太清楚了，因为那家兄弟，每年大年初一都会来给李总拜年，来了十几年了。"

　　"每年都来吗？"

　　"每年都来。听说，有一个还在深圳航空工作，挺远的，但每年都来。"

　　孙年军提到的那对兄弟，一个叫刘金强一个叫刘金飞，名字里虽然都带"金"，家里却穷的交不起学费。当年，两兄弟同时考上了大学，只是老二第一次考的学校和专业都不太理想，老大想去上大学，老二想去上高考补习班，准备第二年再考一个理想的大学。

　　孩子都是有上进心的好孩子，只是生在农村，土里刨食的父母到哪里去给他们找来巨额的大学学费、高考补习费？大字不识一个的父亲整天愁眉不展，有好心人指点，去小李庄找李光敏看看。

　　"孩子考上大学是好事，这学费我包了。老二想补习，就让他补习去，不能因为没钱就委屈了孩子，这钱，我也包了。"

　　为了不让刘家父亲因为学费的时候，再跑一趟小李庄，李光敏当场就给了他八千元学费，让老大按时去大学报到，同时打电话帮助联系老二补习班的事情。李光敏告诉他，他不用再跑来小李庄了，等联系好了，就打电话通知他，回去让孩子们安心上学。钱、学费，都是大人们应该操心的事情。后来，刘家二儿子第二次参加高考，考上了天津大学，毕业后去了深圳某航空公司工作。

"李总这个人就是对外人太好了，只要有人来找他，从来都是要钱帮钱，要人帮人，有求必应。"李光敏的表妹李光美快人快语，"有时候，人家没找他，他还上门给人家送钱送东西。"

据不完全统计，这些年，像刘金飞兄弟、孙年军这样受到李光敏资助整个大学期间学费、生活费的贫困学生，仅相官就有二十多人。其中，还不包括，受到资助部分学费的学生和一次性资助的学生。

李光敏常说："我们这一代人吃过没文化的苦头，绝不能让下一代人再因为穷，上不起学，读不成书。"所以，早些年，每逢九月快开学的时候，李光敏就四处打听，只要听说谁家孩子交不起学费，就主动去给人家送钱。

"有的人家穷，脸皮还薄，抹不开面子，张不开嘴，遇到这样的人，不能等人家开口，我都是上门给人家送钱。大人不管怎么样，都不能耽误了孩子们上学。不过，这种情况，这些年，我们这儿基本上是没有了，现在，我们这儿家家户户都能付得起孩子的学费了。"李光敏很是自豪地说。

最贵的那碗面

"这些年，您帮助过多少人，还记得吗？"

"不记得，也没数过。"

说到这里，李光敏突然就讲了一件小事：有一天，他正在来安县城的街上走，突然被一个残疾人拽住了袖子。据那个人讲，他曾经去小李庄找过李光敏，那时李光敏给了他三百块钱让他度过了当时的难关，为了感谢李光敏，他想请李光敏吃顿饭。

就这样，那天来安县城一家小面馆里就出现了这样的场景：李光敏和那个人，面对面坐着一起吃了两碗面。

当然，最后的饭钱，真的是让那个人付的。

"那碗面不管多少钱，我都不能替他付，那是他的一片心。他记得我的好，想表示一下感谢，我得让他感谢，不然，他会觉得我看不起他。"

听着李光敏闲闲地说着这个插曲，完全不为了炫耀，真的只是为了感念一个善良人的知恩图报。商场上李光敏判断准确，杀伐决断，生活中，他心细如发，善待每个人从他生命中路过的人。也许三百元只能给那个人解一下当时的燃眉之急，更多的时候，李光敏的出手相助甚至能改变一个人的一生，彻底扭转他的生活走向。

像这样无私资助别人的事情，李光敏自己是不说的，因为他觉得在一个人最艰难的时候拉他一把，是自己应该做的分内的事情。但如果他知道了，却没能帮到人家，反倒会让他寝食难安。

前些年，相官村一个村民因突发心肌梗死辞世，留下妻子和两个未成年的孩子，李光敏得知消息以后，不仅帮助他们料理后事，还帮他们家支付了五千多元的丧葬费。之后，为了让他们家能有稳定的生活来源，李光敏又想办法给他妻子介绍了一个她能做的工作，并主动承担了两个孩子的学费，直到他们长大成人能够自食其力。逢年过节，李光敏还不忘带着礼品去看望他们。

残疾人外出找工作困难，创业之初，李光敏主动联系民政部门，从自己的公司专门留出部分岗位，为三十二个残疾人安排了不同的工作，既能让他们发挥自己的长处和作用，也让他们感觉自己活得堂堂正正。

小李庄村民陶园风一说起这些年李光敏带给他们家的好处，就滔滔不绝。前些年，陶园风家里两个孩子还在上学，上面还有年迈的公公婆婆，虽然两口子勤劳肯干，但一家六口的日子还是过得紧巴巴的。因为要照顾孩子和老人，陶园风和丈夫朱道勇不能像村子里的年轻人一样去外地打工，自己家十几亩的田地里又"种"不出钱来，两口子想去李光敏的轮窑厂上班，又不知道人家还缺不缺人。

结果没还等他们开口，李光敏却主动来他们家说，轮窑厂现在缺人，看他们两个人能不能去轮窑厂帮忙？陶园风夫妇一听，自然是非常愿意去，既能挣到钱，又能照顾到家里，这样的机会真是他们求之不得的。两口子兴冲冲地去轮窑厂上了班，可是等到他们在轮窑厂干了一段时间以后才发现，其实轮窑厂当时根本就不缺人，李光敏之所以那样说，就是想帮帮他们。

一个人做一件好事容易，难得是一直做好事；一个人帮助别人容易，难得是帮助别人的时候，还要顾及被帮助人的心理，防止无意中伤害了他们。

而李光敏往往就是连这样的细节都能注意到，他就是要不显山不露水地把帮助别人这种事情做到尽量完美。陶园风夫妇在轮窑厂干了七年，这七年基本上也是他们家最困难的时期。为了照顾他们，李光敏还特意关照轮窑厂的经理，排班的时候要把他们夫妇错开，保证他们有一个人能照顾到家里。因为知道他们家负担重，李光敏还经常会和他们拉拉家常，问他们有没有什么困难，

"还能有什么困难呢？给我们两个人都在厂子安排了活，孩子的学费有了，老人的医药费有了，我们就感激不尽了。但即使我们什么也不说，逢到孩子快开学的时候，我们还是能从会计那里提前领到工资，都是李总提前交代过的。"

"现在，我家两个孩子都大学毕业，参加工作了。我也不用去轮窑厂打工了，就呆在家里看看孙子。"陶园风说，"我现在是不用受苦了，倒是李总还在天天受苦。每天我坐在家里，看他的车从这里出出进进，看他没早没晚地操心村里的事情，感觉他苦来的福都被我们享受了呢。"

"那你丈夫还在轮窑厂上班吗？"

"他也六十多岁了，轮窑厂出力的活是干不了，就在村里的合作社干点活儿，每天都能有收入。"

现在，小李庄农业合作社有餐饮服务、宾馆住宿，村民在合作社还可以做修剪苗木，浇水、摘菜或者干些其他体力允许的工作，只要自己愿意干，像朱道勇这样年龄的人都能找到活干。

"李总这个人，人好，礼数周全。那么忙的一个人，只要村里人谁

家有事，他都会参加，比如前年，我婆婆去世，本来李总当时在外地，得知消息的时候，我婆婆已经火化了，但李总还是抽出时间来我家安慰我公公，并留下了五百元钱礼金。2017年6月的时候，我公公去世，李总知道后，第一时间来我家，并且送了花圈和五百元礼金。那时候，天很热，李总来了，水都没喝一口，就走了。我们其实心里挺过意不去的。"

"李总这个人对别人比对他自己好，不但我们家，我们这儿不管谁家的事情他都会当成自己的事情。我公公活着的时候，最喜欢给人念叨，要不是李总，我们怎么能住上这么好的房子，做饭、洗澡都很方便。以前只听人说过，楼上楼下，电灯电话，谁知道我这辈子还真能赶上呢！"

"我们村旁边还有个村子叫郭选子，这个村里有家姓毛的五保户，本来和我们小李庄没有一点关系，他和李总也不认识，但李总不知道怎么听说他家房子漏雨，就从自己窑厂拉了砖白送给人家修房子。可是光有砖了还不行，他哪里有钱修房子？最后，还是李总掏钱请了泥瓦匠，买了其他的东西，给他盖了房。"

"我们这一带，要找谁家没沾过李总的光，没受过李总的好，几乎没有。就拿李总的轮窑厂来说，我在那里上过班，我知道。只要谁家说出来，盖房需要砖，李总肯定答应，价钱也肯定是平价，不挣钱。至于那点成本钱，更是赊账行，实在困难不付钱也行。重点是，那些人，李总连人家姓什么，叫什么也不问，就是人家告诉他了，他也不往脑子里记。他可能会想，反正也不指望人家还钱，记人家名字干什么。"

"我记得就有这么一家，是我们这里另外一个村子的，儿子要结婚了，未过门的儿媳妇提出来必须先盖好房子。没办法，父子俩东拼西凑了钱来李总的轮窑厂买砖，原本想，李总能给个平价就不错了，毕竟不沾亲不带故的，没想到，李总一听，几乎就是半卖半送把砖让人家拉走了。"

"我还听说，曾有浙江那边的老板要出大价钱，要承包李总的轮窑厂，承包出去，既不少赚钱，又不费神，但李总愣是没同意，为啥？还不是为这边的老百姓着想，一个是用砖方便，再一个就是方便去轮窑厂打工。真正以赚钱为目的的老板，哪有他这样做生意的啊？"

小李庄原书记章道高说："李光敏这个人，最大的特点就是热心，以前还是公社的时候，我们一起去公社参加集体劳动，明知道不记工分，大家就随随便便干一干，谁都不会真的出力，但李光敏就不行，他干什么都认认真真，一点也不会偷懒。这些年，他为乡邻们干了这么多事，也就是他，除了他，任何一个人都干不了，我们也不可能这么快就过上这么好的日子。"在他看来，李光敏是一个有气节的人，性格坚忍，而且有行侠仗义的古风。只要他有能力了，就一定会护一方周全。

我是人民调解员

2018年中央1号文件提出"要培育富有地方特色和时代精神的新乡贤文化，积极引导发挥新乡贤在乡村振兴，特别是乡村治理中的积极作用"。

所谓"乡贤"，主要指现当代社会中的贤达人士，包括那些有文化、有才识、有贤德，在乡村公共事物中有所担当并且深受当地民众尊重的人。他们关心家乡发展，主要以投资创办实业或是积极参与公益事业等方式回报家乡，是社会主义核心价值观在乡村建设层面的具体实践者，更是体现个人层面价值观与国家层面价值目标的纽带，就像李光敏自己总结的"做一个缓冲地带"，起到桥梁纽带的作用。

虽然在小李庄，大人小孩儿都喊李光敏"李总"，但"李总"最喜欢称呼自己是"人民调解员"。

"我还是滁州市中级人民法院的人民调解员，我参与协调的事情多了。这些年，我也总结了，其实绝大多数矛盾都是能解决的，但是有些人有时候会把问题搞复杂，一个离婚案件最后都能变成刑事案件。我的经验是尤其做基层工作，一定不能浮躁，简单粗暴。要有耐心，还要有同理心。"

"我这个人就有这个脾气，喜欢管别人的事情，从小就这样。有问题，解决问题，无论是谁，都得讲道理，不能靠要横，黑势力我是向来不怕的。"

"我回到小李庄快十五年了，小李庄的老百姓和政府的关系一直都很好，村里也没有人打群架。当然了，也有年轻人脾气不好。前几年，我们这一带就出了这样一件奇怪的事，欠钱的人把要账的人打了，为啥？就因为来要账的人不会说话，说话太冲，欠钱的人一怒之下，就把来要帐的人打了。要账的人，回去就又叫了十几个人找上门来打架。我一看，不行啊，直接就拨打了110。现在的社会，哪能还靠拳头说话，靠谁拳头多说话？"

"最后，那个带着人来打架的，亲自上门来感谢我，心服口服的。"李光敏说，"遇到这种事情，我是一定要出面处理的，不管和我有没有关系。我也不想别的，就想着这样的事情，一旦处理不好，社会影响太坏了！现在不是要建设和谐社会吗？要和谐，不是说不能有矛盾，是有了矛盾，要和谐解决，怎么解决，大多数时间还需要我这样喜欢管闲事的人。"

只是这个"管闲事"，有时候需要付出的不仅仅是时间和精力，还有金钱。李光敏从创办企业开始，就有意识地安排一些残疾人到他的厂子里上班，但生活有时候就是这样残酷，屋漏偏逢连夜雨。李光敏在轮窑厂曾经安排了一个残疾人，在厂子里做些力所能及的事情。本来靠着每月两千元的工资，父子两个人的日子勉勉强强还算过得去，但不幸的是，刚刚过了二十岁生日不久的儿子突然患上了尿毒症，每个星期需要做三次透析，一次三百元，一星期就需要一千元，一个月需要四千元。

因为父亲仅仅靠自己在轮窑厂的工资根本就不足以支付儿子的医药费，走投无路的父子俩想到了一个办法：先盖座房子，然后再把房子卖掉。当然盖房所用的砖瓦，是李光敏特批给他们的，只用极少的钱。

本来父子俩计划得好好的，盖房用的砖瓦李光敏也派轮窑厂的车给他们送过去了，但就在房子盖了一半的时候，却被发现属于违章建筑，在查处范围之内，按照有关规定必须拆除。

本来准备卖掉用来救命的房子将要变成一堆瓦砾，生病的儿子觉得反正也活不下去了，他决定到镇政府去拼命。和他家房子类似情况的几个人怀着各种目的，陪着他一起等着镇政府出台解决办法。

李光敏得知消息以后，马上放下手头工作赶到了镇政府，先是劝住了非要在镇政府院里寻死觅活的那个年轻人，然后和负责查处违章建筑的工作人员和镇政府的有关领导坐在一起，商量怎么解决。两难的是按照镇政府的规定，那家新建的房子确属违章建筑范围，但他又确实急需要钱治病。

"人在绝望的时候，什么事情都做得出来。这个时候，不能只给他讲道理讲政策。但同时也得支持政府工作，体谅他们工作的难处，毕竟也都是为了老百姓嘛。另外还有其他人也看着呢，不能为了他一家的实际困难违反规章制度。"

最后是李光敏个人出资十五万元解决了这个问题。那家人和李光敏双方签订了一个书面协议：李光敏承担拆房子的经济损失十五万元，每次付五万，分三次付清。其实，那座房子，如果盖好，市场价最多也就能卖到十二万元。

平白无故就又"扔"出去了十五万，但李光敏还是觉得这钱虽然花得值，但也只是救急，其实对病人来说，最重要的问题还是后续的治疗。为此，他又联系了自己的朋友，来安县家宁医院的院长赵家宁先生，谈了年轻人的实际困难，希望赵院长能在允许的条件下提供些帮助。赵院长最后答应，家宁医院可以免费给他做透析。

"也算是帮老百姓分忧解难吧，其实基层工作也不好做，有些事情一定要处理好，一旦处理不好，极有可能会扩大矛盾。"

"要说这些年，不同的事情，我也参与协调了好几个。有人说，这些事情说到底，都和我一点关系都没有。我自己感觉，话也不能完全这样说，毕竟每个人的立场不一样，思考问题的角度不一样，自然结论就不一样。老百姓有老百姓的具体理由，但政府做工作肯定要有自己的规章制度。既然有了规章制度，就得照章执行。当然有时候，老百姓考虑问题的时候，会考虑自己的个人利益多一些，不能顾全大局，但你也不能全怨他们，只能具体情况具体分析具体解决。"

"我呢，就在政府和老百姓之间做一个缓冲地带，既要维护老百姓的利益，帮他们说话，争取他们应得的利益，但也不能没有原则，还要坚持原则，支持政府开展正常的工作。"

从十六岁参加马汉河水利工程开始，李光敏这些年一直在和"人"打交道，可以说是阅人无数，这中间遇见过好人，也遇见过不那么好的人，难得是李光敏记得的都是那些好的人。那些有意或者无意伤害过他的人，都被他选择性地遗忘了。这些年，凡是和他打过交道的人，都会自觉不自觉地被他身上的那种不急不躁的平心静气所打动。

难得的是在处理这些事情的过程中，李光敏从来都是向理不向人，一碗水端平，天长日久，小李庄周边的人都喜欢把李光敏当成"裁判"，遇事喜欢让他判个是非曲直；地方领导有时遇到棘手的难事，也愿意和李光敏说说，征求一下他的意见或建议，他们也总能从李光敏这里受到一些启发。

2017年9月16日，来安县城乡劳动力资源开发研究会换届选举，原水口区委书记李春晖卸任，会长由李光敏接任。李春晖说："这个职务主要是为大家服务的，没工资，没利益，我之所以推荐李光敏担任这个会长，是因为信得过他，这个位置需要他这样的热心为公的人。"

对于李光敏，李春晖可说是看着他一步步走过来的人："李光敏也算吃过苦的人，1984年从相官村书记去乳胶厂做厂长，很快，就把乳胶厂做成了纳税大户，但新一届领导认为李光敏不听话，指挥不动，明升暗降，最后，李光敏不干了。他自己注册了公司，最后苦到了钱。2004年他回来的时候，小李庄很穷，这个村里的人家，有的是他家亲戚，有的是他媳妇的娘家亲戚，平日里，家里有个大小事都跑到李光敏家借钱，借了也不还。后来，李光敏觉得这样长期下去，也不是事，他决定回乡先富带后富。他回来以后，小李庄每一步都走在前面，'双培双带'，新农村建设，都是走在前面。当时的副市长主抓这个点。从一开始到现在，李光敏大约前后投入了近三千万，都用在了小李庄的基础建设上，像平整土地，硬化绿化路面，三百多米的深水井，全村的自来水管道都是李光敏铺的，和全国其他地方相比，小李庄提前五年、十年进入小康社会，2005年，为小李庄村民解决房子，2007年解决了水。2005年到2007年，那时候，全国各地来参观的人很多，都要学习这个模式，但绝大部分都没学成，因为基本没有第二个像李光敏这样的人。"

"李光敏之所以能做成这件事，虽然也不是一次性就投入了三千多万，而是滚雪球般的发展，他的钱全是化工厂和轮窑厂的利润，是他一点一点苦出来的。他办企业也不是那么容易，现在竞争那么激烈。但这个人最大的特点就是，和他的名字一样，办事光明磊落，不藏私，有公心，对家乡有很深的感情。"李春晖总结说。

　　作为和李光敏一起目睹小李庄渐渐由穷变富的人，这一路走来，李春晖说他对李光敏有体谅，体谅他的难处和不易，但更多的是敬佩，敬佩他能做到很多别人做不到的事情。

栽下梧桐树，
引得凤凰来

三十一岁的候昌石是安徽凤阳县小岗村人，一个偶然的机会看到了小李庄的招商广告，2016年便带着带着全家老小在小李庄承包了四十个蔬菜大棚，开始种菜卖菜。

许是常年待在蔬菜大棚辛勤劳作的缘故，候昌石身材精瘦却精力十足，他言语不多，几乎是问什么回答什么，唯有说起蔬菜的时候头头是道，两眼放光。用朱大哥的话说：这小伙子种菜行！

"我们家以前一直在江苏无锡那边种菜，2015年春节回安徽过年的时候，从这边路过，在路上看到了村口那个广告牌子，记下了小李总（李光敏的儿子李永超）的电话，然后回去就给小李总通了个电话，觉得条件各方面都合适，2016年开春，我就带着家人改来这边种菜了。"

"来这儿之前，没见过李总本人吗？"

"没有，就从网上查了一下。"

"就只是从网上查了一下就敢带着全家来了？你不觉得自己做事情有点儿草率吗？"

"没有觉得。网上都说李总这个人，人好，名气大，重点是网上没有一条说李总不好的，有这一点就足够了吧？谁能保证不让别人说你一句不好？所以我们家商量了一下就决定来这儿了。现在我们全家有七口人在这边种菜。我和我媳妇我们俩主要负责种菜，管理大棚，我父亲和大哥负责卖菜，联系南京的超市、批发市场，我弟弟专门负责蔬菜采摘、招工。忙的时候，我们每天就需要二十多人同时采摘，这都需要我弟弟联系。我母亲负责看孩子、做饭，孩子在这边上学，也是李总给联系的学校。"

谈到为什么会从无锡回来在小李庄种菜，候昌石说他初中毕业以后就跟着父亲和大哥在江苏那边种菜，和很多老板打过交道，随着他自己逐渐能够独当一面，就想着能找一个地方，好好种菜。

"为啥要来这边种菜？主要是这边土质好，没污染，再就是交通便利。像我从这儿拉一车菜，跑到南京菜市场，也就半个多小时，最多一个小时。到南京，菜叶上的水珠还没干呢。南京的人可喜欢小李庄的菜了，这都是这些年李总的功劳，说明这个品牌被李总培育出来了。到市场上，只要说小李庄的菜，李光敏的菜，大家都疯抢。'李光敏''小李庄'这两个牌子，在南京、苏州、扬州、马鞍山、滁州这一带，就等于放心菜，是大家信得过的大品牌。"

"为啥我种出来的菜就不愁卖？因为，第一我的菜打的牌子是小李庄的牌子，这个牌子在南京就意味着质量没问题，已经有了一定的知名度，不需要我再花时间培育市场；第二我种菜这么多年，对蔬菜市场很熟悉，哪些菜会比较好卖，我基本上是有一个判断的。我主要种热销蔬菜，比如山芋藤、南瓜头这些新型蔬菜。山芋，有的地方叫红薯。我这边种的山芋，不是用来吃山芋的，而是专门吃叶子的那种品种。春节之后就上市，一直能卖一百四十多天，先卖山芋头，十五块钱一斤，批发价。然后是山芋藤，上市稍晚一点，五块钱一斤，有时候也能卖到六块钱，还有南瓜头，三块钱一斤。"

候昌石说，他常年种菜，对土壤非常熟悉。中国的农药、化肥的使用量曾经是世界第一，化肥每公顷用量是世界平均用量的四倍，而每年农药的利用率不足30%，这就造成化肥、农药在土壤和水体的大量残留，而这些残留对蔬菜影响很大。"就是说，即使你现在种菜的时候，不再使用化肥、农药，也不能保证你种出来的蔬菜能够完全有机无公害。"

"更重要的是小李庄这边的土质特别适合种菜，一亩地大约能产一万多斤。今年六月份一个月我卖了二十四万，从六月到九月，我一共卖了九十多万了。现在，我这里主要是人工费钱，每个月都要开出三四万元的工资，都是当天结账的现钱。因为山芋藤、南瓜头这些菜都需要人工一根一根用手掐下来，每个工人一天是一百块钱工资。一天掐两次，上午十点掐一次，下午四点以后再掐一次，掐完，我五点多就能运到南京超市，保证那边的市民晚饭的时候就能吃上。"

"山芋叶采摘十五天是一个周期，几个大棚轮流采。当时我来这边种山芋的时候，这边人还笑我，说山芋藤都是用来喂猪的，谁吃那个啊？结果我这个山芋尖，在南京特别好卖，菜拉到南京打个电话，就有人接货，只要掐下来拉出去，就不愁卖。有时候，去晚了，电话就打来了，催快点啊，晚上还等着吃呢。山芋尖，营养很丰富，被称为蔬菜皇后，主要用来涮火锅，山芋叶用来炖汤，山芋茎用来炒菜，比芹菜好吃多了。"

"春节前后，我先开始卖山芋藤，一百四十多天之后就让大棚休息。我就开始卖白色豇豆，我种的豇豆，无皮无筋，拇指粗细，平均一厘米半到两厘米粗，肉厚，炖菜特别好吃。市场批发价是七块五一斤，一亩地能产三四千斤。豇豆下架以后，我最后还能种一季白菜，长梗白，主要用来做泡菜的。一亩地一般能产八千到一万斤，能出六千多斤泡菜。这种白菜腌泡菜主要是能腌出来菜，而且口感好，白菜一块五到二块一斤，腌成泡菜可就贵了，要三块到五块钱一斤。我种的白菜最大一棵八斤重，平均也能达到一棵三斤多。"

"我种的这些菜，朱大哥那边都不种，我们俩形不成竞争关系。但我们都有自己的特色，算是产品互补吧。我这边机械全，耕田机、开沟机，运输车，大车、小车都有，有时候也帮朱大哥干点活儿，毕竟现在人工那么贵，能用机械的时候就尽量用机械。"

"我刚才看到有的大棚闲着，什么也没种啊？"

"有没有看见上面铺了一层山芋藤？那是在养地，让大棚休息。如果不休息，容易生虫子，每年每个大棚都要休息一个月以上，主要靠高温消毒，把秸秆粉碎，绿肥还田，然后浇水，让绿肥高温发酵，这样绝大多数虫卵就被热死了。"

"我在小李庄种菜，从来不打农药，为啥我说小李庄的地土质好，因为之前，李总没有把这里的地种伤。像我以前，在别处种菜，首先需要养地，把地养过来，就需要一段时间，在这边完全不用，土地被保护得很好，这一点我能看出来，我都种十几年菜了。不管我在这里种多久，都要按照科学的规律让土地休息，土地像人一样也会累，也有极限。再就是这里的蔬菜大棚里都通有沼气，沼气灯用来灭虫。还有黏板，黄色黏板，一些飞的小虫子都黏上去了。"

"也不用化肥，肥料用的都是我从凤阳老家那边拉来的羊粪，是和那边的养羊农户专门订购的，因为羊粪干净。平均一亩地一年要施两吨羊粪。羊粪拉过来以后，还要经过后期处理，需要堆放晾晒六个月才能用。猪粪如果发酵不好，容易生虫子，鸡粪，容易重金属超标，所以后来选择了羊粪。"

"现在蔬菜都要检验，李总还要不定期抽检。当时签订合同的时候，李总就反复强调过，一票否决，如果检验出来一次不合格，合同就自动终止。现在过高速路也有检查，只要有一项超标，马上几千斤菜都得销毁。我种的菜从来没有被销毁过。"

"人干什么都得讲点职业道德吧，我来这边种菜，李总给我免了一个月租金，而且水、电这些基础设施都通到地头，费用全免，非常方便。再就是，日常有什么问题，打个电话，李总都会想办法帮忙解决，朱大哥人也很好，我在这儿没有外地人的感觉。比在其他地方种菜省心多了，我只负责种好菜就好，其余的都不用我操心。"

"合同，明年还续签吗？"

"当然要争取续签啊，不但明年，以后也要争取继续签下去。明年，我还想和李总商量，多包几个大棚呢！"

七十多岁的朱忠荣是土生土长的小李庄人，说话果敢利索，一句是一句，绝不拖泥带水。他笑着说："我比不上小侯，我不是老板，我是给别人种菜的。南京两个老板，在这边承包了三十五个大棚，雇我主管技术，下面还有七八个人干活。我这边主要种精品蔬菜，目标主要是大型超市和会所，我种的黄瓜、西红柿，不论斤卖，都是论根论个卖。口感特别好，"

朱忠荣说，他种菜已经种了二十六年了，蔬菜大棚也种了十四年了，是第一拨和李光敏一起种大棚菜的人。原来，他自己承包大棚，就种反季的西红柿、辣椒，2004年的时候，西红柿两块钱一斤，菜贩子直接到他大棚里拉。后来，孩子们长大了，都成家立业了，觉得他承包大棚太辛苦就不让他干了。倒是他自己在家里闲不住，后来南京那边的老板希望在这边找一个经验丰富的人负责生产，李总就向人家推荐了他。

"我现在是给南京的老板打工，一个月工资四千五百元，除了西红柿、辣椒，也种茄子，一个大棚每年大概能产四吨菜。"

"我们这儿的菜，最主要的是不施花肥，不打农药，现在有些地方，也说自己的菜不施花肥、不打农药，检查也不超标，但口感就是比不上我们小李庄的菜，你知道为啥？因为小李庄的地，十几年了就没用过化肥、农药了。但别的地方，现在不用，但不能保证之前没用过，虽然检查不出来，但口感上有差别。"

朱忠荣说，小李庄的蔬菜味道好还因为小李庄的整体环境好，不但蔬菜大棚里面不用化肥农药，连水塘边、道路旁边那些杂草丛生的地方都从来不打除草剂，草长得太高，就让人工拔一下或者锄掉，这样能保证地下水不受污染，所以，小李庄的蝴蝶蜜蜂之类的小昆虫就比较多，蝴蝶蜜蜂对小侯的绿叶菜没有什么作用，但对他的黄瓜、西红柿作用可大了。授过花粉的蔬菜、水果更好吃，口感更丰富。

"我们种的小西红柿和水果黄瓜，摘下来，就能直接吃。我在这边，只负责掌握蔬菜的生长状况和病虫害情况，不负责销售。销售是那两个老板负责的事。听说，我们的西红柿卖十六块钱一斤，黄瓜八块钱一斤，贵是稍贵了点，但现在的人呢不都是想吃个放心，吃个健康吗？市场前景还是很好的。"

说起李光敏这个人，朱忠荣的评价就俩字：好人。

"本来，我们就是一个村的，我还比他大几岁，算是知根知底吧。

那几年，他去城里发了财，挣了钱，回来一看，我们还都穷着呢，先是给修路，然后盖房子，扯电线，这些都是他自己掏钱。现在，我们的日子过好了，说实话，我们好多人比他清闲。他这个人，就是看不得别人有难事，只要他知道了，他铁定就得管。"

"他做了多少好事，其实我们也不全清楚。但知道一些，像大芽村的刘明如，有俩孩子，之前也不认识李总，孩子考上大学了，家里出不起学费，就找来了。李总一看，通知书是真的，也不问人家叫啥，就说行，学费我包了。那两孩子也是老实孩子，问：要不要我们写个借条，或者签个什么手续？钱，等我们毕业了上班了再还。或者，签个协议也行，我们毕业了到您这边公司干几年，不要工资。李总说：不用，你们长本事了，给谁干都行，如果想来我这儿，我肯定欢迎，但不会不发工资，找到好工作了，好好干活，好好做人，就行了。现在，那两个孩子都毕业了，听说在外地找了工作，月工资都一万多呢。"

"我们这一块儿好多路都是李总自己掏钱修的，没有让老百姓出过一分钱。要说有钱，李总也不算我们相官最有钱的，最有钱的还有两个人，但人家有钱了，就在市里买大房子，开好车，自己过得很好。不像李总，我们这儿大事小事，没有他不管的。我们这边的人，没事的时候，偶尔也会打个麻将或者玩个扑克，纯粹就是为了玩嘛，但从来没看见李总参加过，我估计他也不会，他每天忙的都是小李庄这些事情，自己一点休闲的时间都没有。"

朱忠荣说起这些的时候，语气突然低沉下来，没有了刚才的高亢有力，因为年岁差的不是太多，他和李光敏勉强可以算作一代人，都是从那个年代过来的人，他更能体会李光敏这些年的不容易。

谈到为什么要把蔬菜大棚承包出去，李光敏这样说："种菜，其实和做其他事情一样，专业的事情就需要让专业的人去做，让懂专业的那个人做主导的人，其他的非专业的人在他的指导下去做，这样每个人都能发挥出最大的作用，取得事半功倍的效果。像餐厅，我请的是专业的厨师，也会请专业的经理，因为他们专业，所以他们才会规范。把大棚承包给小侯，我看重的是他十几岁就开始种菜，很有经验，一家几口人在这里分工合作，干得红红火火的，塑料大棚在他手里肯定会有更多的收益。还有一点也很重要，或者说最重要，是小侯爱惜土地，他不会破坏土质，相反他还会把土地养得越来越好，这对于小李庄生态农庄的长远发展尤其重要。虽然我也懂种菜，但除了提供水电的方便，帮助他解决一下实际遇到的问题，种什么菜？怎么种？我都不干涉，因为具体到种菜，他现在已经比我懂得多。"

一句"他现在比我懂得多"凸显了李光敏的博大心胸，《论语》中讲："君子坦荡荡，小人长戚戚"，他不像一般成功人士那样固执，想维护自己的面子，他能看到别人身上的长处，即使对方比他年龄小，即使对方仅能算作他的一个晚辈。这也许就是这一路走来，凡是与他有过接触的人，都会禁不住佩服他愿意和他合作的主要原因吧。

莫道桑榆晚，
为霞尚满天

　　蔬菜大棚承包出去了，"古锅鱼"餐厅聘有专业的经理人在经营，自己家的化工厂、轮窑厂由两个儿子负责，一切都已经走向正规，李光敏似乎也在逐渐让自己"闲"下来——事实上，他要腾出精力为小李庄谋划更广阔的未来。

　　"下一步，我们主要是面向南京，开发健康养老项目，开展医养融合，让小李庄成为南京的休闲养老基地，更好地带动小李庄发展。"

　　不得不承认，李光敏作为一名优秀的民营企业家对市场感觉还是那么准确、及时、到位，"我今年六十八岁，五年以后，十年以后，七十多岁以后，八十多岁以后，怎么办？我得考虑这些老年人的问题，单靠孩子们养老肯定是不现实的，靠政府养老、社会养老、纳税人养老是个趋势，早在两三年前，2014年，南京到滁州的轻轨项目刚批下来，我就已经开始谋划了这件事了，已经注册成立了'来安县小李庄养老服务有限公司'，未来我准备投资三千万，建小李庄养老中心。"

　　根据联合国公布的通行标准，一个国家65岁以上的老年人在总人口中所占比例超过7%，或60岁以上的人口超过10%，便可被称为老年型国家或老龄化社会。国家统计局的数据显示，中国的老年人口占比早已突破7%，并逐年呈快速增长之势。从2012年开始人口老龄化速度明显加快，截止到2016年底，内地总人口138271万人，60周岁及以上人口23086万人，占总人口的16.7%；65周岁及以上人口15003万人，占总人口的

10.8%。2017年底，65岁以上老年人口15831万人，占总人口的11.4%。据民政部预计，2020年我国老年人口将达到2.43亿的规模。而根据2016年全国老龄办披露的测算数据显示，2020年，我国的失能老年人将达到4200万，80岁以上高龄老年人将达到2900万，而空巢和独居老年人将达到1.十八亿。

一方面是老龄人口增多，另一方面是中国传统的"养儿防老"的传统观念趋于解体，越来越多的"空巢老人"正在打破在家养老的模式。让老年人到气候宜人、生态良好的乡村养老已经是一种趋势，也是一个潜力巨大的市场。

李光敏从来不打无准备之仗，为筹划中的"养老服务中心"，李光敏已经多次和县里民政局的有关领导沟通过了，他们对李光敏的计划很是支持，并且从专业的角度为他解读相关政策，向他介绍国外相关的先进经验。安徽省滁州市民政局副局长还专程来到小李庄向李光敏宣讲有关政策。

李光敏说："现在来安县主要还是政府的养老院为主，有十几个，主要住的都是孤寡老人，一个床位政府每年补贴三百元。国家目前在浙江搞试点，就是把养老服务交给民营企业去做，将来这肯定会是个趋势。"

"为什么会选小李庄作为试点，是因为小李庄有自己的优势。从目前来看，小李庄的地理位置、交通条件，生态环境、有机蔬菜基地等都可以直接成为养老基地的组成部分。"谈到将来的"养老中心"，李光敏又一次兴奋起来，看来这个项目已经在他心里酝酿很久了。

宁滁城际铁路又称地铁S4号线，途径浦口和滁州两个区域，首先开工的是滁州段。而且距离南京最近的汊河镇站，距离南京地铁3号线的终点站林场站很近，再加上未来3号线会延伸至南京北站，实际上滁州段与南京的距离并不遥远，按照公布的项目开行时速来估算，宁滁城际建成后，从江北前往滁州用时在二十分钟左右，从南京市区到滁州也会控制在三十分钟以内。

"这里交通便利，离滁州、南京都很近。城里人既可以把这里作为休闲的地方，也可以作为养老的地方。再说了，我们合作社养殖的禽畜、有机蔬菜瓜果，既能保证质量，吃得放心，而且新鲜，随吃随摘都来得及。如果家里老人在这里养老，孩子们周末、假期来看他们，顺便还可以休闲旅游，尝尝我们的农家乐饭菜。"

"等轻轨建成以后，我们准备在汊河镇站安排二十四小时接站服务，为来小李庄的所有人提供便利，无论是来小李庄农家乐的还是养老中心的，我们都负责免费接送。"

"现在的计划是这样的，养老中心工程分两期，2020年开始第一期，先建一百五十个床位，2021年到2022年计划开始第二期，再建一百五十个床位，完全建成以后，一共会提供三百个床位。这是养老中心的规模方面的考虑。"

"服务方面，养老中心除了聘请专业的医护人员外，还需要六十到七十个服务人员，这些人主要是辅助医护人员的，还有专门为养老中心提供后勤服务的，专门供应养老中心的蔬菜、养殖的人大概还需要一百多人，将来这两百左右的人主要还是会用附近的村民，对他们来说，也是工作机会。"

"养老中心建成以后，在小李庄休闲区现有的设施，像健身器材、棋牌这些设施就可以发挥更多的作用，另外，计划添加的附属设施还有游泳池、保健室等，保健室要配备专业的医生，像传统的针灸拔罐在这里都可以做。老年人难免会有些腰腿问题，除了中医，还计划建一个复建室，由专业的医护人员陪着做一些康复活动。"

"老人们来这儿以后，可以分几种情况，比如身体好的，可以适当参加一些力所能及的体力劳动，比如种菜、采摘之类的，生活能自理的可以健健身，做一些日常保健活动，有些身体不太好的老人，视情况而定配置相应的服务。"

"至于日常的医疗，也按轻重缓急分级，在养老中心附近建医疗站，二十四小时值班，岔河镇医院、来安县第二医院距离小李庄都在十公里以内，现在我们正在和南京一些医院洽谈合作，希望到时候能给小李庄养老中心设一个绿色通道。这件事还在洽谈过程中，因为没有现成的经验可以照搬，所以，一切都需要一边做一边摸索。"

"至于收费，现在计划也是分级，有VIP服务，也有普通服务，当然特别困难的老人，可以免费或者部分免费，到时候再视具体情况而定。"

"投资三千万，预计什么时候能收支平衡？"

"这个真不好说，也许三年也许五年，我计划是前期每年再贴补五十万元，人一辈子不能只做挣钱的事，钱一定要花在该花的地方。建养老中心，也是为政府分忧，促进社会和谐，是一种社会责任，一种贡献。"

"只要我们服务到位，到时候是真不用发愁没有人来的，就是担心到时候床位紧张，安排不下那么多人。"

谈起规划中的"养老中心"，李光敏又开始兴奋起来："我从来不做没准备的事情，尤其到了现在，我的一个决定可能会影响到很多人，所以，我准备做什么事情肯定会预先把各项准备工作做好，就像这个养老中心，建筑用地批下来了，相关政策我也了解清楚了，就等时机成熟，破土动工了。"

"人总得让自己有事情做，做有意义的事情，不做事情，人就废了。"

为了让自己一直有事情做，也为了许许多多已经步入老年或者将要步入老年的人有一个幸福有尊严的晚年生活，为了小李庄更辉煌的明天，李光敏又一次选择了再出发。不过，这一次，他不再是一个人的单打独斗，而是有了坚强的后盾，他用事实证明了自己以前的决策是对的。

"他们（指妻子朱忠勤和孩子们）现在都很支持我，我也兑现了我的承诺，我确实让小李庄变了样，也让这里的人都过上了好日子，而且以后还会越来越好。"

"平生多阅历，胸中有丘壑"说的就应该是李光敏这样的人吧，他的目光已经越过了小李庄的现在，望向了十年二十年之后的小李庄。

那将是一幅何等壮丽华美的画卷，我们翘首以盼……